大学教員のための
ルーブリック評価入門

ダネル・スティーブンス＋アントニア・レビ 著

佐藤浩章 監訳
井上敏憲＋俣野秀典 訳

玉川大学出版部

INTRODUCTION TO RUBRICS, Second Edition
by Dannelle D. Stevens and Antonia J. Levi

Copyright © Stylus Publishing, LLC, 2013

Japanese translation rights arranged with
Stylus Publishing, LLC through Japan UNI Agency, Inc., Tokyo.

日本の読者へのメッセージ

　このたび日本の大学教員と学生の皆さまに向けて、本書が日本語で出版されることになり、大変光栄に思います。胸が躍る気持ちです。これは、翻訳によってルーブリックを日本の大学教育に広めたいという、佐藤浩章先生の洞察によるものです。今後のアイデアのやりとりに期待しています。日本の大学教員がルーブリックから何らかの恩恵を受けることを期待するのはもちろんのこと、新しい読者がこの方法を使ってどのような実践をするのかも楽しみにしています。

　ルーブリックに対する本書のアプローチは、まず教育内容に関わるというよりも、教育方法であるということです。そしてこの方法とは、教員と学生が協働して、教育目標を定めて評価するという双方向的なものです。この方法は西洋の教育システムや文化を基にしたものですが、日本の教育者である皆さんがこの方法に何を付け加え、何を変更するのかを見るのを心待ちにしています。

　ルーブリックを作るということは、学生に良い評価ツールを提供したり、教員の採点時間を短縮したりすることにとどまりません。ルーブリックは学問の専門家が持つ隠された知識を学生に提供するのです。

　著者の一人であるスティーブンスが最近ルーブリックのワークショップを日本で開催した際に、参加した大学教員に自己紹介をしてもらいました。その際、自らの専門分野だけではなく、趣味や研究以外に関心のあることを話してもらうようお願いしたところ、チーズ、釣り、ゴルフ、カメの飼育、盆栽など素晴らしい趣味がたくさん出てきました。ワークショップの参加者はその後、そうした活動において専門家レベルに到達するには何が必要かについて議論をしました。つまり、初心者から専門家になるまでに必要な時間や知識といったものについてです。そうしたものは量に換算できるものではなく、簡単に説明できるようには思えません。

　ルーブリックはそれに似ています。大学教員は学生を専門家にするようコミュニケーションを行っているのです。大学教員は出来の良い提出物とは何かを理解しています。多くの大学教員はどれが「優」のレポートかをすぐに判断することができます。しかし、「優」のレポートとは何かを学生に説明する際に問題が生じるのです。ルーブリックを作成する4段階のプロセスとは、大学教員という専門家の知識を解体し、掘り起こす点でとても重要なのです。そしてそれは、異なる教育制度を持つ異文化においても有用なのです。ルーブリックは双方向のプロセスであり、非常に柔軟なものです。スティーブンスは、自らが行ったワークショップにおいて、参加した日本の大学教員が教えてくれた聡明な実践例に驚愕し魅了されました。

　またルーブリックは大学教員のあらゆる学問生活において、各種評価に関わる揺るぎな

い基盤を形作るという点でも有用です。ルーブリックはあらゆる教育実践の共通の核となる教育・学習の場、すなわち教室から産まれ育ったものですが、本書第二版（改訂版）においては、ルーブリックを教室外で使用することにも言及しました。大学教員同士、学部内、図書館やライティング・センターとの間で円滑なコミュニケーションのためにルーブリックを使う方法も追加しました。また個人の自己評価、学部の自己評価のためにルーブリックを使う方法に関する章も追加しました。

　提言や事例のいくつかはアメリカの教育制度に固有のものですが、方法そのものはあらゆる教育制度に共通の普遍的なテーマ、つまり教養ある人間を育成したいという欲求に基づいています。新しい日本の読者が、文化や制度の違いにかかわらず、有益だったと言ってくれることを期待しています。

　佐藤先生たちが素晴らしい訳をしてくれた本書に対するコメントを楽しみにしています。ご自身が教えている専門分野において考えたことを電子メールで共有しましょう。

著者連絡先

　　stevensd@pdx.edu（スティーブンス）

　　antonialevi@gmail.com（レビ）

ウェブサイト

　　http://introductiontorubrics.com

ダネル・スティーブンス
アントニア・レビ

大学教員のためのルーブリック評価入門

第二版への序文

　本書（初版）は、授業場面でどうやってルーブリックを使ったら良いのかについて交わした会話から生まれた。そこで議論になっていたのは、教室内の授業で使うルーブリックの作成と使用方法であった。それ以来、私たち（ダネル・スティーブンスとアントニア・レビ）は、様々な大学・学会でワークショップを開催したり、講演をしたりしてきた。主には北米諸国であったが、中近東やアジア諸国にも行った。この経験から、高等教育機関でルーブリックを活用する膨大な方法を知ることになった。体験学習、地域連携学習、学識に裏付けられた教育プロジェクト、オンライン教育、キャリア開発、プログラム評価もここには含まれている。

　第二版（改訂版）では、初版の6つの章を残したが、初版で強調していた方法論と教授理論を基本としながらも、どうやってそれらを使うかということを示すために新しく6つの章と終章、それに資料を加えた。

　第7章「ルーブリックのカスタマイズ」では、最初から自分のルーブリックを作成するよりも、既製のルーブリック（インターネット上で公開されているものを含む）を使用する方が有用なのかどうかについて議論する。その上で、既製のルーブリックをどのように自分用にカスタマイズするのかについて提案がなされている。

　第8章「体験学習のためのルーブリック」では、スタジオや実験室での実習、地域連携プログラムのようなフィールドワーク、教室外での活動を扱っており、教員が直接指導できないインターンシップのような実体験を伴う学習を、ルーブリックを使ってどう整理し構造化していくのかについて触れる。

　第9章「ルーブリックとオンライン学習」では、前章に続き、対面のやりとりが全くない仮想教室においてルーブリックをどう使うかについて議論する。またオンラインでうまく活用する方法について理解を深める。

　第10章「ルーブリックと授業改善」では、受講生の学習成果を測定して自らの授業を評価・改善することを目的として、ルーブリックの全体得点を観点ごとに分けた教員についてのケース・スタディを行っている。

　第11章「自己評価とキャリア開発のためのルーブリック」では、仕事を求めている大学院生や、昇進やテニュア（終身雇用権）取得に直面している教員がルーブリックを使用する方法について理解を深める。あわせて自らの業績が大学のガイドラインを満たしているのか、それとも上回っているのかについて記述する方法にも触れる。

　第12章「ルーブリックとプログラム評価」では、学部、プログラム、そして全学組織が学生の学習成果をどのように評価し記録するのか、そしてその結果を有用でさらなる改善に活かせるようにするにはどうしたら良いのかについて触れる。ウォルワードの4時間で

完成するシンプルな学部内自己評価モデル、ポートランド州立大学のユニバーシティ・スタディーズ・プログラムの評価で使われているルーブリック、全米大学協会で作成されたVALUEルーブリックを紹介する。

最後に、終章の「ルーブリック・マニフェスト」において、ルーブリックが高等教育の将来のために、そして多様で進化し続ける社会の発展のために不可欠な礎だと私たちが考えている理由について述べる。

謝辞

本書は、次の方々の助言、フィードバック、支援なしでは完成しえなかった。

各章をチェックして貴重な意見をくれた以下の人たちに感謝を述べたい。キャンダイス・レイルド、エレン・ウェスト、イブス・ラビシエ、ロワンナ・カーペンター（ポートランド州立大学）、ダン・バーンスタイン（カンザス大学）、マット・キャプラン、デブ・メイズリッシュ（ミシガン大学）。ナターシャ・ホグネスはサンフランシスコのアカデミー・オブ・アート大学において芸術の授業でルーブリックを使うアイデアを提供してくれた。全米大学協会のテレル・L・ローズには、私たちを励ましてくれただけでなく、教養教育の学習成果測定のためにVALUEルーブリックを開発する取り組みを牽引してくれたことにも敬意を表したい。評価について大学教員にわかりやすい本を書いているバーバラ・ウォルワードにも感謝したい。アラバマ大学の評価担当副学長補佐であるボブ・スモールウッドには、初期の頃の私たちの仕事を認めてもらい、彼の同僚と一緒に仕事をするよう声をかけてくれたことに感謝したい。

またルーブリックが国内外の異なる環境においてもうまく使用されていることを下記の大学の教員たちから学ぶ機会を得たことに感謝したい。

- 国内大学：メリーランド大学、ユニバーシティ・カレッジ、デトロイト・マーシー大学、ハワイ大学、アラン・ハンコック・コミュニティ・カレッジ（カリフォルニア州）、オレゴン健康科学大学看護学部、セントラルオレゴン・コミュニティ・カレッジ、オレゴン工科大学、ポートランド州立大学（オレゴン州）、カリフォルニア州立工科大学ポモナ校、テキサスA&Mカレッジ・パーク、ワシントン大学（ワシントンDC）
- 国外大学：アティリム大学（トルコ・アンカラ）、ベツレヘム大学（パレスチナ・ベツレヘム）、愛媛大学（日本・松山）、帝京大学（日本・東京）

最後に、私たちを信じ、私たちの仕事を手助けして読者の役に立つよう配慮してくれた、スタイラス出版のジョン・フォン・ノリングに厚く御礼申し上げたい。

初版への序文

　本書は、2人の大学教員が、トルコのカフェで大学での教育方法について交わした会話から生まれた。1人は、現代日本史と日本大衆文化を専門とするアントニア・レビであり、もう1人は、教師教育と教育心理学を専門とするダネル・スティーブンスである。レビは、学際科目の通年の新入生向けコア科目（「初年次探究」）を担当しており、それまでの講義中心の授業から、学習者中心の双方向の授業スタイルに変えようとしていた。スティーブンスは、アンカラにあるビルケント大学で2年間の客員教授をしている最中で、トルコの次世代の教師たちに向けて、学習者中心の教育理論と技法に関する授業科目を担当したり、ワークショップを開催したりしていた。そのような学習者中心の教育理論は、現代日本史が専門で自分の教育方法に慣れきっていたレビにとっても革新的であったが、それ以上にトルコの若い教師たちにとっては根底を揺るがされるものであった。一見、全く異なるように見える2人の研究者生活の共通点について話していると、ある1つの言葉が頻繁に出るようになった。それがルーブリックである。

　教育者にとって、ルーブリックは黒板の発明以来、最も便利な補助器具の1つであるという点で2人の意見は一致した。ルーブリックは、採点時間を節約する一方で、タイミング良く、意味のあるフィードバックを学生たちに与える。さらに、適切に使用すれば、通常の授業の一部となって最高の議論を促したり、学生が自律的かつ自立した学習者になるスピードを速めてくれることがよくある。同僚の教員の多くがルーブリックを使わない理由は、ルーブリックとは何であるか、ルーブリックが教員としての経験をどのように高められるのかについて理解していないことにあるというのが2人の結論であった。これが本書の執筆を決意した理由である。

本書について

　本書は、成績評価や授業の道具としてルーブリックを初めて使おうと考えている大学教員、もしくは自らのルーブリックをもっと良いものにしたいと考えている大学教員にとっての入門書である。

　本書では、ルーブリックを定義し、基本的な要素を説明している。またその要素を様々なニーズや学問領域にあわせて修正する方法を紹介している。多くのルーブリックの事例を紹介してはいるが、同時にどうやって教員が自らのルーブリックを最初から段階を追って作り上げていくかについても述べている。そして学生などの教員以外の関係者がルーブリックの作成に参加する方法も紹介している。また、ルーブリックを学生の成績評価や自らの教育効果の評価のために使う方法も紹介している。さらに、ルーブリックを使用する際の理論的根拠や、学生の学習を最大限に高めて意味のあるフィードバックを伝える重要

性についても触れている。

本書の読者

本書は、高等教育機関（大学院教育を含む）の教員のための参考資料として書かれている。高校教員、特にアドヴァンスト・プレイスメント（AP）科目（米国の高校において、発展的な内容を学ぶことができる科目。単位が認定された場合、大学入学後にそれを大学の単位として読みかえることができる）を教えている教員にも有効である。しかし、すでに自らのニーズにあったルーブリックを使っている幼稚園から高校までの教員は本書の直接の読者として想定していない。ここで紹介するルーブリックは大学教員が大学生に課すような複雑な要求に対応してデザインされている。

謝辞

私たちは、執筆中に快くアドバイスや手助けを提供してくれた多くの友人や同僚教員に感謝している。手助けしてくれた人たちをすべて挙げることはできないが、ルーブリックを作成する方法とは何よりもまず双方向的であり、文字通り何百人もの友人、同僚教員、学生、そして全く見知らぬ人たちもが途中でアドバイスをくれた。

とりわけ、教室で私たちとルーブリックを使って時間と経験を共有してくれた次の方々に感謝する。シェリル・ラメット、スーザン・アグレキッペンハム、スザンナ・ジョンソン、ケイト・フェイファー、フェリデ・グベン、セラ・エミル、ゼイネップ・ガージン。また、ポートランド州立大学の教育改革チームにも感謝する。グレイス・ディロン、フィル・ジェンクス、テレサ・テイラー、アン・マリー・トリンブル、ビクトリア・パーカー、エレン・ブロイド、デイブ＆ジュディ・アーター、ケイト・グレイ。このメンバーは、ルーブリックを教えるチームに参加してくれた。ビルケント大学大学院教育学研究科のマーガレット・サンド、アーマン・エルセブ。ポートランド州立大学アカデミック・エクセレンス・センターのデボラ・リーバーマン、マーサ・バルシェム。チャック・ホワイト、テリー・ローズ、ジュディ・パットン、デニス・シュミット、その他多くのポートランド州立大学のユニバーシティ・スタディーズ・プログラムの担当者は、評価、eポートフォリオ、ルーブリックの活用にあたって専門性を発揮してくれた。シームレス・ラーニング＆トランスファー・コンソーシアムの以下のメンバー校にも感謝している。全米高等教育センター、コミュニティ・カレッジ・イノベーション連盟、ポートランド州立大学、アルバノカレッジ、ジョージア州立大学、クラカマス・コミュニティ・カレッジ、ウォーキシャ・カウンティ工科大学、ジョージア・ペリミター・カレッジ、メリーランド州大学機構、中等後教育改革基金（ルーブリックやeポートフォリオについて議論する会議を資金面でサポートしてくれた）。そして感謝したいのは、チャック・ホワイトである。彼は資金申請書を書いてくれた。

また、本書で掲載されているルーブリックの多くは、ポートランド州立大学のユニバー

シティ・スタディーズ・プログラムにおいて作成されたものである。このプログラムそのものにも感謝しているし、その責任者であるジュディ・パットン、そして担当教員の方々には、ルーブリックの使用を許可していただき感謝している。

　特に感謝したいのは、娘のモリー・スティーブンスである。彼女は紛失したファイルを見つけ出してくれたり、図表を正してくれたり、時にはコンピュータのトラブルを解決してくれた。最後に、当然ながら、私たちの編集者であるスタイラス出版のジョン・フォン・ノリングの非常に貴重な助言と支援がなければ、何も成しえなかったことも記載しておきたい。

目次

- iii 日本の読者へのメッセージ
- vii 第二版への序文
- ix 初版への序文

第Ⅰ部 ルーブリック入門

2 第1章｜ルーブリックの基礎

- 3 ルーブリックの必要性
- 4 ルーブリックの要素
- 5 ルーブリックの作成手順
    - 要素1：課題
    - 要素2：評価尺度
    - 要素3：評価観点
    - 要素4：評価基準
- 9 初めてルーブリックを作る：時間と労力に値するルーブリック

13 第2章｜ルーブリックを使う理由

- 13 タイミングの良いフィードバック
- 14 学生による詳細なフィードバックの活用
- 16 批評的思考力のトレーニング
- 18 他者とのコミュニケーションの活性化
- 19 教員の教育技法の向上
- 20 平等な学習環境作り
- 22 結論

23 第3章 ルーブリックの作成法

- 23 ルーブリックを作成する4段階
  - 第1段階：振り返り
  - 第2段階：リストの作成
  - 第3段階：グループ化と見出し付け
  - 第4段階：表の作成
- 30 採点指針ルーブリックの作成
- 31 3−5段階ルーブリックの作成
- 36 結論

第Ⅱ部　ルーブリックの作成と様々な状況での使い方

38 第4章 学生と作成するルーブリック

- 38 学生と作成するルーブリック
- 41 学生参加型ルーブリックの5つのモデル
  1. 提示モデル
  2. フィードバックモデル
  3. 回収箱モデル
  4. ポスト・イットモデル
  5. 4×4 モデル
- 50 結論

51 第5章 教職員と作成するルーブリック

- 51 ティーチング・アシスタントと作成するルーブリック
- 53 学習支援スタッフと作成するルーブリック
- 53 同僚教員と作成するルーブリック
- 59 結論

60 第6章 ルーブリックを使った採点

- 61 確固たる評価基準によるブレのない評価

61	迅速かつ詳細な形成的フィードバック
65	個別対応の柔軟なフィードバックとその代償
72	総括的フィードバック：成績の決定
75	自らの教育方法の評価
80	ルーブリックを評価するルーブリック（メタ・ルーブリック）
80	結論

第7章　ルーブリックのカスタマイズ　81

81	既製ルーブリックを使うべきか
83	インターネットで入手したルーブリックの利用
84	既製ルーブリックをカスタマイズする手順
87	ケース・スタディ
93	結論

第8章　体験学習のためのルーブリック　94

95	従来型の課題による体験学習
99	教室／実験室／スタジオでの行動を評価するルーブリック
103	サービス・ラーニングのためのルーブリック
106	地域連携先における学生の活動を評価するルーブリック
109	結論

第9章　ルーブリックとオンライン学習　110

111	オンライン上のディスカッション・フォーラムで使用するルーブリック
115	オンライン上のグループ活動としてウィキページを作成させる際のルーブリック
117	原稿の相互評価のためのルーブリック
119	オンライン授業でルーブリックを使うポイント
122	オンライン学習における「存在感」を高めるためにルーブリックが果たす役割
125	結論

第10章　ルーブリックと授業改善　126

126	ホートンによるルーブリックの使用：ケース・スタディ

- 127　ルーブリックの評価観点を用いて採点中のメモを整理する
- 130　「詳細版採点簿」の作成
- 132　授業モデル：授業における4つのフェーズ
- 136　結論

137　第11章｜自己評価とキャリア開発のためのルーブリック

- 138　教育理念作成のためのルーブリック
- 139　研究者・教育者のためのルーブリック
- 145　昇進やテニュア取得のための文書用ルーブリック
- 151　結論

153　第12章｜ルーブリックとプログラム評価

- 154　「シンプルなプログラム評価」ルーブリック（ウォルワードの学部内自己評価法）
- 155　「やや作り込まれたプログラム評価」ルーブリック（ポートランド州立大学ユニバーシティ・スタディーズの年次評価）
- 157　「完全に作り込まれたプログラム評価」ルーブリック（VALUEルーブリック）
- 159　ルーブリックを用いた優れたプログラム評価のルール

161　終　章｜ルーブリック・マニフェスト

- 165　参考文献

169　資　料

- 資料A　課題指示の書き方
- 資料B　到達目標の書き方
- 資料C　ポートランド州立大学　ユニバーシティ・スタディーズ・プログラム評価用ルーブリック（総合的な批評的思考力）
- 資料D　ポートランド州立大学　ユニバーシティ・スタディーズ・プログラム評価用ルーブリック（数量的リテラシー）
- 資料E　ポートランド州立大学　ユニバーシティ・スタディーズ・プログラム評価用ルーブリック（文章作成力）
- 資料F　ポートランド州立大学　ユニバーシティ・スタディーズ・プログラム評価用ルーブリック（多様性）

- 177　監訳者あとがき

An Introduction to RUBRICS

第Ⅰ部
ルーブリック入門

第1章

ルーブリックの基礎

ルーブリック [名詞]

古英語：rubriche、古フランス語：rubriche、フランス語：rubrique、ラテン語起源：rubrica。色を付けるための赤土、赤チョーク、法律の名称（赤色で書かれていたため）、昔の写本や印刷物において、他の部分と区別するため、赤く色付けされた部分。具体的には、(a) 表題頁、またはその一部。特に出版年・出版地が書かれている部分、あるいは赤く書かれた最初の文字。(b)（法律）法律の名称、古くは赤字で書かれたのでそう呼ばれる。(c)（典礼）古くは朱書きや赤刷りにした礼拝の手順に関する指示や規則、教会や主教の指示。一般的には複数形。

(ウェブスター大辞典、1913)

ルーブリック

[名詞] 1) 権威ある規則。2) 文中の曖昧な単語の説明もしくは定義。同義語：gloss（語句注解）。3) 赤色もしくは特別な字体で印字された表題。
[動詞] 真紅色で装飾する。

(ワードネット、1997)

現在でも、ルーブリックは「権威ある規則」、特に「赤色」という意味との関係をまだ残している。実際、ルーブリックを使う大学教員は、ルーブリックを赤インク以来の最も効果的な採点道具だと考えている。

最も単純な言い方をすれば、ルーブリックとは「ある課題について、できるようになってもらいたい特定の事柄を配置するための道具」である。ルーブリックは、ある課題をいくつかの構成要素に分け、その要素ごとに評価基準を満たすレベルについて詳細に説明したもので、様々な課題の評価に使うことができる。例えば、レポート、書評、討論への参加、実験レポート、ポートフォリオ、グループワーク、プレゼンテーションなどである。

本書の著者、ダネル・スティーブンスはポートランド州立大学の大学院教育学研究科で、アントニア・レビは同大学のユニバーシティ・スタディーズ・プログラムで教えている。ルーブリックはポートランド州立大学ではかなり広範に使われており、なかでも必修科目であるユニバーシティ・スタディーズ・プログラムにおいて使用されている。広く使われている理由は、この実験的かつ学際的なプログラムのなかの「初年次探究」という通年の必修科目を毎年評価するためにルーブリックが使われているからである。このプログラムの評価は、担当する教員によって行われる。そしてこのプログラムは全学部のほとんどの教員が担当する。つまり、ポートランド州立大学の教員は、評価に関わることでルーブリックとは何かを間近で見る機会を与えられていることになる。そして、ルーブリックを経験した多くの教員が、自分の授業の成績評価にルーブリックを使うメリットを即座に見出している。

　本書では、ルーブリックとは何か、なぜポートランド州立大学の多くの教員が熱心にルーブリックに取り組んでいるのか、どうやったら自分自身のルーブリックを作成して使うことができるようになるのかについて説明する。また、私たち自身や同僚の経験に基づき、教える過程で有効な作業になる、ルーブリック作成を協同で行い、広く使用してもらう方法についても説明する。ルーブリックを作成する様々なモデルを描き、様々な教員が、様々な方法で、様々な授業や専門分野でルーブリックを使っている事例も紹介する。なお、本書で使われているルーブリックは、すべて実際の授業で使用されたものである。

●ルーブリックの必要性

　自分にルーブリックが必要かどうかをどうやって知れば良いのだろう。もし、以下のチェックリストで3項目以上当てはまるのであれば、確実に必要なはずである。

☐ほぼ全員の学生の答案用紙に同じコメントを書くので、腱鞘炎になりかけている。
☐只今、午前3時。机の上の答案用紙の山は今にも天井に届きそうである。採点締め切り日を4週間も遅れてしまっているが、今晩も確実に終わりそうにない。
☐かなり苦労して付けたコメントの字が読めないと、学生に不満を言われることがよくある。
☐すべての答案を採点してから、最後の答案の採点の仕方がはじめの答案のものと微妙に異なっているような気がして不安になる。
☐学生には、学期中のすべての課題を統合して解くような複雑な課題をこなして欲しいが、簡潔かつ明確に教員側の様々な期待を伝える方法がわからない。
☐学生には解決策の見えない課題について熟考する能力を伸ばしてもらいたいが、そのことを明確に伝える方法がわからない。
☐周到に考えて作った課題を、学生に今回初めて課そうとしたが、それを説明するのに1コマ全部かかってしまった。

表題

課題			
	評価尺度1	評価尺度2	評価尺度3
評価観点1	評価基準1－1	評価基準1－2	評価基準1－3
評価観点2	評価基準2－1	評価基準2－2	評価基準2－3
評価観点3	評価基準3－1	評価基準3－2	評価基準3－3
評価観点4	評価基準4－1	評価基準4－2	評価基準4－3

図表1.1　基本的なルーブリックの表

☐シラバスに詳しい説明を書いているにもかかわらず、1クラスにつき、必ず2、3回は、どんな課題をしなければならないのかという質問が出る。

☐文章作成を支援するライティング・センターや学習支援窓口の担当者と電話で長々と話さなければならない。なぜなら、そこに相談にいった自分の授業を受けている学生が、課題や期待されていることについてはっきり説明できないからだ。

☐同僚教員と協同して授業で共通の課題を使っているが、自分の採点基準が同僚教員のものと違っていたらどうしようかと気になっている。

☐提出された課題にがっかりすることがよくある。というのも、学生全員もしくはほとんどが、わざわざ言う必要もない、学問的にはあまりにも基本的な事柄（例えば引用の仕方やページの表記忘れなど）を知らないことが判明するからである。

☐複雑な学期末の課題を一生懸命説明しているのに、学生は教員のことを不可解な課題で自分たちを陥れようとする敵とみなしていると感じる。

☐ひょっとすると学生の言っていることの方が正しいのではないかと思い始めている。

　ルーブリックは、こうした悩みを解決できるよう導いてくれるのである。

●ルーブリックの要素

　ルーブリックは4つの基本的な要素でできている。これらの要素によって課題の特徴を規定する。ルーブリックの作成者は誰であっても良いし、その作成過程は大きく異なっていて良いが、この基本様式は同じである。最も単純な様式のルーブリックの場合、課題・評価尺度（達成レベル・成績評価点）・評価観点（課題が求める具体的なスキルや知識）・評価基準（具体的なフィードバック内容）のすべてを表形式で配置している（**図表1.1参照**）。

　通常、表を作るのにはマイクロソフト社のワードを使う。「オートフォーマット」機能を使っても良い。前の例では3つの評価尺度と4つの評価観点を使用している。これは最も一般的なものだが、もっと数の多いものを使うこともある。しかし、最大値は、評価尺度については5つ、評価観点については6つか7つであって、それを超えることはめった

ない。

　本章では、プレゼンテーションの課題を例にして、ルーブリックの4つの要素を見ていく。そして、順番に左記の表を作り上げていきながら、それが教員にとっては使い勝手の良い採点道具となり、学生にとっては何を期待され実際どのように行動すれば良いのかについての明確な指示になるようにしていく。

●ルーブリックの作成手順

【要素1：課題】

　課題というのはすでに教員によって記述されていることが多い。そこには、教員が学生に期待するある種の「行動」が含まれている。課題には、例えば、レポート・論文、ポスター、プレゼンテーションといった、特定の形式が求められる。これは、授業への参加、実験室内でのルール遵守、授業中に求められるマナーといった全般的な行動にも適応できる。

　まず、ルーブリックの一番上に課題を記述する。たいていはシラバスに記載されている内容をそのまま写す。理由は、自らが書いた課題を採点時に忘れないようにしておくためでもあるが、そのルーブリックを後で再利用する場合に課題と表が別になっていない方が便利だからである。

　しかしさらに重要なことは、学生が採点道具になるとわかっているものの一番上に課題を明記することで、他の方法ではあり得ないほど、学生の関心をぐっと引き付けることができるということだ。課題と成績評価を一緒に示すことにより、その内容や評価基準は学生にとって現実的なものとなり、注意深く読んでもらえる。学生が成績評価を気にするというのは残念ながら事実である。しかしそのことを利用すれば、教員が求めていることをできるだけ明確に伝えることができる。

　もし課題の内容があまりにも長くて全文を記述することができない場合、もしくは何らかの理由でそこに書くことができないのであれば、例えば、「プレゼンテーション用ルーブリック」のように、表題だけをルーブリックの一番上に明記することもできる。このことで、少なくともどこか別の箇所に詳しい説明があるということを学生に想起させられるだろう。教員が後で課題を見直し、再検討するような場合にも便利だ。「シラバス参照」「配布物参照」といった言葉を付け加えることもできる。さらに詳しい課題の内容をルーブリックの横に記すこともできる。読みやすく、採点しやすくするためには、ルーブリックは特殊な場合を除いて1ページ以上にすべきではない。

　たいていのルーブリックは、表題と課題の両方を含んでいる。**図表1.2**は、表題と課題を加えたルーブリックの例を示したものである。

【要素2：評価尺度】

　評価尺度は、与えられた課題がどれだけ達成されたかを表すものであり、ルーブリック

変容するポートランドのコミュニティ

課題：各学生は、ポートランド市内のコミュニティを1つ取り上げて、過去30年間の変化について、5分間のプレゼンテーションを行う。自分の好きなように発表内容を絞り込んで構わないが、単に年代順の説明ではなく、何らかの仮説と論証がなければならない。発表には、適切な写真、地図、グラフなどの視覚に訴えるものが含まれていなければならない。

	評価尺度1	評価尺度2	評価尺度3
評価観点1			
評価観点2			
評価観点3			
評価観点4			

図表1.2　要素1：課題

の表の最上段に明記される。レベルを記述するために使用される評語は、教育的配慮が必要で、しかも明確でなければならない。一般的なルーブリックで使われるのは「特に優秀（mastery）」「かなり優秀（partial mastery）」「前進途中（progressing）」「萌芽的（emerging）」という言葉である。これらは、肯定的で前向きな表現であり、学生が次に求められていることを言葉で説明している。また最低レベルの評価尺度で評価された時に受けるショックを和らげることにもなる。「上級（high level）」「中級（middle level）」「初級（beginning level）」という非評価的で非競争的な用語を好む教員もいるし、数字やA・B・C評定を好む教員もいる。

　下記は、ヒューバとフリード（Huba & Freed, 2000）がまとめた、よく使われる評語である。

- 高度（sophisticated）／有能（competent）／やや有能（partly competent）／もう少しで有能（not yet competent）　　　　　（NSF Synthesis Engineering Education Coalition, 1997）
- 模範的（exemplary）／優秀（proficient）／合格圏（marginal）／不合格（unacceptable）
- 上級者（advanced）／中級者の上（intermediate high）／中級者（intermediate）／初級者（novice）　　　　　（American Council of Teachers of Foreign Languages, 1986）
- 卓越（distinguished）／有能（proficient）／中間（intermediate）／初歩（novice）
　　　　　　　　　　　　　　　　　　　　　　　　　　　　　　　　　　（Gotcher, 1997）
- 目標到達（accomplished）／平均的（average）／発展途上（developing）／初期（beginning）　　　　　　　　　　　　　　　　　　　（College of Education, 1997）

　初めてルーブリックを作る場合には、3段階の行動レベルに限定すると良いだろう。私

変容するポートランドのコミュニティ

課題：各学生は、ポートランド市内のコミュニティを１つ取り上げて、過去30年間の変化について、５分間のプレゼンテーションを行う。自分の好きなように発表内容を絞り込んで構わないが、単に年代順の説明ではなく、何らかの仮説と論証がなければならない。発表には、適切な写真、地図、グラフなどの視覚に訴えるものが含まれていなければならない。

	優秀	良	要再学習
評価観点１			
評価観点２			
評価観点３			
評価観点４			

図表1.3　要素２：評価尺度

たちは、まず実際に課題を与えて、そのルーブリックを使用した後に、５段階にするようにしている。学生が実際にどのようなことをするのかを見た後の方が、課題を書き直したり、段階を増やしたりしやすいからである。

図表1.3は、評価尺度を書き入れた段階のものである。

ルーブリックの評価尺度に決められた段階数はないが、ほとんどの教員は、３－５段階の評価尺度で行動を記述することを好んでおり、５段階が上限である。段階を増やせば増やすほど段階間の違いを付けることが難しくなるし、ある学生がその評価となった理由を明確にすることも難しくなる。一方で、詳細に決められた段階は、学生にとっては課題の内容をより明確にするし、教員にとっては採点の際に細かいコメントを書く時間を軽減する。多くの教員は、ルーブリックの評価尺度としては３つが最適であると考えている。

もし教員が１つしか段階を設定しなければ、そのルーブリックは「ホリスティック（全体）ルーブリック」もしくは「採点指針ルーブリック」と呼ばれる。それは各評価観点に期待される最高レベルの行動を記載したものである。そこには、点数を記載し、そのレベルに学生がどの程度達成できているのか、達成できていないのかを記載するコメント欄が設けられる。しかしながら、採点指針ルーブリックは補足説明としてかなりのコメントを書く必要が生じるので、３－５段階ルーブリックに比べると採点に時間がかかってしまう。

【要素３：評価観点】

ルーブリックでは、課題をいくつかの評価観点に分けて、わかりやすく漏れのないように配置する。ルーブリックによって、課題はどのような要素に分解され、どの要素が最も重要なのかを明確にすることができる。重要なのは文法なのか、分析なのか、事実なのか、研究技法なのか。こうした課題のいくつかの側面のそれぞれにどの程度の比重が置かれて

いるのか。異なる評価観点に必ずしも異なる重みを付けなければならない訳ではないが、それぞれの評価観点に割合やポイントを付けることで、その課題の各側面の相対的な重要度をさらに強調することができる。

評価観点では、学問的に優れた成果物に結び付いていなければならないスキルを具体的に表現するべきである。例えば、しっかりした内容の理解、技法、引用、例示、分析、場面に応じた適切な表現の使い分けなどがこれにあたる。適切に作成された場合、ルーブリックの評価観点は、こうしたスキルを単に示すだけではなく、採点終了後に学生自身に評価観点ごとに強みと弱みを素早く把握する機会を与えることになる。

評価観点においては、行動の質についての記載を含む必要はないし、含むべきではない。例えば、「全体構成」というのはよく評価観点に使われるが、「優れた全体構成」と書くべきではない。ある評価観点における学生の行動の質について問うのは、評価尺度と評価基準の部分においてである。これについては、後述する要素4で触れる。

学生への課題を別々の評価観点に分割していくことは、やるべき作業の分析につながる。作業の構成要素が明確に特定化され、学生も教員もその作業の有用性を理解できる。単にやるべき作業を示したり、最終的な成果物だけを基に成績評価を付けたりする以上のことを学生に対して物語る。ルーブリックの評価観点と優れた評価基準の記述は、学生向けの課題の特定部分に対する詳細なフィードバックとなり、その課題がどの程度できていたのか、もしくはできていなかったのかを知る機会ともなる。このことは、特にプレゼンテーションのように多様な評価観点が考慮される課題の場合に有益である。**図表1.4**は、ルーブリックの第3の要素である評価観点を加えて示したものである。

【要素4：評価基準】

評価観点として掲げた項目だけでも評価に必要な領域は網羅されているが、評価観点ごとに少なくとも最高レベルの評価基準を記載しておく必要がある。最高レベルの評価基準のみを記述したルーブリックは、「採点指針ルーブリック」と呼ばれる（**図表1.5参照**）。

採点指針ルーブリックは、柔軟性があり、教員の個人の持ち味を出す余地が大いにあるものだが、学生がなぜ最高レベルの評価に値しなかったのかを採点時に書き添える必要があるため、採点時間を増やすことになる。

多くの場合、私たちが好んで使うのは最低でも3つの評価尺度があるものであり、学生が最高レベルの評価基準を達成しようとする際に最もつまずきやすい点が記述されているルーブリックである。**図表1.6**は3つの評価尺度があるルーブリックであり、実際に「変容するポートランドのコミュニティ」の採点に使ったものである。注目してほしいのは、評価尺度のレベルが一段下がった箇所では理想的なレベルと比較してどこが違うかが記載されているのに対し、最も低いレベルの箇所では達成すべきだったことが強調されて記載されている点である。つまり、できなかったという事実のみではなく、達成の可能性も強調されている。**図表1.6**のプレゼンテーションのためのルーブリックの最終版は、第4の

変容するポートランドのコミュニティ

課題：各学生は、ポートランド市内のコミュニティを1つ取り上げて、過去30年間の変化について、5分間のプレゼンテーションを行う。自分の好きなように発表内容を絞り込んで構わないが、単に年代順の説明ではなく、何らかの仮説と論証がなければならない。発表には、適切な写真、地図、グラフなどの視覚に訴えるものが含まれていなければならない。

	優秀	良	要再学習
知識／理解 20％／20ポイント			
思考／探究 30％／30ポイント			
コミュニケーション 20％／20ポイント			
視覚に訴える補助資料 20％／20ポイント			
プレゼンスキル 10％／10ポイント			

図表1.4　要素3：評価観点

要素である評価基準を書き入れたものである。

●初めてルーブリックを作る：時間と労力に値するルーブリック

　ルーブリックをよく作って使っている教員であれば、先に例で示したプレゼンテーション用のルーブリック程度のものは、1時間弱で作成することが可能であろう。もしすでにできあがっているルーブリックを似たような課題のために修正するだけならばさらに短い時間で作成できる。しかしながら、初心者にとっては最初のうちはもっと時間がかかるだろう。

　しかしこの時間は無駄ではない。私たちが最初にルーブリックを作って使ってみた時にすぐにわかったのは、採点時間が減り学生に充実したフィードバックを返せるだけではなく、授業の準備や教育方法にも影響を与えるということだ。

　ルーブリックを作って使ってみる最初の段階というのは、簡単に言えば、振り返りの時間である。つまり、自分自身の教育、評価、スカラーシップ（学識）に関わる基本的な前提や信念を言語化することになるのである。自分自身の学生時代を振り返り、自らを学生の立場に置き、「何を」学んだのかだけではなく、「どのように」学べば最も効果的であったのか、つまり求められていることの中で何が明確であったか、どの課題が重要なのか、どのフィードバックが役立ったのかという点に焦点を当てて振り返ることになる。こうし

変容するポートランドのコミュニティ

課題：各学生は、ポートランド市内のコミュニティを1つ取り上げて、過去30年間の変化について、5分間のプレゼンテーションを行う。自分の好きなように発表内容を絞り込んで構わないが、単に年代順の説明ではなく、何らかの仮説と論証がなければならない。発表には、適切な写真、地図、グラフなどの視覚に訴えるものが含まれていなければならない。

	基準	コメント	点数
知識／理解 20%／20ポイント	・発表は、主張を裏付ける、関連する適切で詳細な資料を使っている。それらが歴史的理解の深さを表している。 ・調査は徹底してなされており、授業や課題文献で出されたものを超えている。		
思考／探究 30%／30ポイント	・発表は、主張に沿ったものであり、高度に深められた、歴史的かつ社会的な事象への認識並びに概念的思考能力の高さを示している。		
コミュニケーション 20%／20ポイント	・発表は、想像力に富み、聴き手に主張を伝えるのに効果的である。 ・発表者は聴き手の反応と質問に効果的に対応している。		
視覚に訴える補助資料 20%／20ポイント	・発表は、適切でわかりやすい視覚資料を含んでいる。発表者は、適宜その資料に言及し説明している。		
プレゼンスキル 10%／10ポイント	・発表者は、聴き手に聞こえるようにはっきりと大きな声で話している。聴き手を引き込むように、アイコンタクト、元気な声の調子、ジェスチャー、ボディランゲージが使われている。		

図表1.5　要素4：採点指針ルーブリック：最高レベルのみが記述された評価基準

変容するポートランドのコミュニティ

課題：各学生は、ポートランド市内のコミュニティを1つ取り上げて、過去30年間の変化について、5分間のプレゼンテーションを行う。自分の好きなように発表内容を絞り込んで構わないが、単に年代順に答えを出して並んで構わないが、単に年代順に並べただけの説明ではなく、何らかの仮説と論証がなければならない。発表には、適切な写真、地図、グラフなどの視覚に訴えるものが含まれていなければならない。

	優秀	良	要再学習
知識／理解 20%／20ポイント	・発表は、主張を裏付ける、詳細な資料を使っている。関連する資料を適切に使っている。それらが歴史的理解の深さを表している。 ・調査は徹底してなされており、授業や課題文献で出されたものを超えている。	・発表は、総じて正しいが、一部不正確な知識を使っている。総じて主張と関連している。 ・調査は適切であるが、授業や課題文献で示されていた以上のものとはなっていない。	・発表は、あまり関係のない、不正確な情報を使っている。しかも、授業や課題文献にも扱われていない情報などである。 ・調査をほとんどしていないか、全くしていないことが明らかである。
思考／探究 30%／30ポイント	・発表は、主張に沿ったものであり、高度に深められた、歴史的かつ社会的な事象への認識並びに概念的思考能力の高さを示している。	・発表には、分析的な構造が見られ、中心となる主張を明示している。しかし、分析は完全に深められていないところや論文と関係付けられていないところもある。	・発表には、分析的な構造が見られず、中心となる主張と全くずれている。
コミュニケーション 20%／20ポイント	・発表の技術は、想像力に富み、聴き手に主張を伝えるのに効果的である。発表者は聴き手の反応と質問に効果的に応じている。	・発表の技術は、主要な主張を伝えるには効果的であるが想像性には若干欠ける。聴き手からの質問に答えられなかったものがある。	・発表は、聴き手の興味をつかむことに失敗し、何を伝えるべきかで混乱している。
視覚に訴える 補助資料 20%／20ポイント	・発表は、適切でわかりやすい視覚資料を含んでいる。発表者は、適宜その資料に言及している。	・発表は、適切な視覚資料を含むが、少なすぎて使用や理解を困難にしている。もしくは発表者がその資料について言及や説明をしていない。	・発表は、視覚資料を全く含んでいない。含んでいても不適切であり、理解するには小さすぎるか、ごちゃごちゃしすぎている。発表者はその資料について全く言及していない。
プレゼンスキル 10%／10ポイント	・発表者は、聴き手に聞こえるよう大きな声で話している。聴き手を引き込むように、アイコンタクト、元気な声の調子、ジェスチャー、ボディランゲージを効果的に使えている。	・発表者は聞こえるようにはっきりと大きな声で話しているが、だらだらと話しがちである。もしくはアイコンタクト、ジェスチャー、ボディランゲージを継続して、効果的に使えていないことがある。	・発表が聞こえないもしくは聴き手が理解できないくらい不明確に話している。アイコンタクト、ジェスチャー、ボディランゲージなど、聴き手を引きつけようとする試みが全くない。

図表1.6　要素4：3段階ルーブリック：すべてのレベルが記述された評価基準

た振り返りを教室での授業実践に取り入れてみると、自分が持っている知識や各課題で学生に求めていることだけではなく、課題を通して学生たちに達成して欲しいことを上手に伝えられるようになる。そうやって学生の視点で考えてみれば、学生は教員とは同じではないし、授業での課題も学生の多様な学習スタイルを考慮したものにすべきであることに気付かされるのである。

　また、私たちはルーブリックの作成に学生たちに参加してもらう試みも始めた。それをしながらわかったのは、カフェラーラとクラーク（Cafferalla & Clark, 1999）が成人学習者に関する研究の分析で述べている通り、学習の過程をできるだけ協同的なものにすることが学生にとって良い教育になるということだった。

　さらに言えば、初めてルーブリックを作る際は相当の時間がかかるかもしれないが、その作成直後からすぐに採点時間を削減することができる。例えば、本章で示したルーブリックは30人強のクラスで使ったものだが、発表の採点時間は減少した。実際に発表がなされた授業時間に加えて、それぞれのルーブリックに何箇所か個別のコメントを付けた際にかかったのは約1時間だった。学生が発表を行っている最中もしくは直後に、該当する欄に丸を付けるだけである。このことは、時間削減という面だけではなく、課題に関する記憶が頭のなかにまだ残っている次回の授業までに、採点結果とコメントが学生の手元に戻ってくるということを意味する。タイミングの良いフィードバックは学生の学習を促進する。

　長い目で見れば、ルーブリックは時間削減だけではなく、教員に自らの個別の教育スタイルと方法を自覚させてくれるという点、課題の意図と求めるものを明確に伝えることを可能にするという点、そして適切なタイミングで有益なフィードバックを学生に与えるという点で、価値ある教具でもある。第2章では、ルーブリックを教室での授業実践に取り入れることが有効な理由について詳細に述べていこう。

第2章

ルーブリックを使う理由

　ルーブリックは時間を節約し、タイミング良く、意味のあるフィードバックを学生に返すことができ、教育・学習の過程において効果的な役割を担う可能性がある。実際、ルーブリックをあまり使わない主な理由は、単に教員の多くが「その存在」を知らないというだけである。「教えられたようにしか教えられない」というのはよくあることだが、教員は学生時代にルーブリックを経験していないのだ。

　しかしながら、ルーブリックを使う理由はたくさんある。時間を効率的に使えるという点や教育手法としての素晴らしさといった点以外にも、平等性や公平さという基本的な原理もその理由となる。本章では、実用性、教育手法、公平さという点から、ルーブリックを使う理由を見ていこう。

●タイミングの良いフィードバック

　フィードバックのタイミングという話題に関しては、教員と学生の間で議論になるかもしれない。教員は各課題を公平かつ個別に採点しようと努力している。一方、学生はすぐに課題が返ってこないと文句を言う。しかし学生が迅速な課題の返却を求めるほどには、質の高いフィードバック（行動を変容させるような詳細なフィードバック）を求めていないようにも思える。これをもって教員の多くは、学生は最終的な成績評価しか関心がないのだと解釈する。これは部分的には正しいのだが、ラッカーとトムソン（Rucker & Thomson, 2003）のフィードバックと大学生の学習に関する研究によれば、学生がスピードを求めるのには根拠がある。教育学とコミュニケーションの授業を受講している104名の学生について調査した結果、実際にフィードバックにかかる時間というものは、フィードバックを意味のある、有用なものにする要素であるという結論が出た。フィードバックを課題の終了後できるだけ早く返すことが、次の課題において学生の前向きな変化をもたらすために最も有効だったのである。英国の学部学生に対するタラス（Taras, 2003）の研究では、学習のみならず自己評価という個人的な習慣を形成するという点においてもフィードバックの重要性が指摘されている。イルゲン、ピーターソン、マーティン、ボエ

スチェン（Ilgen, Peterson, Martin & Boeschen, 1981）の古典的な研究では、フィードバックまでの時間が空けば空くほど、フィードバックの価値は実際に低下することが指摘されている（「フィードバックを受け取る時間が遅れれば遅れるほど、成果（出来、不出来）に対するフィードバックの効果は低下する」）。数年にわたる長期間の研究においても、フィードバック、とりわけタイミングの良いフィードバックは、学習を促進することが明らかになっている（Black & Wiliam, 1998）。

しかし、フィードバックが最も有効なうちに課題を返却するために、どうやったら48時間以内に30本のレポートの採点ができるのだろうか。その答えはルーブリックにある。ルーブリックは時間節約のための素晴らしい道具である。教員の多くが最初にルーブリックを使う際の魅力は時間にある。学生が注意力を維持できるのは短時間であり、迅速なフィードバックを期待しているという点で、フィードバックには賞味期限がある。ルーブリックを使えば、この賞味期限に間に合わせることができ、しかも各学生の個別事例に対応した詳細なフィードバックが欲しいというニーズにもこたえることができる。

教員の多くが知っているように、課題を出すと多くの学生は同じか、似たような間違いをする。間違いの組み合わせで、多様性や個性は表れるにしても、実際の間違いはほぼ同じである。結果として、特定の個別フィードバックを各学生に真面目に記述して返そうとすると、ほとんどのレポートに似た内容を少しずつ変化させて書いていることがよくある。

しかし、ルーブリックを使えばこの問題は解決できる。ルーブリックの評価基準の箇所に、容易に予想できる内容を入れ込むだけである。そうすると、採点時にやるべきことは、個別の学生に当てはまるすべてのコメントに丸を付けるかチェックするかだけである。ルーブリックが学生の提出したレポートに正確に対応できていない場合、強調すべき点が必要な場合、あるいはその特徴の何点かが関連していることを強調したい場合には、該当部分にコメントを書き込めばいい。ルーブリックにでも、レポート本体にでも、あるいはそれ以外のものにでも、学生に個別コメントを書いても全く構わない。最終的な成績評価に関して言えば、学生ごとに個別のフィードバックを行うという点でこれまでのやり方と変わりはない。それでいながら、学生にフィードバックを与えるのに要する時間は少なくとも半分もしくはそれ以下に削減されるだろう。

ルーブリックは、教員にとっては簡単な採点方法であり、学生にとってはタイミング良く詳細で読みやすいフィードバックとなる。

●学生による詳細なフィードバックの活用

こんな悪循環が起きている。学生はこう言う。どの部分が正しかったのかわかるように詳しいフィードバックが欲しい。そうすれば、その後も正解を繰り返すことができる。同様に、間違っている箇所も改善できるようなフィードバックが欲しい。

しかしよく経験することだが、学生は、教員が時間をかけて書いた長いコメントを読んでいるようには思えない。ましてやそれを受け入れて活かそうとする学生はさらに少ない

ように思える。そのうち教員のなかにはそれに落胆して詳細なコメントを書くのを止めてしまう者も出てくるだろう。こんなことが続けば、最終的なコメントは、「一貫性なし。参考文献不足。全体構成良し。可」といった素っ気ないものになるだろう。

　もっともなことだが、学生はこうした短いコメントに困惑し、落胆していることが研究によって明らかになっている。ブリンコ（Brinko, 1993）によれば、提出物の出来具合を評価するだけのフィードバックよりも、できる限り多くの情報を含んだフィードバックの方が効果的である。また、同じ研究では、どのような場合に最高の評価がなされるかを記載しておくことが学生にとって有益であることも明らかになっている。そしてこれら2つの研究結果に対応できるという点でもルーブリックは優れている。

　最高の評価を得るために必要な事項の説明と詳細なフィードバックを求めるというニーズを満たしてくれるのが、ルーブリックそのものである。実際、ルーブリックにおける各評価観点の最高レベルの評価基準というのは、最高の評価を受けるために必要な事項である。ルーブリックには丸が付いたりチェックが付いたりしているが、これはいつも教員が学生の課題に対して最高の評価に達しないのはなぜで、どこが悪いのかを手書きで説明していたものをあらかじめ印刷したもので行っていることと同じである。学生は、どうやって、どの部分で自分の提出物が目標を達成できたのか、もしくはできなかったのかについて必要なすべての詳細情報を受け取ることができるし、どうすればもっと良くなるのかという助言さえも受け取ることができるのである（上位の基準の部分にそれが書かれている）。

　さらに言えば、授業中にルーブリックとその評価基準について取り上げることで、学生はこの詳細な記述の意味をもっと理解することができる。教員が長いコメントを書き、学生が実際にそれらを読んだとしても、コメントと学生の理解の間にはかなりのギャップがあるはずだ。例えば、ルーブリックを議論するまで、学生は「内容」「分析」「引用」といった言葉にも耳馴染みがないかもしれない。しかし採点された課題が戻ってくるまでには、明確にそうした言葉の意味を理解しているはずである。

　学生が授業の課題に取り組む際、ある特定の問題でつまずき、真剣に助けを求めている場合にも、ルーブリックはその救済手段になる。このように学生が困っている場合、教員はその学生の成績が向上しているのかどうかを総合的に見極める必要がある。時間の経過とともにその学生の成績が向上しているかどうか、そしてどのように推移しているかを知る手段は、成績記録簿の数字や文字以外にほとんどない。よって、それを調べるためには、学生にこれまでの提出物を、できれば教員が付けたコメントも含めて、整理してすべて持ってこさせなければならない。しかし、学生はコメントどころか、提出物すら保存していないことがほとんどである。それは教員も同じである。

　返却された自分の課題を完璧に整理して保管している学生はもちろんのこと、それ以上にルーブリックをしっかり保管している学生がいるとは考えにくい。そのため、ルーブリックをまとめてコピーするまで、課題とルーブリックを別々にしておく教員もいる。まとめてコピーをした後で、原版のルーブリックと課題をホッチキスでとめて返却するのだ。

こうすれば、たいした苦労もせずに個々の学生の進展状況を完璧に記録することができる。その上、ルーブリックの詳細なフィードバックは、学生の強みと弱みがどこにあるのかを正確に分析する有効な道具にもなる。

　その時々の採点のみならず、総合評価のためにルーブリックを使用することで、詳細なフィードバックを求めるニーズにも見合うし、長期的に学生の成績が向上しているかどうかを判断することができる。数枚のルーブリックをざっと見比べることで、学生の提出課題でどの評価観点の力が伸びているのか、あるいは伸びていないのかに関する詳細な情報を得ることができる。多くの教員はルーブリックを作る時、だいたい似たような形式や評価観点を使うことが多いので、記録を蓄積すると教員と学生の双方にとって分析しやすくなる。3、4枚のルーブリックを並べれば、長期間にわたるパターンがたいてい見えてくる。例えば「全体構成」という評価観点がいくつかのルーブリックにあって、学生がその部分にいつも低い点が付いているとすれば、どの部分で意味のある有益な助言や提言をすれば良いのかがすぐにわかる。

　何度も何度も同じ評価観点に同じレベルのコメントを受け取って驚く学生も多い。もちろんそのような学生もこれまで同じコメントを手書きで指摘されてきて気付いているかもしれないが、評価観点がしっかりと決められたルーブリックで示されると、どの分野に力を入れなければならないのかが一層明確になる。もし学生がルーブリックを使う複数の教員の授業をとっていれば、そのパターンはより明確になる。

　いくつかの完成した提出物にそれぞれルーブリックを使用すると、学生は自らの弱点を発見することができ、自分自身で改善計画を立てることができるようになる。ヒューバとフリード（Huba & Freed, 2000）が指摘したように、これは動機を高め、学習を生起させる理想的な方法である（「自己評価と自己改善につながるフィードバックは、内発的動機の一形態である」）。学生は、一度どうやれば伸びるかが明確にわかれば、そこに集中することができる。よって、ルーブリックを使って学生の行動を長期にわたって比較すれば安定して伸びていく様子がうかがえるだろう。

●批評的思考力のトレーニング

　学生はルーブリックを通して課題のなかで繰り返しつまずく箇所や継続的に伸びている部分を自覚する。この自己発見は、ルーブリックを使用する嬉しい成果の1つである。自らの学習について批評的に振り返ることを学生に促すことで、確実に「自己評価と自己改善」を習慣化するよう、学生を奮い立たせることができる。教員が授業で望んでいるような、動機が高く創造的な学生を育成するために、これらは本当に重要なものである。ルーブリックは、アカデミックな良い助言と組み合わされば、学生の批評的思考力を学術的に伸ばす役割を果たす。批評的思考力とは、新しいトピックに対して、自立的に、正確なデータを蓄積し、偏見を持たずに、思考し、推論し、判断する力のことである（Huba & Freed, 2000）。

教員は誰でもそのような力を発揮できる学生を欲しがっている。教員の多くは、専門分野が何であれ、自分の授業がそのような思考や学習の習性を生み出すことに貢献できれば良いと思っている。また、教員は、学生に批評的に物事を思考するよう課題を与える必要があることもわかっているし、各専門分野において批評的思考力に結び付く課題が何であるのかもわかっている。しかし先行研究では、教員の多くはあまりに多くの多肢選択式テストや簡単な短答式課題を与え続けていることが明らかになっている。そして、これらは機械的な暗記力や低レベルで散漫な思考力しか生み出さないこともわかっている（Boud, 1990; Huba & Freed, 2000）。ここで大きな問題になるのは、結果を採点するのに必要な時間的制約である。ルーブリックを使用することで採点時間は飛躍的にスピードアップするし、批評的思考力を伸ばす複雑な課題を課すこともできるようになる。しかしそれだけが、ルーブリックが批評的思考力を伸ばす理由ではない。

　ルーブリックを使って学術的な批評的思考力を伸ばす最大の方法は、課題に取りかかる前にルーブリックについて授業中に学生に議論させることである。ルーブリックの評価観点の多くは、批評的思考力に求められる要素を分解して明示したものである。同時にこれらの評価観点に対応する評価基準の部分には、批評的思考力の基礎的な要素に求められることが詳細に記述してある。そこにたいてい含まれているのは、自分なりの主張、それを裏付ける正確で関連性のあるデータ、明確に示された思考プロセスと分析、これら全要素を偏見を持たずに検討した結果導かれた判断である。ほとんどの教員にとって、これらの要求はあまりに基本的な事柄なので、課題において明示されないことが多いが、その結果、学生には課題を終えるまで見過ごされてしまうであろう。事前にルーブリックを配布してこれらの要素について議論する時間をとれば、はっきりと示されていない期待を明示することができる。逆にルーブリックについて議論することで、課題を採点する際の評価基準と同時に、学問分野を問わずすべての学術研究において重要となる批評的思考力の要素を学生とともに作り上げているとも言える。

　もちろん、ルーブリックのすべての要素が等しく批評的思考力に関係しているというわけではない。例えば、時間厳守、文法と綴り、その他の技術的なスキルは、コミュニケーションに影響を与えるものであり、結果として成績評価の対象となる。しかしながら、それらは学術的な批評的思考力を示すものではない。もし教員が学生に特定の評価観点が他よりも遥かに重要であることを理解させたければ、ルーブリック上で各評価観点の重要度に応じてポイントや割合を割り振ることで、伝えることができる。第1章にある100ポイント満点のプレゼンテーション課題（**図表1.6**）では、「コミュニケーション」の評価観点で成績の20ポイント、「プレゼンスキル」ではたったの10ポイントしか割り振られていないが、「思考／探究」の評価観点では30ポイントも獲得できるといった具合である。総合評価においては、批評的思考力に関わる要素が技術的なスキルよりもポイントが高いことを明らかにすることで、学問において何が重要かを直接的かつ視覚的な方法で伝えることができる。さらに批評的思考力がどのような意味を持つかについて授業で議論をすれば、

教員が学生に期待している思考パターンを明確に説明することができる。批評的思考力とは、与えられた課題や授業中だけではなく、大学生活を通して、そして人生全体を通して期待されているものなのである。

●他者とのコミュニケーションの活性化

　十分に自覚していない場合もあるが、大学教員はたいてい他者と協同しながら教えている。教員の大学での教育人生において最も一般的な「他者」とは、ティーチング・アシスタント（TA）である。その他、学生教育に関わっている重要な集団と言えば、ライティング・センターのスタッフ、チューターや大学入学前後に基礎的知識を補うリメディアル科目担当の教育スタッフ、非常勤講師、学生が習っている他のすべての教員である。ルーブリックは、これらのすべての人々の間で、教育目標と意図を共有することを可能にする。しかもそうしたコミュニケーションが起きていることの自覚すらなくても共有が可能になるのである。

　TAは、教員の教育に関わる最もわかりやすい「他者」である。とりわけ、授業中に討論や実験をリードしたり、テストの採点をしたりする際にその存在は明らかになる。教員が学生に何を期待しているのか、グループ活動・実験・セミナーの場で学生は何に注目すべきなのか、教員がどのような採点基準を頭に描いているのかなどについて、ルーブリックはTAに直接明確に伝えてくれる。ルーブリックを作成する際に最初からTAに関わってもらうのも有益である。TAは個々の学生のニーズや理解レベルについて明確な考えを持っていることがよくあるからである（TAや他者とルーブリックを作成する議論については第5章を参照）。さらに言えば、多くのTAは将来大学教員になることを考えているので、ルーブリックの使用をモデルとすることで、後に彼ら／彼女らの教育実践に影響を与えることができる。

　ルーブリックを使うことでメリットを得るもう1つの集団は、特定の領域で支援を必要とする学生の指導を担当している人たちである。最も一般的な教育支援者はライティング・センターのスタッフだ。ライティング・センターで働いたことがあればわかることだが、書くことについて最も深刻な問題を抱えている学生は、まず課題の詳細について説明することができない。そしてその学生がライティング・センターに来ている理由はコミュニケーションに問題があることが多い。多くの場合、ライティング・センターのスタッフは、自分たちが学生を間違った方向に導いていないかどうか、教員に電話して確認することになる。もし学生がルーブリックを持ってセンターに来れば、課題と求められていることがまさにスタッフの目の前にあり、ほとんどのスタッフはルーブリックの詳細な記述の背後にある意図を簡単に読み解くことができる。同様のことは、数学のチューター、語学教育のリーダー、そして解析用プログラムの使い方がわからなくて学生に呼ばれたコンピュータのスタッフにも当てはまる。

　ルーブリックからメリットを得る次の集団は、新任教員と非常勤講師である。教員にな

りたてのこうした人たちは、机やレターボックスがないことはあまり苦にしないが、自分が教えることになっている授業に対して、部局から何を期待されているのかわからないことに苦労することが多い。過去のシラバスを見れば状況や内容を概観することは可能だし、学生への課題のアイデアも得られるが、過去のルーブリックを見ればもっと深く学ぶことができる。つまり、課題だけではなく、授業や学問分野が学生の行動にどのような期待をしているのかを見ることができる。過去のシラバスとルーブリックがあれば、新採用の教員でも、授業の開講理由が説明された時の教授会に出席していたのと同じくらいに、その授業が作られた際の考えを感じ取ることができる。

ルーブリックからメリットを得る最後の「他者」集団は、同じ授業、同じ学生を教えている教員である。教員の多くは、たとえ同じ学問分野や関連する分野を教えていたとしても、同僚教員が授業で何を教えているかについてほとんど知らない。この理由は、教室における自律性を尊重しているからであり、かつ同僚教員の自律性を侵すことを恐れているからである。しかし、関連する授業で何が起こっているのかを知ることは、余分な努力を避けるという点でも、学生が何を習っているのかを理解するという点でも有益なことは事実である。学部内において、ルーブリックは、各レベルにおいて何が教えられていて、それがどのように、なぜ教えられているのかについて合意されているかどうかを見定める手段として共有できる。

ルーブリックを共有することで、どの程度、成績評価が一致しているかが明らかになる。授業と成績評価が本当に同僚教員と一致していることを知って驚く教員たちがよくいる。最近の身近な例で言えば、共通の課題を設定し、同じルーブリックを使っているポートランド州立大学の教員は、自らが設定した評価基準と学生に期待する水準が、同僚教員と大きくずれていないことを知って驚き、改めてそのことを確認している。もちろん、時には、ルーブリックによって同僚教員同士で異なった成績評価をしていることが明らかになることもある。ルーブリックは、その場合に同僚教員間で何をすべきかを語ってくれないが、少なくとも現状がどうなっているかを理解させてくれる。

●教員の教育技法の向上

自らが良い教員であるかどうかはどうすればわかるのだろう。また、より良い教員になるためにするべきことを見つけるにはどうすればいいのだろう。定形化された、学生による授業評価は、その1つの材料となる。しかしながら、その質問項目は幅広いものが多く、実際に活用するのは難しい。さらに言えば、それらは教員の昇進やテニュア（終身雇用権）審査に使われる可能性があるため、教員の多くは学生による授業評価に対して少し身構えている。最高の結果の授業評価においてさえも、こうした評価は、教員がその科目に精通していたか、魅力的な授業をしたか、授業をうまく運営していたかに関する質問への学生の反応を反映しているだけである（Huba & Freed, 2000）。実際に学生に何かを学んだかどうかを尋ねる授業評価であっても、学生にその学習テーマに関する意見を求めているだ

けである。授業評価は、学生が何を学び、何を学んでいないのかに関して、実際の証拠を提供していないし、詳細も明らかにしていない。

　個々の学生のルーブリックのコピーを保管することで、一定期間にわたって学生の継続的な成長と改善点を教員がピンポイントで指摘できるようになるのと同様に、一定期間の学生の成長が示されているルーブリックは、授業の盲点、欠けている点、強みについての明確な見通しを与えてくれる。例えば、もし複数のクラスで大多数の学生が引用の仕方で間違っているとしたならば、引用がいかに、そしてなぜ重要であるかについてもっと話す必要があることを知らせてくれる。もし事例の不適切な使い方に関して、繰り返し間違いがあるのであれば、これも同様に指摘し修正しなければならない。その後の授業で使われるルーブリックは、改善された教育方法が機能しているかどうかの証拠を提供してくれるはずだ。言うまでもなく、昇進やテニュア審査の際にこうした結果を説得力のある教育改善の証拠として使用することができる（第6章、第11章参照）。

　ルーブリックの全体的な出来について授業中に言及することは、特定の学生や学生集団を名指しせず授業の問題に対応する良い方法でもある。例えば、もし授業の半分強の学生がレポート課題の「振り返り」の評価観点で点を落としているとすれば、おそらく学生は「批評的な振り返り」の意味を本当に理解していないのだろう。教員が採点後の課題を返却する際や次の課題の討論を始める際にこのことについて述べれば、本来であれば研究室で行うことになる学生との個別面談の回数を減らすことができる。そして、恥ずかしがり屋だったり、自信がなかったり、大学においてうまくやっていくコツを知らないために研究室に来ない学生にも、そのことを伝えることができる。多くの学生が共有する問題について直接ルーブリックを参照しながら討論することは、今ある事実の後にやるべきことについて議論するためのしっかりとした根拠を提供するだけでなく、自分の行動を評価するのにルーブリックをどう使うことができるか、どう使うべきなのかを知る機会を与える。これは学生に課題が返却される前に行われることが望ましい。

　どういう目的で利用しようとも、ルーブリックを集約すれば、与えられた課題において学生がいかに行動すべきかを知る個別の詳細な記録となる。そしてそれは、複数の授業にわたって共通に存在している盲点や欠けている部分を教員が素早く見抜き、指導できるようにしてくれる。また、一気に授業が改善するといった、予期せぬ嬉しい出来事をもたらしてくれることもあるし、元々改善する必要がない部分はどこかも示してくれる。さらに若い大学教員にとっては、昇進やテニュア審査に提出するポートフォリオに含めることができる証拠になる。

●平等な学習環境作り

　最近、大学入学者のなかでは、マイノリティの第一世代、つまり両親は大学を卒業しておらず、家族内で初めて大学に通うようになった世代の学生が非常に増えている（American Council on Education, 2001; Mellow, Van Slyck & Eynon, 2002）。教員のほとんどはその変化

を歓迎している。すべての学生の教育経験において学生層が多様になることにはメリットがあるし、民主主義における市民教育としてのメリットもある。しかしながら、多様な学生への支援プログラムが激増していることからもわかるように、課題もある（Anaya & Cole, 2001; Rodriguez, 2003）。こうした支援プログラムの多くは、授業中の学習に関する事柄よりも、英語という言語の問題、経済支援、子どもの養育、時間管理といった事柄を扱っている。もちろん、これらの出来事はすべて授業での学習に影響を与えるが、教室での経験に関する事柄については教員にその扱いが任されている。

その1つが「翻訳」に関するものである。マイノリティ第一世代の学生の多くが、英語でのコミュニケーションに問題を抱えているという事実はここでは取り上げない。ここでは、英語を母語として話す者でさえも、学問の世界で使われているような英語は話せないという事実に触れておきたい。かつては多くの学生は、大学で教育を受けた家庭の出身であり、そこでは学術英語は当たり前に使われていた。もしくは彼ら／彼女らが通っていた予備校において、基本的な学術用語が使われていたし、その意味も説明されていた。こうしたことが中等教育終了後の教育における成功につながっていたのである（National Center for Educational Statistics, 2002）。しかし、今は教員が日常的に学問的な会話で使っている用語が、外国語もしくは少なくとも風変わりな方言にしか聞こえないような学生といかにコミュニケーションをとるかを、教員は学ばなければならない。

ルーブリックは、この新たな状況において見事な翻訳機として機能してくれる。教員が何を話しているのかをこうした学生が理解するのに役立つだけでなく、いつ、どの部分で教員の用語が理解されていないのか、最悪の場合、完全に誤解されてしまっているのかを教員が理解する手助けになる。例えば論文について議論するなかで、多くの学生が「序論(introduction)」と「結論(conclusion)」は、「最初(beginning)」と「最後(end)」と同じ意味であると考え、「批評的思考(critical thinking)」は何かを否定することだと考えていることを知って、教員は驚く。また学生が「討論(discussion)」と「口論(argument)」の違い、あるいは「学術的ディベート(academic debate)」と「口げんか(shut-down match)」の違いを理解していないことも、教員は知らない。同様に、「分析(analysis)」を数量的な分析のみを意味するだとか、二次資料に含まれている分析のみを意味すると思っている学生がいる。「分析(analysis)」とは、論文においては多くの場合、データによって示された自らの結論のことを意味すると知って、驚く学生もいる。

何と言っても、第一世代の学生は、教育とは具体的な知識を吸収することであると考えがちである。ルーブリックを正しく使えば、批評的思考、討論、主観と客観といった、その学生にとっては新しい概念だが、教員にとっては当たり前の学術用語を教えることができ、教育を受けることの理解を正しいものにすることができる。ルーブリックは、コミュニケーション上の問題をピンポイントでとらえ、教員が使っているのと同じ言語を学生が実際に話せるようになったと教員が確信するまで、その問題に対処する方法を提供してくれる。そして、単に授業内容を伝える以上に、教員の期待を伝えることができる。とりわ

け、ルーブリックが授業中に議論され、学生と協同で作られた場合にはそうである（第4章参照）。

　このような「翻訳」は、単に丁寧な指導ということだけではない。教員は、学生がこれらのことを「自分自身で」理解できて当然だろうと考えてはいけないのである。それを「自分自身で」成し遂げた学生などいないのが真実だ。つまり、ある学生は恵まれた生育歴や教育歴のおかげで、その知識をすでに持って大学に来ている。しかし今、授業に来ている学生の多くは、そうした恵まれた過去を持ち合わせていない。課題の内容を彼ら／彼女らにとって漠然としたままにしてこの現実への対応を怠ったり、教員が使っている学術用語の意味説明を怠るなら、大学で教育を受けた家庭に育ったり、予備校に通った経歴を持つ恵まれた学生をさらに有利に扱うことになる。このように学生が多様であるにもかかわらず、あたかもすべての学生が同じ地点から出発しているように見せかけるのは、教室内の平等を確保していないことになる。つまり、それはすでに特権を持っている者にさらに特権を与えることに過ぎないからである。

　教員のなかにはこのような不平等を意図的に無視する者はほとんどいないだろうが、意図せずに、あるいは偶然こうしたことをしてしまうかもしれない。ルーブリックはこうした不平等に対する唯一の対応ではないし、万能薬でもない。しかしながら、より平等な学習環境を作っていこうという取り組みにおいて、大切な役割を担う可能性があるし、そうあるべきである。

●結論

　なぜルーブリックを使うのか。この章では、ルーブリックを作って教室で使う主な理由を6つ述べた。

- ・タイミングの良いフィードバック
- ・学生による詳細なフィードバックの活用
- ・批評的思考力のトレーニング
- ・他者とのコミュニケーションの活性化
- ・教員の教育技法の向上
- ・平等な学習環境作り

　非常に使い勝手が良く、柔軟なルーブリックは、授業だけではなく、学生の大学でのあらゆる学習経験において、多くの役割を果たしている。次の章では、シラバスに書かれている課題からどうやってルーブリックを完成版に作り上げていくかについて詳細を述べる。

第3章

ルーブリックの作成法

　最初のルーブリックを作るのは重荷に思えるかもしれない。時間がかかりそうにも思える。本章では、使いやすく質の高いルーブリックを、より簡単に素早く作る方法を共有する。

　第一に、私たちの経験から言えば、ルーブリックの作成は時間が経てば経つほど楽になっていく。その理由は、作るのが上手になっていくということに加えて、他の同様の課題のために作ったルーブリックを何度も使い回していくからである。最初のルーブリックを作る近道は、本書の資料やホームページにあるモデル・ルーブリック（http://styluspub.com/resources/introductiontorubrics.aspx など）を改訂して自分のニーズにあったルーブリックを作るというものである。

　第二に、以下では手順を4つの段階に分けた。この4段階は、すでにあるルーブリックを改訂する場合にも、最初から作り上げる場合にも適用できる。

●ルーブリックを作成する4段階

　最初からルーブリックを作り上げる場合、1人だけで作るものであっても、TA、同僚教員、学生（第4章、5章参照）とともに作るものであっても、参加者の人数にかかわらず、4つの基本的な段階がある。

第1段階：振り返り

　学生に何を求めているのか、なぜこの課題を作ったのか、前回この課題を与えた際に何が起きたのか、学生に期待していることは何か、について振り返る時間を取る。

第2段階：リストの作成

　課題の具体的内容と課題が完成した際にできるようになって欲しい学習目標は何かに焦点を絞る。

第3段階：グループ化と見出し付け

　第1、2段階で振り返った結果をまとめる。課題に期待する様々な事項をグループ化す

る。その際、ルーブリックの各評価観点に対応するものをひとまとめにし、各グループに見出しを付ける。

第4段階：表の作成
第3段階で得られた評価観点と評価基準を、第1章や巻末の資料にある様式を使って、ルーブリックの最終形式に当てはめる。

本章では、初年次向けの必修科目と大学院セミナーの事例を使って、ルーブリックを作る各段階の詳細を説明する。具体的には、いかにルーブリックが教育目標全体や教育方法のなかから引き出され、それらのなかで統合されているかを示す。また、異なる学問分野や高等教育の様々な学年段階における応用方法についてもいくつか提案する。

【第1段階：振り返り】

第1段階では、学生に課される特定の課題だけではなく、学期を通した授業全体の目標についても振り返る。ムーン（Moon, 1999）は、振り返りを「目的と成果の両方またはいずれかに関する思考の過程」と簡潔に定義している。それが「振り返り」と呼ばれようが何と呼ばれようが、この種の焦点化された思考はどの学問領域にも部分的に存在している。その振り返りの方法が異なっていたとしても目的は同じである。すべての教員は、日誌を付けたり、瞑想したり、マインドマップを描いたり、概要を書いたり、リストを作ったり、データを分析したり、結果を統合したりしている。個人的な方法や職業として定められた方法を使って多様な方法で振り返りを何度も行っている。執筆や新しい講義・授業計画を作るといった、学術的な仕事を始める前には、教員のすべてが振り返りをしている。

ルーブリックを作る際には、授業全体の目標、課題、その目的、課題ごとの目標、学生の既存の知識、この種の課題に関する自分自身の過去の経験といったことについて振り返ることが求められる。教員がすでにしている振り返りは、まさに簡単にルーブリック作成に応用できるのである。

どのレベルにおいても実りある振り返りをするために、下記の8つの質問に答えることは有用である。これらの質問に答えていくことで、教員がすでに知っているが、関連付けられていない考えに焦点が絞られていく。

1．この課題を設定したのはなぜか

前回振り返った時、もしくはシラバスを書いた時に立ち戻って考えてみよう。この課題は、学生にできる限り多くの知識を吸収してもらうために作られたものか（例：試験）。それとも批評的思考力のような学習スキルを伸ばすためのものか（例：論文もしくは批評）。それとも学生に実験的な学習に関わらせようとするものか（例：実験、ワークショップ、パフォーマンス）。

2．全く同じ課題、または類似の課題を以前にも課したことがあるか

前回この課題や同様の課題を与えた際に何が起こったか。学生が課題を完成させる前後にどのような質問があったのか。全体的な結果に対して満足したか、不満足だったか。とりわけ満足した結果もしくは残念だった結果としてどのようなことが思い出されるか。過去の満足した結果を再びもたらし、過去の失敗を避けるためにはどう改善したら良いか。

3．この課題は教えている他の内容とどう関係しているか

どのような点で、他の課題と関係しているか。学生がこの課題をうまくこなすことがその後に続く課題においてどれだけ重要となるか。学生がこの課題をうまくこなすことは、教員の担当する学問分野や学生の学業生活全体においてどれだけ重要か。

4．この課題を完成させるために、学生が持っていなければならないのはどのようなスキルか。また伸ばす必要があるのはどのようなスキルか

学生はすでにそうしたスキルを持っていて、それをさらに伸ばす必要があるのか、それとも全く最初からそのようなスキルを身に付けることになるのか。担当するのは多様な能力の学生が混在したクラスか。学生のスキルのレベルをどうしたいのか。この課題では特定の何らかのスキルを発揮することが、他のスキルを発揮することよりも重要なのか。

5．この課題で学生に求める活動は具体的にどのようなものか

それは様々な活動に分割できるか。そのように細分化された活動のうち、特に重要な特定の活動はあるか。その分割の過程や細分化された課題の本質を学生にどう説明できるか。

6．この課題で学生に達成することを期待した事項が達成された場合、学生はどのような証拠を示せば良いか

学生が習得した知識やスキルを示すために、どのような手段を学生は使えば良いか。

7．この課題で学生に期待する最高の水準はどのようなものか

模範となる最終成果とはどのようなものか。

8．課題未提出は別として、最低の評価となる提出物はどのようなものか

過去の同様の課題では、学生はどの部分でつまずいているのか。今回、学生が陥りやすい過ちを犯さないために教員が手助けできることは何か。

これらの質問に対する答えを書きとめることは役に立つと思われるが、そうするかどうかにかかわらず、これらの答えは全体像を与えてくれるはずである。つまり、その回の授業目標や授業科目全体の目標といった広い全体像のなかで、その課題の位置付けが明らか

第２段階：ステップ１
【初年次科目の学習目標リスト】

- 人前での話し方のスキルを伸ばす。
- グループとして一緒にうまく課題に取り組むことができる。
- データをまとめ、論理的な議論をすることができる。
- 発表者の評価観点も含めて、様々な評価観点を理解していることを表現できる。
- 自分の関心と意見を、押し付けたり事実をゆがめたりせずに、自覚し、表現できる。
- 映画製作時の状況や出来事が、完成した映画の特徴や内容にどう影響しているのかが理解できる。
- あらゆる論点を支持する正確で適切な証拠を集め、効果的にまとめあげることができる。

図表3.1　第２段階：リストの作成　ステップ１：学習目標のリスト化（ポートランド州立大学での初年次必修科目におけるプレゼンテーション課題での学習目標リスト）

になる。また、どんな種類のルーブリックが教員や学生のニーズに最も適合しているのかを決める手助けになる。さらに、ルーブリックを最初から作るのか、それとも自分の古いルーブリック、本書のモデル・ルーブリックなどを改訂して作るのかを決める手助けにもなる。そして、この答えは、教員の期待を学生に明確に伝える高品質のルーブリックを作る手助けとなるアイデアを生み出すはずである。

【第２段階：リストの作成】

　第２段階では、課題が求めているものをどう具体的に表現するかに注意を向ける。ここで自分に問いかけるべきなのは、この課題が完成された時、学生たちはどの特定の学習目標を達成できるだろうかという期待である。目標というのは、授業科目全体の目標や課題の性質、学生の学年段階、過去にこの課題を与えて成績評価をした経験によって異なるだろう。とりわけ、必要とされるスキル、課題の本質、学習の証拠に関わる、左記４、５、６の質問に対する答えは、このリストを作る際の出発点になる。どれを重要な質問として選ぶかは、人によって様々である。

　どの質問を選ぼうとも、その答えは、課題を通して学生に期待する最も重要な学習目標のリストを作る際に使われる。執筆や授業の準備、その他の学術的な仕事と同様に、最初のリストというのは作成途中のごちゃごちゃした固まりになりがちであり、アイデアが重複する場合もある。それは、そのうちに洗練され、再構成されるはずだし、進行状況によっては新たに追加もあるだろう。

　学習目標のリストは非常に様々である。同じように見える授業、同じ教員によって教えられている授業においてでさえも多様である。以下の事例では、同じ教員によって教えられているかなり類似した２つの課題のリストを扱っている。その課題とは、第二次世界大戦についての日米の映画を比較するというプレゼンテーションなのだが、１つは基本的なアカデミックスキルと学際的思考を身に付けるために作られた、初年次向けの必修科目におけるグループ課題である。もう１つは、歴史学の大学院のセミナーにおける同様のト

第２段階：ステップ１
【大学院セミナーの学習目標リスト】
- 映画分析を、歴史全体や第二次世界大戦の歴史的文献と結び付けることができる。
- 文献において示されている基本的な映画理論を理解し使うことができる。
- テーマを絞りこんで、さらに映画を探究することができるように、一貫した理論を選択し発展させることができる。
- 授業で議論されてきた他の映画、とりわけ授業中に見た映画とこの映画を、どのように比較し、どのように違いを明らかにするかを理解している。
- 同意、不同意は別にして、この映画に関する他の批評も取り上げることができ、それについて話すことができる。
- 他の学生のために適切で役立つ視聴覚機器を使いながら、まとまった形で成果を発表できる。

図表3.2　第２段階：リストの作成　ステップ１：学習目標のリスト化（ポートランド州立大学での大学院セミナーにおけるプレゼンテーション課題での学習目標リスト）

ピックについての個人プレゼンテーションである。学年と学生のスキルのレベルが異なっているし、課題の形態も異なっている（前者はグループ、後者は個人）。そして２つの授業の長期的な目標も異なっているため（前者はスキル、後者は内容）、学習目標は異なる。

初年次向け必修科目の学習目標リストは図表3.1のようになる。初年次の学生にとって、強調されているのは内容よりもスキルである。ペリー（Perry, 1970）らが指摘しているように、学生は批評的思考力を身に付けてから大学に来ているわけではない。また、たいていは人前で話すスキル、学術的な討論、協同作業に関しても、経験が多くあるわけではない。しかしながら、高等教育において成功するためには、こうした一連のスキルが必要なのである（King & Kinchener, 1994; Leamnson, 2002）。実際、ポートランド州立大学の初年次必修科目の多くは主としてこのようなスキルを教えるために作られている。図表3.1に示したこの授業における目標と学生への期待は、内容よりもコミュニケーションと批評的思考力に関するスキルを強調したものになっている。

大学院セミナーでの個別プレゼンテーションの学習目標リストは、図表3.2に示したようにかなり異なっている。

２番目のリストは疑いもなく、「アカデミック」な人々にとってはより満足のいくものとなっている。しかし初年次必修科目のリストと比較してみると、なぜ学習目標のリストが必要であるのかがわかる。両方のリストを作った担当教員は、段階の異なる学生の能力についての自らの経験知、自らの専門分野、当該分野における理論的な関心だけに基づいてリストを作成したのではなく、自らの学科（歴史）やプログラム（初年次探究）の目標を理解して作成している。リストを作ることで、２つの授業の目標の違いが、担当教員自身にとって非常に明確になる。このことは学生に対して内容を明確化する上で、そして最終版のルーブリックが、それぞれの授業で学生に学んで欲しいと思っていることを実際に評価するものになっていることを確認する上で、非常に貴重なものとなった。

第 2 段階：ステップ 2
【初年次必修科目の学習目標「人前での話し方のスキルを伸ばす」で期待される最高の到達段階】

- 主題と発表全体の構成を提示する明確な導入部分がある。
- アイコンタクトが継続してとれる。
- 表現豊かで、適切なボディランゲージが使える。
- 大きな声で、十分理解できるようにゆっくり話せる。
- 声の質と調子を適切に調整することができる。だらだらと話さない。
- 発表を活気付けるために、題材に関連したユーモアとエピソードを交えることができる。
- OHP やプロジェクターの取り扱いにまごつかない。
- OHP やパワーポイントの画面上に文字を詰め込み過ぎない。
- OHP やパワーポイントの見出しは、重要なポイントとテーマを示している。
- 配布物がわかりやすい。
- 配布物は重要なポイントとテーマを示している。

図表3.3　第 2 段階：リストの作成　ステップ 2：ポートランド州立大学での初年次探究におけるプレゼンテーション課題で設定した「人前での話し方」に関する学習目標で期待される最高の到達段階リスト

　学習目標をリスト化したら次に、各学習目標に対して期待される最も高いレベルを記述する段階に進むことができる。これらは後に、完成されたルーブリックにおいて評価基準を作る際に役立つ。目標と同様に、この内容も授業の目標を個人レベル、学問分野レベル、学部レベルにおいて関連付けるものとなる。例えば**図表3.3**は、「初年次探究」のグループ課題での「人前での話し方のスキルを伸ばす」という目標について、求められる最高の到達段階を示したものである。

　これは、大学院セミナー用のコミュニケーションスキルのリストとは全く異なるものとなった。大学院生は、品格のあるコミュニケーションと批評的思考力を示すことが期待されており、こうしたスキルは、例えば**図表3.4**にある「映画分析を、歴史全体や第二次世界大戦の歴史的文献と結び付けることができる」というような、より内容に絞り込んだ学習目標と統合されている。

　この段階ではリストを作成する前に、ポスト・イット®（以下ポスト・イットという）を使うと良い。1 枚の紙の上に全部のアイデアを羅列するのではなく、1 つのアイデアや行動を 1 枚のポスト・イットに書き込むのである。最終的には、こうしたリストやポスト・イットを関連のあるアイデアの小さなまとまりごとに研究室内のあちこちに貼り付ける。ポスト・イットを使えば、次の段階で同様のアイデアを分類する時に自由に動かすことができる。リストを作ったり、ポスト・イットにアイデアを書き込んだりした後は、類似のアイデアに同じ色を付ける。色付けの作業は後々役立つが、終わりの頃には研究室は連なった紙で飾り付けられて、パーティーのような状況になるだろう。バーチャルな作業が得意なら、コンピュータ上でのコピーや貼り付けの作業の方が散らからないし、うまくいく。

　第 2 段階の最後は、課題に関するすべての学習目標をリスト化し、その目標ごとに、期

第2段階：ステップ2
【大学院セミナーの学習目標「映画分析を、歴史全体や第二次世界大戦の歴史的文献と結び付けることができる」に期待される最高の到達段階】
・その映画が取り上げている主要な歴史問題が認識されており、明確にとらえられている。
・この問題に関する主要な学説が明確にされており、発表者は何らかの立場をとっている。
・発表者は、自らの当該映画へのアプローチに最も影響を受けた理論を明確にしている。
・使われているデータは正確かつ適切で、もし論争的なものであれば、しっかりと正当性を論じている。

図表3.4　第2段階：リストの作成　ステップ2：ポートランド州立大学大学院セミナーにおけるプレゼンテーション課題「歴史と歴史文献研究」で期待される最高水準の到達段階リスト

待される最高水準の行動を記述する。

【第3段階：グループ化と見出し付け】
　第3段階では、類似の期待される行動を一緒にして分類し、それぞれのグループに見出しを付ける。第2段階で完成した、期待される最高水準の行動リストから始める。まずこのリストを注意深く読み、関係していると思われるものを一緒のグループにしていく。例えば、構成に関わるもの、内容に関わるもの、分析に関わるもの、プレゼンテーションに関わるものというように分類し、期待される行動のまとまりを作る。この作業が行きつ戻りつになることは避けられない。というのは、作業を進める上では、とりあえずいくつかのグループを設定しても、課題全体に対して別のグループが必要になることもあるし、もともと同一の学習目標の下にあった項目群が異なるグループに分類されているということが起きるからである。期待される行動のなかには、1つのグループにきっちりと収まらないものもある。その場合は、完全に新しいグループを作って関連するものをまとめる。
　課題に期待されるものを類似のスキルにまとめることができたら、次はそれに目を通して、グループに共通するものを見つけ出し、見出しを付ける。この見出しは最終的にはルーブリックの評価観点になるので、明確で中立的なものにすることが重要である。「構成」「分析」「引用」といった、1つの単語に限定すると良いだろう。
　例えば、初年次必修科目のルーブリックの場合、「人前での話し方のスキルを伸ばす」という目標の下に並べられた行動には「プレゼンテーション」という見出しが付けられ、同一のグループに分類された。しかし、わかりやすいOHP、パワーポイント、配布資料が必要であるという点については、「構成」というカテゴリーに入れられた。というのも、表題の選定や視覚に訴える補助教材を作ることは、構成の枠組みを作ることに関わるからである。発表全体の主題を提示する明確な導入部分が必要であるという点については、はじめは同様に「構成」に入れられたが、最終的にはこれには別途「導入」と名付けた方が良いと判断された。このように、初年次必修科目における人前で話すスキルの最初のリストは、**図表3.5**で示されているように3つの異なるグループになった。

第2段階：ステップ2
【初年次必修科目の学習目標「人前での話し方のスキルを伸ばす」に求められる最高水準の期待】
・主題と発表全体の構成を提示する明確な導入部分がある。
・アイコンタクトが継続してとれる。
・表現豊かで、適切なボディランゲージが使える。
・大きな声で、十分理解できるようにゆっくり話せる。
・声の質と調子を適切に調整することができる。だらだらと話さない。
・発表を活気付けるために、題材に関連したユーモアとエピソードを交えることができる。
・OHPやプロジェクターの取り扱いにまごつかない。
・OHPやパワーポイントの画面上に文字を詰め込み過ぎない。
・OHPやパワーポイントの見出しは、重要なポイントとテーマを示している。
・配布物がわかりやすい。
・配布物は重要なポイントとテーマを示している。

第1グループ（評価観点）：プレゼンテーション
・アイコンタクトが継続してとれる。
・表現豊かで、適切なボディランゲージが使える。
・大きな声で、十分理解できるようにゆっくり話せる。
・声の質と調子を適切に調整することができる。だらだらと話さない。
・OHPやプロジェクターの取り扱いにまごつかない。

第2グループ（評価観点）：構成
・OHPやパワーポイントの見出しは、重要なポイントとテーマを示している。
・配布物がわかりやすい。
・配布物は重要なポイントとテーマを示している。
・発表を活気付けるために、題材に関連したユーモアとエピソードを使うことができる。

第3グループ（評価観点）：導入
・主題と発表全体の構成を提示する明確な導入部分がある。

図表3.5　第3段階：グループ化と見出し付け（期待される最高の到達段階リストはルーブリックの評価観点となる3つのグループに分けられた）

【第4段階：表の作成】

　第4段階では、リストとグループをルーブリックの表の形式に整える。期待される行動の各グループに付けられた見出しは、ここでルーブリックの評価観点となり、表の左の欄に配置される。一方で、比較的早い段階で作った学習目標のリストは、各評価観点の最高の到達段階の行動の記述となる。大学院セミナーの場合、採点指針ルーブリックはこれをもって完成となる。

●採点指針ルーブリックの作成

　大学院セミナーの担当教員は、3－5段階ルーブリックを作成するのではなく、採点指針ルーブリックを作成することに決めていた。採点指針ルーブリックというのは、基準が1つしかないリストのことである。つまり各カテゴリーの最高水準の行動を示したものである。学生個人に対するコメントを通して、その学生がいかに完璧に課題をこなしたのか、

あるいは採点基準に満たなかったのかを伝えることになる。採点指針ルーブリックは、3－5段階ルーブリックに比較して採点時間を要するが、手書きのコメントに比べれば素早くフィードバックを返すことができる。というのも何が不足しているのかについて、同じことを何度も書かなくて済むからである。

　採点指針ルーブリックは、学生がかなり柔軟なアプローチをとることが許されている課題の場合にうまく機能する。この課題の場合は、学生が映画理論と歴史学の理論のどちらに焦点を当てるかは自由であった。こうした理由で、当初は学習目標という点でこれらの理論的枠組みはかなり異なっていたにもかかわらず、ともに「内容」というカテゴリーに分類されたのである。その映画が取り上げている歴史問題について討論する必要性（結局のところ、これは歴史学の授業である）は、どの理論的なアプローチをとろうとも「導入」と「根拠資料」の両方の評価観点に見出される。

　採点指針ルーブリックは、柔軟な対応をすることができるし、その場で起きていること（例えばプレゼンテーション）に対して、もし良い結果（つまり採点指針ルーブリックにおいて最高水準の期待を満たしている場合）であれば、より体系的に、簡単で、素早い採点が可能となる。しかしながら、完成度を高めてもらうためにもっと明確なフィードバックが必要な学生に対応する場合には、あまり時間を短縮することはできない（採点指針ルーブリックを使った採点に関しては第6章を参照）。もちろん、単に「後で来なさい」というメッセージを書き添えただけでも、学生は教員からもっと詳しいフィードバックを得なくてはならないという気持ちになるだろう。**図表3.6**は、大学院セミナーでのプレゼンテーションを採点するために使われた採点指針ルーブリックの完成版を示したものである。

● 3－5段階ルーブリックの作成

　担当教員は、初年次科目の学生には、大学院生と違い、模範的という評価に達しないのはどういう場合かについて明確に述べておくことが必要であると考えた。その理由は、学生に対して避けるべきことを知らせるのと同時に、長いコメントを書くのを避けるためである。そこでチェック欄付きの3段階ルーブリックを作成することにした。チェック欄付きルーブリックというのは、評価基準を個別要素に分解して、それぞれにチェック欄を付けただけのものである。このチェック欄があれば、教員はより正確に学生の強みと弱みを指摘できるし、学生は1つの評価観点内においても、実際には3つのレベルの評価が混在している様子を知ることもできる。

　第1章ですでに述べたように、評価の各段階をどのように表現するかは、配慮を必要とする事柄である。教員は何を期待しているのかを明確にしなくてはならないのと同様、何が評価され、何が評価されないのかも明らかにする必要がある。低い評価とする場合でも、否定的すぎたり、競争を煽ったりするような評語は避けるべきだろう。そのような表現では学生のやる気をそぐ。否定的すぎる評語を避ける最善の方法は、ルーブリックが、学生にとっては模範となる行動に向けて登っていく階段を示していることを思い出すことであ

映画に関するプレゼンテーションで使用する採点指針ルーブリック

課題：指定された映画について1時間のプレゼンテーションを行う。描かれているとされる時代の政治的、経済的、文化的側面および当時の歴史的文献とこの映画とがどのように関連しているかを論じることが期待されている。また、映画論の観点から論じても良い。
映画名：「黒い雨」

領域	評価基準	コメント
導入	導入は、聴衆にとって次の3点が明確に予測できるものとなっている。(1)発表者はその映画をどう感じているか。(2)発表者はどのような理論あるいは理論上の枠組みを紹介しようとしているのか。(3)発表者はどのように結論付けようとしている。	
構成	プレゼンテーションは論理的な議論となるように、また一括して議論されるべきトピックは1つにまとめて提示するよう構成されている。	
内容	発表者はこの映画によって提起される歴史的問題を論じている。また他の映画学者や歴史家がこの映画に関連する観点から、あるいは一般的観点からそれらの問題をどう扱っているかも論じている。発表者はそれらの問題に関して自己の立場を説明し、最も妥当であると考える理論がどれであるかを理由とともに述べている。	
根拠	自己の分析を裏付けるために、発表者はこの映画や他の資料から十分かつ詳細な事例を提示している。	
分析	この映画がどのように私たちの第二次世界大戦の理解に役立ったか、あるいは役立たなかったかに関しての、一貫性のある論理的な分析を裏付けるため、発表者はその根拠を示している。	
プレゼンテーション	発表者は明瞭に、速すぎることなく、適度な声の大きさで話している。適切で効果的なジェスチャーや動作が伴い、聴衆とのアイコンタクトを欠かさない。視聴覚機器を用いる場合、技術的なトラブルはなく、内容は適切で、発表のなかで言及されている。	

図表3.6 第4段階：表の作成（ポートランド州立大学大学院セミナーにおけるプレゼンテーションに求められる最高水準の行動のみをリスト化した採点指針ルーブリック）

る。初年次探究のグループ課題における３段階ルーブリックの場合、担当教員は次の選択肢を検討した。

- 模範的（exemplary）／有能（competent）／初歩（beginning）
- 熟達（proficient）／中間（intermediate）／初歩（novice）
- 模範（exemplary）／有能（competent）／もう少しで有能（not yet competent）
- 優秀（excellent）／良（good）／発展途上（developing）
- １／２／３
- 強み（strong）／普通（satisfactory）／弱み（weak）

　結局、担当教員は「模範的（exemplary）」「有能（competent）」「発展途上（developing）」をそれぞれの行動レベルの評語として選択し、表の上部の横軸に書き込んだ。そして、第３段階で作ったリストとグループを評価観点にして、表の縦軸に付け加えた。最終的に、各評価観点の「模範的」の欄に、最高の到達段階の行動を記載した。

　次に、表を完成させるためには、最も低い水準の行動を記述するのが最も簡単である。というのも、最も低い達成段階に想定されるものは、単に模範となる内容の反対であることが多いからである。この場合、実際は模範となる内容をそのまま写してそれなりに編集すれば良い。しかし、最低の行動記述が直接反対にならない場合は、過去に学生が犯した典型的な過ちのリストを使えば良い。悲しいかな、最悪の行動を定義するのは簡単である。初年次探究のルーブリックが、まさにそうだったのである。学生の実態は**図表3.7**の「発展途上」欄の記述のような状況であった。

　これが終われば、その２つから区別される中間レベルの記述となる。これは、もし中間部に複数のレベルがあれば、少し困難になる。しかしそうであったとしても、両端から取り組むのが最善策である。３段階ルーブリックは比較的作りやすい。中間レベルはたいてい両サイドの要素を含んでおり、ある程度、好ましい結果や達成されたことに関する記載がある。例えば、初年次探究のグループプレゼンテーションのルーブリックであれば、教員は聴き手の全体的な理解に影響を与える欠陥とそうでないものを区別した。完成した表が**図表3.7**である。

映画に関するプレゼンテーションで使用するルーブリック

課題：学生は4、5人のグループになり、第二次世界大戦についての日本映画を分析して授業で発表する。分析においては、単に映画のあらすじを追うにとどまらず、取り上げた映画が第二次世界大戦についての特定の見解を反映していること、あるいは反映していないことを論じていることが求められる。このプレゼンテーションを完成するために、各グループはさらに調査を行い、発表では何らかの視覚に訴えるものを利用すること。また、発表は全メンバーが分担して行うこと。

	模範的	有能	発展途上
個人の発表技法	□明瞭で、早口になったり叫んだりすることなく、十分な声量で話した。抑揚や声の質も調整できていた。 □表現豊かで適切なジェスチャーが伴っていた。聴衆とのアイコンタクトも維持されていた。 □不必要に長く話すことなく、割り当てられた時間をフルに使うことができた。 □適切なユーモアや逸話を取り入れることにより、発表内容が生き生きとよくわかるように伝えられた。 □発表者または補助者は機器を完璧に使いこなした。	□聞き取ることはでき、理解できないというほどではなかったが、話し方が不明瞭、話すスピードが速すぎるまたは遅すぎる、ささやき声になる、叫ぶ、単調であるという問題があった。 □内容からひどく気をそらされるほどではなかったが、落ち着きがない、緊張がほぐれない、全く聴衆に目を向けない、無意味に体を動かすなどの問題があった。 □発表時間が長すぎた、または短すぎた。 □発表内容を生き生きとよくわかるように伝えようとして、ユーモアや逸話を取り入れていたが、それらが多すぎた、または少なすぎた。 □機器が使用されたが、多少の混乱があった。ただし発表内容からひどく気をそらされるほどではなかった。	□話し方が不明瞭、話すスピードが速すぎるまたは遅すぎる、ささやき声になる、叫ぶ、単調であるという問題があり、何を言っているかわからないことがあった。 □落ち着きがない、緊張がほぐれない、全く聴衆に目を向けない、または内容から気をそらせるほどの無意味な動作が見られた。 □割り当てられた時間と比べ、大幅に短いまたは長い発表であった。 □ユーモアや逸話がなく、単調な発表となった。 □機器の使用でまごつくことが多かった。これらの問題は、事前準備により容易に防止できるものであった。
グループの発表技法	□発表において、グループのメンバーが等しく活躍する機会があった。 □各メンバーの発表がつながっており、トピックに関する論理的な議論を深めるものであった。また、各メンバーの分担箇所は、相互のつながりが明確に示された。 □グループのメンバーは互いに敬意を払い、尊重し合っていた。 □発表のために使用されていたIT機器は適切であり、完	□各メンバーに割り振られた発表時間や発表内容に偏りがあった。 □各メンバーの発表がつながっており、概して、トピックに関する論理的な議論を深めるものであった。しかし、各メンバーの分担箇所については、相互のつながりが明確に示されなかった。または他の理由で、全体的な発表の方向性が失われることがあった。 □グループのメンバーは概して互いに敬意を払い、尊重	□各メンバーに割り振られた発表時間や発表内容には著しい偏りがあり、特定のメンバーに役割が集中していた。 □各メンバーの発表のつなげ方には、明確な論理性がほとんど見られなかった。また、各メンバーの分担箇所がどう関連しているのか不明確であった。 □グループのメンバーは互いに敬意を払い、尊重し合っているようには見受けられなかった。

	璧にミスなく使いこなせていた。	し合っていたが、他のメンバーの発表を聞いていないという問題も見られた。 □発表のためにIT機器が使用されていたが、いくぶん話題と関係なかったり、不必要であった。もしくは使用にあたってかなりミスがあった。	□発表のためにIT機器が使用されていたが、不必要であり的外れであった。さらに使用にあたってかなりミスがあった。
導入	□最初にグループ全体としての主題文が提示され、発表全体がその主題文に沿ったものであった。 □扱おうとするトピックが提示され、全体的な発表の方向性が明確にされた。	□グループ全体としての主題文は、発表が進むなかで、何とか伝わったが、不明確であったり、直接的な言及がなかったりした。 □主題文は明確にされたが、発表はそれに沿ったものではなかった。 □扱おうとするトピックや全体的な発表の方向性は提示されたが、実際の発表はそうなっていなかった。	□グループ全体としての主題文が提示されなかった。 □扱おうとするトピックや全体的な発表の方向性が提示されなかった。 □発表が進行するなかで、まとまりを欠き、焦点が定まらなかった。
個人の発表構成	□個々の発表はそれ自体が導入、展開、結論を備え、よくまとまっていた。 □発表がどう構成されているかが、パワーポイント、OHP、配布資料等を適切に使用することによって強調され、聴衆に明確に伝えられた。	□個々の発表は概してよくまとまっていたが、導入、展開、結論という構成に問題があった。 □発表者はパワーポイント、OHP、配布資料等を使用したが、文字数が多すぎたり、曖昧であったりしたため、聴衆にとっては、発表の構成がわかりにくかった。	□発表は導入、展開、結論という構成になっておらず、まとまりのないものであった。 □パワーポイント、OHP、配布資料等は使用されなかった。または聴衆が発表の構成を理解する助けにはほとんどなっていなかった。
個人の発表内容	□事実や事例は詳細かつ正確で、適切なものであった。 □言及された理論・学説は正確で、適切に使われていた。 □分析、議論、結論は明示的に事例、事実、理論・学説と結び付けられていた。	□概して、事実や事例は詳細かつ正確で、適切なものであったが、誤りや欠落もあった。 □理論・学説の言及はあったが、不正確であったり、扱いが不適切であった。 □分析、議論、結論の関連性は明白、または示唆されていたが、事例、事実、理論・学説と明示的には結び付けられていなかった。	□事実や事例は詳細でなく、不正確、不適切なものであった。 □言及された理論・学説は不正確、不適切であった。または理論・学説は言及されなかった。 □分析、議論、結論と事例、事実、理論・学説とが明確に結び付けられていなかった。

図表3.7　3段階ルーブリック（完成版）

●結論

　4段階で進めるルーブリックの作成は、特に新しいスキルや手続きを必要としない。振り返り、リストの作成、グループ化と見出し付け、表の作成という順で、私たちが教員となる過程で身に付けてきたスキルと能力が使われている方法を体系化したに過ぎない。こうしたスキルが、採点手段であるルーブリックを作る際の手助けになるし、ルーブリックは、教員、学生の両方にメリットがある。本章で示したこの段階に沿って作業を進めることによって、ルーブリックの作成を効率的に行うことができる。

　シラバスや他の教具でも同じことが起きるが、ルーブリックを作る当初は時間がかかると思えたのに、作った後には時間の節約になっていることに多くの教員が気付く。さらに言えば、ルーブリックは、より多くのフィードバックを恒常的に提供する手助けをしてくれる。そして、教員の期待をすべての学生に理解させるだけではなく、学生が実際にその期待に応える機会を増やしてくれるのである。第4章では、ルーブリックの作成過程で教員以外の関係者を関与させることの利点と課題について検討する。

Rubric Construction
and Use in Different Contexts

第Ⅱ部
ルーブリックの作成と
様々な状況での使い方

第4章

学生と作成するルーブリック

「学生の評価方法を学生たちに作らせるんだって？ ニワトリ小屋の番を狐にさせてしまおうっていうわけかい？」と、私たちの友人はかつて冷ややかに笑った。これは確かに危険なことに思われるだろう。しかし本章で述べる基本的なモデルでは、ルーブリックの作成に学生を関与させることは危険でないどころか、関係者のすべてにとって非常に有益である。事実、第3章で述べたルーブリックを作成する際の作業手順は、教員が研究室で誰にも見られずに1人で行う場合でも、教室で学生をすべてに参加させて行う場合でも大差はない。

この章では、ルーブリックの作成をどうやって授業に取り入れるかについて、教員が学生の手を借りずに作るものから、教員が課題を準備して学生がグループ活動でルーブリックを作り上げるという学生参加型のものまで、5つのモデルを示す。

●学生と作成するルーブリック

ルーブリックの作成を授業に取り入れることのメリットは3つある。

- せっかくの学生の課題への取り組みが、学生側の誤解や理解不足によって評価につながらないという事態を回避できる。学生にとっても有益であるし、評価を行う教員にとっても望ましいことである。
- 教育の過程で学生自身が「主人公」であるという自覚を高める。このことで学生は、与えられた課題にもっと真剣に取り組み、学習に専念する立場にあるという自覚や創造性も高めることができる（Boud, 1990; Lewis, Berghoff & Pheeney, 1999）。
- 教員の仕事の一部、つまり評価方法の一部を学生に作成させることによって、仕事量を軽減できる。

どこまで学生に任せるかについては、ルーブリックという評価方法を作成する主導権を学生に譲り渡すことに対する教員の抵抗感、学生のレベル、課題の目的、課題の重要性、

その課題に割こうとしている授業時間などによって変わる。課題に取り組ませる前に、すでに完成したルーブリックを学生に読ませて議論させるという程度であっても、学生をルーブリックの作成に関与させることは可能である。

　いわゆる「抜き打ち」ルーブリックは避けるべきである。抜き打ちルーブリックとは、学生が見たこともないルーブリックで教員が評価を行う場合であり、教員は評価済みの提出課題をルーブリックとともに返却することになる。この場合、学生からは「評価の観点が決まっているのなら、なぜ最初に知らせてくれないのか」という不満が出るが、それは当然である。もし、授業中に口頭で説明したり、シラバスに記述したり、課題付与の際に注意点を述べたことで学生は評価基準を理解したはずだと考えるならば、教員は容易に「抜き打ち」の罠にはまってしまう。学生は評価に使われる評価基準を事前に見たいと思っているので、学生が課題に取り組む前にルーブリックを見せておく必要がある。

　とはいえ、学生からの不満を避けることが理由で学生をルーブリック作成に関わらせようとするのではない。短時間議論するだけの最も簡単な「提示モデル」から、高度に双方向的な「4×4モデル」に至るまで、どのモデルを用いようとも学生を巻き込むことによって、教員は「説明する負荷」を学生と分担できる。課題を完成させる方法を説明するのは教員だけではなくなる。この点もメリットには違いないが、肝心なのはむしろ、学生同士での議論を促し、その議論のなかで教員が知っておくべき3つの基本事項を学生に語らせるという点である。この3点を理解してこそ、教員の説明は意味のあるものとなる。この3点とは以下である。

・学生に語らせることで、教員は学生が何をすでに知っているのかわかる。
・学生に語らせることで、教員は学生は何を知らないのかわかる。
・学生に語らせることで、教員は学生が課題のどの点を誤解しているのかわかる。

　学生が自分たちの知っていること、知らないことを教員に語ってくれなければ、教員は不必要な説明をして膨大な時間とエネルギーを浪費することになる。しかし、語ってくれれば、本当に必要な事項に絞って説明を行うことができる。知識や理解の点で個人差の大きいクラスでは、習熟度の高い学生がそうではない学生に自分の知識を伝えてくれるので、授業中の教員の負担は軽減される。この方法が優れているのは、学生間で議論するのが好ましいからというばかりではない。学生は教員以外によって教えられた知識の方をずっとよく覚えているからでもある（Light, 2001）。最もよく記憶しているのは、学生が自分で授業中に発言したことである。次によく覚えているのはクラスメイトが発言したことであり、一番覚えていないのは教員が言ったことである。だから、ルーブリックによって「説明する負荷」を学生と分担することは、どんな学生にもプラスになる。つまり、すでに正確に理解できている学生にとっては、その知識を口にすることによってその知識の記憶は強化されるであろうし、そうではない学生にとっては、別の学生からその説明を受けるこ

とで、より記憶に残りやすくなるのである。

　毎年、ポートランド州立大学の新入生は「初年次探究」の授業で初めてルーブリックを提示される。それを前にして交わされる議論は、新入生にとっては学習経験となると同時に、担当教員にとっては新入生がすでに持っているスキルを評価する機会となる。

　例えばある新入生のクラスで、その年度で初めてとなるルーブリックとして、チェック欄の付いた3段階のルーブリックを提示するとしよう。このルーブリックの「文章作成スキル」の項に書かれている最高水準の基準の記述は次のようになっている。

　□綴りや文法が正確である。
　□段落分けが適切になされており、段落内はうまくまとめられている。
　□話題の転換が円滑で論理的である。
　□論旨が一貫しており、学術的な文書として適切である。

　これを読む学生は、その大半がこれまで同じ公立学校制度の下で教育を受け、最近卒業したという共通点を持つにもかかわらず、非常に異なる反応を示す。このルーブリックが提示されて話し合いが始まると、学生たちから質問が出て、実態がわかる。なかには綴りや文法のチェックにコンピュータが使えることさえ知らない学生もいる。また、ライティング・センターの役割や利用方法を理解していない学生がいることもわかる。ライティング・センターについては説明済みであり、自分の責任を果たしたと思っていた教員は、ライティング・センターとは文章を書くことが好きな学生が集うクラブかサークルのようなものだと勘違いしている学生がいることを知り驚く。そして、教員がライティング・センターの役割と利用方法について学生たちに説明している一方で、同じクラスの別のグループは学術論文のなかで「私は」という表現が許されるか否かについての観念的な理由を熱心に論じ合っている。大半のグループでは、この両極端な例の中間に位置付く疑問を話題にしている。そのような疑問の多くは、ルーブリックを媒介として学生たち自身で解決できるのであって、担当教員は学生間の議論を促す役割に徹し、解答を示さずに済む。

　教員は、学生たちが知っていることと知らないことを話し合える状況を作り出すことによって、授業を担当する上で学生に関して知っておくべき多くの事柄を知る。活気はあるが、教えるのは難しいというこのクラスの多様性についても理解する。この事例は何も特別なものではない。学生がわかっているつもりになっているだけで、本当はわかっていないことを知ることも多い。ルーブリックの作成に関して議論をさせることは、学生が気付いていない誤解や思い違いを明らかにするために有効な技法なのである。

　例えば、ポートランド州立大学で開講されている「アジア研究」をテーマとする学際的な「2年次探究」という授業で、ある教員はオリエンタリスト（元来は「東洋学者」を意味する言葉であるが、西洋優位を前提とする「オリエンタリズム」を広める人物として批評的に描かれる場合もある）の固定観念が現れているか否かという評価観点からヒンズー教の神々

を取り上げた3つのウェブサイトを分析してレポートを書くようにと学生に指示した。その教員は、3つのウェブサイトとしてオリエンタリストのアジアに対する固定観念が極端に現れているものを選んでいたため、この課題は簡単なものだと考えていた。ところが、ルーブリックを見せられ、「分析」という項目にかなり重点が置かれていることを知った学生の多くが当惑したという事実に教員は驚いた。教室で議論を進めた結果、学生たちの誤解が明らかになった。学生たちは、その3つのウェブサイトを研究目的に照らして信頼できるものとして利用し、ヒンズー教の神々について論じるのが課題の内容だと理解していたのである。この場合、誤解が解消したのは幸いだった。もし、学生たちが誤解したままで、いかがわしいインターネットの情報だけを使ってレポートを書いたとしたら、いくら努力しても低レベルのレポートにしかならなかったからである。

また、ルーブリックの作成に学生が関わることは、学生の動機付けになるという利点もある。なぜなら、学生が課題の内容を細部までよく理解するのに役立つばかりか、学生は参加することによってその課題は自分たちが作り上げたものだという感覚を持つからである。学生の関与の度合いが高いときは特にそうである。ルイス、バーゴフ、フィーニー (Lewis, Berghoff and Pheeney, 1999) は、「学生との話し合いを経て作られたルーブリック」が学習意欲にどう影響するかを研究した。それによると、ルーブリックについて意見を述べ合うことで与えられた課題に対して学生も関わっているという気持ちが強くなる。また、完成されたレポートは専門性や独創性という点において優れたものとなると述べている。

このように、ルーブリックを学生と協同して作成するなら、学生は課題が何を要求しているのかをよく理解し、動機付けも高まる。さらに、学生たちの既存の知識・スキルの程度、自己評価の能力、意欲に関する貴重な情報が教員にフィードバックされるのである。

●学生参加型ルーブリックの5つのモデル

しかし、「狐にニワトリ小屋の番をさせる」だけでなく、「小屋まで作らせる」としたら、教員が授業を主導したり水準を維持したりするのが難しくなるという問題は生じないのだろうか。実際は、授業が学生主導で進行するなどということはない。学生は、ポスト・イットを持って教室中を駆け回っていたり、「4×4モデル」のプレゼンテーションで使うリストを準備するために4人1組で机を囲んでいたりするが、課題の骨子や基本方針は教員が決めている。話し合いや学生参加は、その周辺部分に位置付くものである。

教室でルーブリックが使われる場合、その手順は教員が制御する。学生の関与が議論や質問に限定される「提示モデル」を採用するか、あるいはさらに一歩進めて学生の意見がある程度活かされる「回収箱モデル」にするか、それともすべてを学生に準備させて教員が使うか使わないかを決める「4×4モデル」にまで拡大するかは、教員次第である。

第3章では、4段階を経てルーブリックを完成させることについて述べた。各段階における教員と学生の役割分担を示したのが図表4.1である。この表では、学生の関与度が異なる5つのモデルのそれぞれについて役割分担を示した。1番上の「提示モデル」から1

ルーブリック作成モデル	第1段階 振り返り	第2段階 リスト作成	第3段階 グループ化と見出し付け	第4段階 表の作成
1．提示モデル	教員	教員	教員	教員、学生（質問する、自己の理解度を振り返る）
2．フィードバックモデル	教員	教員	教員	教員、学生（意見を出す）
3．回収箱モデル	教員	教員、学生	教員、学生（学生の意見を分類する）	教員、学生（ルーブリックを完成させる）
4．ポスト・イットモデル	教員	学生	教員、学生（分類作業をリードする）	教員、学生（ルーブリックを完成させる）
5．4×4モデル	教員	学生	学生	学生

図表4.1　ルーブリック作成の各モデルにおける教員と学生の役割

番下の「4×4モデル」へ移行するに従って、ルーブリックを作成する上での教員の役割は減少し、学生の関与が大きくなる。

【1．提示モデル】

　ルーブリックの作成に当たって、最も普通に用いられているのが「提示モデル」である。このモデルでは、すべて教員が作業を行う。また、重大な決定を下すのも教員である。第3章で述べた手順に従い、教員はルーブリックの評価観点を用意する。特定の課題が適切に完成されているか、あるいはそれが学術的に受け入れられるように表現されているかどうかを示す項目を準備するのである。また、それぞれの評価観点の比重や各項目の評価尺度を決めるのも教員である。これまでの経験や今回の課題で学生に期待するレベルを踏まえ、その課題の提出物が高い評価となるために必要な諸要素を書き出したり、どのような提出物が合格レベルの評価に相当するかについて1つ以上のレベルを設定する。最も低い評価になる場合についても例示する。

　後はこの作業を経て出来上がったものを学生に提示するだけである。まずは学生にこの表を配布して、目を通すように指示する。時期としては、この表によって評価される課題に学生が取りかかる前でなくてはならない。しかし、それだけでは不十分である。プリント類は単なる資料であって、書き込みをして利用する必要はないと思う学生もいる。そうなると、ざっと目を通された後は、カバンの中にしまい込まれてしまう。しかしここでもまた、学生が成績について敏感に反応するという事実を利用すれば、教員の意図に沿った

行動を期待することができる。

　学生にルーブリックを読ませ、その内容を真剣に考えさせるにはいい方法がある。課題を仕上げて提出する際に、ルーブリックをホッチキスでとめて添えるよう指示するのである。ルーブリックが付いてないと評価されないかもしれない、何らかのペナルティーもあるかもしれないと学生は考える。こうすれば紙や印刷の費用が節約できるだけでなく、ルーブリックと成績の関係を強調することも可能となる。

　提示モデルはこの程度のことで済む。それでも、学生に授業でルーブリックをあらかじめ読ませておくと、なかには質問に来る学生もいて、良い効果が得られることがわかっている。通常は学生に一定の時間を与え、ルーブリックに示されている評価基準や期待される到達段階についての質問を受け付ける。真剣な議論を促すこともある。ただし、学生にはルーブリックの中身を変える機会は与えられない。議論するなかで、明確にしておいた方がいい事項が明らかになって教員がルーブリックを変更することはある。しかし、変更する前に、学生に対してそれを確約したり、変更を臭わせるような発言は行わない。

　何が期待されているかを明確に示した表には実際の配点や比重が示されることもあり、これを目にして初めて次のような質問をしてみる気になる新入生も多い。

・「引用」とはどういう意味で、どのように「引用」をしたらよいのか。
・「自分自身で作品の分析を行う」とはどういう意味なのか。
・提出が遅れると減点されるのか。

　このような疑問は、学生たちが大学教育で必要な基本事項さえ理解していないことの表れであり、教員はしばしば驚かされる。脚注とは何か、MLA方式やAPA方式（いずれも米国の標準化された論文執筆方式）とは何でありどう使い分けるのかについてなど、ルーブリックを見せられたことで生じる疑問について詳しく説明するにはかなりの時間を要するかもしれない。しかし、提出された課題の評価が終わってから、学生たちに「出典が示されていなかったり、自分の分析が欠けていたりというような不備があったので、誰にも優を付けることができませんでした」と言わなければならない事態と比べれば、時間をかけて詳しく説明する方が良いに決まっている。一部の学生間では、教員は厳しい点を付けるのを楽しんでいるという噂があるようだが、教員はできることなら高い点を付けたいのである。

　「提示モデル」においては、教員と学生とでそれほど活発なやりとりが行われるわけではない。しかし、これは双方にとって有益な早期警報システムである。つまり、課題で期待されていることに学生がどう対応するかを予測したり、その期待を学生がどう理解しているかがわかれば手の打ちようがあるのだ。ルーブリックを作成する際、このモデルが適するのは講義が主な授業スタイルとなる大人数、低年次、学部生対象の授業である。「提示モデル」は授業中に長い時間を要するものではない。発言するのは主として教員であり、

学生から出た質問に答えるだけである。よって、説明に30分以上かかることは稀で、普通はもっと短時間で終わる。

【2．フィードバックモデル】

「フィードバックモデル」は、ルーブリックが学生に提示された後、学生の意見を取り入れて変更する可能性がある点が「提示モデル」と異なるが、その他は同じである。教員がルーブリックを最終決定する前に、学生は仕上がっている表を見せられる。そして、学生が出してくる変更案、アイデア、質問によって、その表は変更されるかもしれない。

学生をグループに分けて話し合わせれば、意見が出やすくなるであろう。学生は少人数でルーブリックについて議論し、もっと明確にしたり説明を加えたりする必要がないかを話し合う。改善案を個々に出させるよりは、各グループの代表者に発表させるのが良い。そうすれば、意見が入り乱れて収拾がつかなくなる事態は生じにくくなるし、控え目な学生の意見を吸い上げやすくなる。口達者な学生が自分の意見を押し付けようとすることも少なくなるはずである。

さらに活発な学生の参加を促すため、ルーブリックの完成に向けて学生が進んで意見を言いたくなる状況を作ることもある。学生を参加させやすいものとしては、ルーブリックに示した各分野の比重に関するものがある。例えば、評価観点を全部足しても最終成績の70パーセント分にしかならない表を示し、残りの30パーセント分を学生に任せるという手法がある。この場合、どの評価観点にどのような比重で充てるかについては学生が決める。時には、すべての評価観点を同じ比重で評価するとした表を示し、このままで良いかと問う。それで良いとする学生はほとんどおらず、その後には非常に生産的な議論が続く。学生は内容や着想、それに書き方の技術的側面はそれぞれ異なる価値を持つことについて意見を述べ合う。このようなことについて議論するのは、多くの学生にとって生まれて初めてであろう。

ルーブリックの一部を空白にしておき、学生に空白部分を埋めるように指示する方法もある。これは3－5段階で評価するルーブリックの場合にうまくいく。教員は最も高い評価と最も低い評価の部分を決めておき、学生には中間部分をどうすればいいかと問いかける。こうすれば学生は評価の評価観点ごとの最高評価と最低評価の記述を注意深く読まなくてはならない。また、これまでのレポートで犯した失敗経験を思い出すことにもなる。学生は教員が思いもしなかった失敗の可能性について示唆を与えてくれる。この方法では、教員が絶対に重要であるとみなすものは最初から表に含まれているので、学生の関与は限られ、教員主導となる。その一方で、学生にはかなり自由な意見を盛り込む機会を与えるものとなる。もちろん、最終的には教員は学生の意見を記録し、適切だと考えられるものを書き加えてルーブリックを完成させることになる。

「フィードバックモデル」も「提示モデル」同様に、早期警報システムとして機能するが、このモデルではあまり発言したがらない学生の授業参加を促す効果も期待できる。発

言することで自分たちが得意とする領域が追加されたルーブリックになるとしたら、その分、良い成績が付くことは確実なのだから、おとなしい学生にとっても自分の意見を主張するきっかけになる。また、グループでの話し合いの結果を代表者に発表させる場合、次の利点もある。すなわち、出した意見は個人の主張としてではなく、グループの意見の一部として発表されるということがわかれば、誰もが貢献できる何かを確実に持っていることも理解されやすくなる。

　意見を出すことが必要とされるなら、課題とは単にこなせば良いものではなく、自分を成長させるために完成させることが期待されているものだということを学生に理解させる機会ともなる。このように最初だけにせよ、評価方法それ自体に関して学生と協同作業を行えば、学生は課題を完成させる際にルーブリックの評価観点に照らし合わせて自己評価ができるようになる。理想的には、ルーブリックがあってもなくても同じように自己評価ができる段階に到達し、完全な能動的学習者となることが期待される。

　「フィードバックモデル」が一番うまくいくのは、クラス内での話し合いが普通に取り入れられている、学部の低学年生が対象の少人数授業においてである。多くの場合、「フィードバックモデル」は「提示モデル」と比較すると、学生の参加や意見をより多く求めるので、時間は少し長く必要となる。とはいえ、普通は1回分の授業時間を使えば十分であり、それより短時間で済むことも多い。

【3．回収箱モデル】

　「回収箱モデル」は、評価に用いるルーブリックに明記されることになる作業課題をまとめる際に、学生に最大限の柔軟性と創造性を発揮する機会を与えるものである。その一方で、最終的なルーブリックを決定する上で教員はかなりの権限を維持できる。このモデルでは、教員は前もってルーブリックを準備しておくのではなく、授業時間中にルーブリックの一部分を学生自身が作り上げるのを促す。学生は第2段階（リストの作成）、第3段階（グループ化と見出し付け）、第4段階（表の作成）に関与することとなる。ただし関与の程度は様々である。まず、学生は教員が設定した課題を前にして、その課題に何が求められているかを書き出す作業を行う。次に、教員は学生が書き出した事項をその内容ごとに分類して見出しを付け、それらをルーブリックの表のなかに落とし込む。

　最初に、教員は課題についてできるだけ明確に説明する。あわせてルーブリックがどういうものであるかも十分に説明する。「回収箱モデル」は、「提示モデル」や「フィードバックモデル」を経験してルーブリックが何かがわかっている学生に対して試みるのが一般的である。しかし、時にはルーブリックの作成を経験したことのない学生に対していきなり「回収箱モデル」を使うこともある。そのような場合、教員はどのようなルーブリックの完成を求めているのかを学生によく理解してもらうため、汎用型のルーブリック、つまり3段階の評価尺度を持ち、評価観点の一部が記入済みの表を配布するのが有効だろう。また、ルーブリックそのものについて説明する時間をとったり、過去に使用したルーブ

リックを見せたりするのもよい。

　学生の意見を集約しようとして「回収箱モデル」を試みる場合にまず必要なのは、シラバスに示されている課題について詳細に説明することである。次に、学生1人につき3枚から5枚の紙片を配布し、評価が「優」となるレポートとはどのようなものだと思うかを書かせる。学生にはその後の作業を効率的に行うため、1枚の紙片には1項目しか書かないように指示する。こうすることで、書かれた内容を分類してルーブリックの評価観点に当てはめるという第3段階の作業は、授業中に行うにせよ、授業後に研究室で行うにせよ、はかどるだろう。通常はこの段階では、学生同士で相談することを認めて良い。また、話し合いが進むように、グループ分けをすることもある。

　次に、箱や帽子などの入れ物を用意して紙片を集め（これを実に面白がりながらやる教員もいる）、新しく作ろうとしているルーブリックの評価観点の記述となるように、似たものをそれぞれひとまとめにしていく。なかには、回収した紙片を自室に持ち帰り、この作業を1人で行うのを好む教員もいる。しかし、学生の前でこの分類作業を行うなら、学生からの信頼はより大きなものとなる。さらに、学生が自分たちの貢献や議論をよく覚えているうちに仕上がりつつあるルーブリックに関する意見を求めることができるという利点もある。

　学生からのアイデアが記入された紙片を（主に時間がないという理由で）回収後すぐに自室に持ち帰り、教員だけで第3段階、第4段階の作業をするときは、最終的なルーブリックに学生が書いたそのままの言葉をできる限り残すように注意したい。学生の目からすれば、こうすることでルーブリックの正当性が高まる。それに、完成したルーブリックを学生に配布した際、1人くらいは誇らしく「ここ書いたの、俺！」と声を上げる学生が出るのは確実である。すると他の学生も、自分たちが書いたものを探そうとして、結果としてルーブリックは注意深くすみずみまで目を通されることになる。

　「回収箱モデル」を試みたことがないという教員は、その課題に絶対に欠かせない点を学生が書き落とすというケースを心配していることが多い。しかし、学生全体としては、そのような事態はまず起こらない。もし仮に、抜け落ちている項目があったとしても、教員が追加すれば済むことである。紙片を回収して学生の前で分類の作業をしている時に不足する項目を教員が付け加えることができる。いかにもショックを受けたという様子で「誰も引用のことを書いていないですね」と言いながら付け加えるのである。こうした経緯があると、レポートのなかに引用元を書き忘れる学生はほとんどいなくなるだろう。

　紙片に書かれた項目を学生の前で読み上げて、評価観点ごとに取りまとめるという作業を教室で行う場合であれ、そうでない場合であれ、教員は教室から研究室に戻って作業を続け、ルーブリックを完成させることになる。後は、さらなる変更を認めるかどうかにより、「提示モデル」か「フィードバックモデル」の手順に従う。

　「回収箱モデル」は、討論という手法が授業のなかで日常的に取り入れられている（30人までの）少人数から中人数のクラスに向いている。学生のレベルは問わない。このモデ

ルは高度に双方向的かつ学習者中心のアプローチであるが、長時間を要するものではない。特に、授業では紙片を回収するまでにして、後は教員が行うという方法をとるなら、それほど時間はかからない。一方、教員が学生の書いた紙片を読み上げたり、学生にもっと意見を求めたり、最初に評価観点を提案しようとするなら、当然のことながらもっと時間は長くかかることになる。簡単に済ませようとするなら、30分以上かかることはまずない。

【4．ポスト・イットモデル】

「ポスト・イットモデル」は「回収箱モデル」を一歩進めたもので、学生はさらに大きな役割を果たす。すなわち、学生は評価観点ごとの評価基準ばかりではなく、評価観点そのものも考案するのである。学生はこれまでに述べたモデルと比べて、第2段階から第4段階で関与が大きくなる。「ポスト・イットモデル」は、評価基準や評価観点に関して学生に様々な案を出させようとするので、案を書いてもらう紙は単なる紙片ではなく、貼ったりはがしたりが容易な糊付きのポスト・イットを使用する。これによって学生はホワイトボードや壁、それに模造紙など、どこでも貼りたい場所に貼り付けることができ、分類する場合も簡単にはがして移動することができる。

「ポスト・イットモデル」を用いる際、最初の手順は「回収箱モデル」と同じである。各自にポスト・イットを配り、課題に対する完成物がどのようなものであれば高い評価が与えられると思うかを、1枚のポスト・イットに1つずつ書いてもらう。1人当たり、2つか3つで良い。「回収箱モデル」と異なり、記入済みのポスト・イットを箱や帽子に入れてもらうのではなく、白板や黒板、あるいは近くの壁面に貼り付けるよう指示する。

続いて、学生は全員のポスト・イットに目を通し、関連のあるものをそれぞれグループになるように貼り直す作業に移る。ここで混乱が生じる。学生たちは例えば、「正確な事実に基づく優れた意見が述べられている」と書かれたポスト・イットは、「意見」として分類されるべきか、それとも「綿密な調査・研究の重要性」として分類されるかを巡って意見を闘わせることになるからである。教員はそのような場合、レフェリー役を務める。学生たちが取り組んでいるこの分類作業は、「回収箱モデル」においては新たなルーブリックの評価観点を作るために教員が行う作業に相当する。実のところ、「正確な事実に基づく優れた意見が述べられている」という評価基準は少なくとも2つの評価観点（おそらく「分析」と「内容」という見出しになる）に関係しているので、本来は2枚のポスト・イットに分けて書かれるべきだったのである。教員はそう指摘するのではなく、学生たちが自らそれに気付くのを見守るのが良いだろう。このような例の場合、1枚のポスト・イットを2枚に分けたり、新しいポスト・イットに同じ内容を書き写す必要が生じることもないとは言えないが、多くの場合、その心配は無用である。というのは、同じ趣旨で他の学生が書いた別のポスト・イットが見つかるからである。「ポスト・イットモデル」を経験した学生は、よく次のような事実に気付いたと述べている。優れたレポートにするためにはいくつかの条件があるが、それらは相互に重なり合ったり関連し合っていることが

よく理解できたというのである。

　記入済みのポスト・イットの分類が終われば、教室にポスター掲示用ボードを数台持ち込む。壁に貼るタイプの大型ボードでも良いし、壁に模造紙をテープでとめても良い。そして教室内にボードを配置するか、壁面に模造紙を貼り付けた後、学生のなかから数名のボランティアを募る。ボランティアには黒のマーカーと模造紙（またはポスタータイプの大型ポスト・イット）を渡す。先の作業により、学生のアイデアが書かれたポスト・イットの分類は終わっているので、まずそのうちのどれか1つのグループを取り上げ、そのグループに分類されたすべてのポスト・イットを読み上げる。次に、学生全員に対して、そのすべてを一括りにすることができる見出しまたはタイトル（これが評価観点となる）を考え出すよう指示を与える。たいていは、この見出しは1語に限るという条件を付けるが、必要があれば、2語あるいは3語になることも許容する。また、この段階では、教員はヒントを出して誘導することもある。学生たちの意見がまとまり、見出しが決まれば、ボランティア学生がマーカーで模造紙の上部にその見出しを書く。続けてその下には、該当するグループに分類されている主なポスト・イットの内容を書き写す。この段階で、学生が重要な評価基準を落としていたことに気付いて、それを書き加えることも珍しくない。

　他のポスト・イットのグループについても、それぞれ同じ作業を繰り返す。こうして、個々の見出し（評価観点）と評価基準とが記入された模造紙が完成する。後はこの模造紙を回収して研究室に持ち帰り、最終的なルーブリックに仕上げるのである。

　「ポスト・イットモデル」が最も適しているのは、すでに高度な学問的素養を身に付けている高年次の学部生か大学院生を対象とする少人数の授業である。学生数の多いクラスでは混乱が生じやすい。それは1つには、評価を受ける側の学生がこのような評価方法を作るのに不慣れであること、もう1つには授業中の統制が緩くなってしまうためである。加えて、左右の壁際まで固定机が並んでいる場合のように、教室の仕様が協同作業の妨げとなることもある。

　「ポスト・イットモデル」は非常に時間がかかるので、このモデルが適しているのは文章量が多くて複雑な期末レポートのような課題である。この活動は2回、あるいは3回の授業時間にまたがることもあるが、時間が無駄になるということはまずない。高年次の学部学生や大学院生でも、思い違いをしていることが実際ありえる。グループ化や見出し付けを伴う長時間の議論を行うことで、そのような誤解が表面化し、矯正されるのである。

【5. 4×4モデル】

　アンダーソン（Anderson, 1998）が唱える「4×4モデル」は、教員が統制する要素が残されるものの、ルーブリック作成のあらゆる段階で学生を関与させるものである。教員の役割は、課題の設定、完成させようとしているルーブリックの一般的な説明、学生がルーブリックを作成する手助けに限られる。学生は最終的なルーブリックを完成させるための全段階でフルに参加する。

このモデルにおける最初の手順は、シラバスを引用して、設定されている課題の説明を読み上げることである。次に、学生には4人組のグループになるよう指示する。4人というのはアンダーソンが提唱している人数であるが、必ずしも4人である必要はない。各グループで、学生たちはこれまでの経験を基にして、この課題に求められる評価観点を議論し、最終的には最も重要性が高い4つの評価観点を考え出す。この評価観点は、まさにこれから作るルーブリックで用いるものである。各グループは、それらを黒板やOHPシート等に書き出す。パソコンやプロジェクターが利用可能なら、パワーポイントのスライドとして作成しても良い。

　各グループの代表は学生全員を前にして、自分たちのグループが最重要であるとした4つの評価観点の説明を行う。その際、4つのなかから1つを取り上げて、重点的に説明するように指示する。重点的に取り上げる項目は、グループの話し合いで最も議論を呼び起こしたものや、グループのメンバー全員が強くこだわっているものとなろう。教員はファシリテーター役となる。ここでは、各グループから出された様々な案の類似点や相違点に気付かせるような発言を行うのは構わないが、特定の案に賛成するのは避けるべきである。そして、すべてのグループのプレゼンテーションが終わったら、学生全員でルーブリックに採用されるべき4つの評価観点を決定する。ほぼ全員の合意が必要であると考える教員もいるが、私たちは通常3分の2以上の多数決で良しとしている。しかし、学生の意見は簡単にまとまらないこともある。全員（あるいは3分の2）が同意する4項目を決めるために、学生は再度、あるいは再々度、グループで評価観点の案を練り直すこともある。ルーブリックには、この方法で選ばれた4つの評価観点が採用される。

　グループ活動はまだ続く。4つの評価観点が決まったら、今度は各評価観点に対して評価基準を作り出すのである。4を最も高い評価、1を最も低い評価とする4段階を設け、全部で16個（4×4）の評価基準を考案する。グループ活動が終われば、再び黒板、OHPシート、プレゼンテーション・ソフト等で発表し合い、全グループの作業結果を全学生が共有する。教員も再びファシリテーター役を務め、各グループの案について類似点や相違点等を確認する。最後に、学生全員でルーブリックの新しい評価基準について議論する。この議論は、全員の意見が一致するか、3分の2の賛同が得られるまで続く。こうして学生の手によって、評価観点と評価基準とが出そろう。

　これらの作業の後で、場合によっては1から4という数字の評価尺度に代わる評語を考案させるために、グループ活動を再開させることもある。教員は、数字ではなく、学生の励みになるような断定的でない評語、例えば「模範的（exemplary）」「優秀（proficient）」「成長途上（developing）」「萌芽期（emerging）」などにしたいと思っているが、最終的にはこの判断も学生に委ねられる。

　「4×4モデル」に従えば、ほとんどすべての作業は学生が行う。教員は授業中に完成したものを持ち帰り、形式を整えるだけである。教員が多少、手を加えることはあるが、学生が完成したルーブリックを見て、自分たちが作り上げたものだと思えるものでなくて

はならない。

「4×4モデル」はどんなレベルの学生に対しても、また（概ね8人以上100人未満であれば）学生数に関係なく対応できる。学生が関与する度合いは非常に大きいが、グループ単位で検討したり原案の見直しを行う機会が多いため、初年次学生を対象にしてもうまくいく。もしTAが配置できて、グループを巡回して進行状況をチェックできるなら、それに越したことはない。初年次学生は、優れた学術的な研究というものには、事前には想像しなかったほど多くの備えるべき条件があることを知って驚くことが多い。

「4×4モデル」は、「ポスト・イットモデル」と比べてもはるかに長い時間を要する。1回あるいは2回の授業時間を丸ごとこの活動に費やすことも多いので、研究論文やプロジェクトなど、文章量が多く濃密な内容が要求される課題に最も適している。この作業を経験するとすぐに、教員も学生も次の事実に気付く。つまり、評価観点や評価基準を考案して意味のあるルーブリックを作成しようとするなら、課される課題や授業そのものの中身の議論が必要になるという点である。よって、ルーブリック作成のために割り振られる時間と、授業で扱う内容を議論するための時間を一緒にすることも可能である。

● 結論

本章では、ルーブリック本体やルーブリックの作成を、教育方法にどう組み入れていくかを述べてきた。また、学生のレベル、人数、課題のタイプなどの違いに応じて、どのモデルによるのが最も効果的であるかについて実践経験に基づき助言を行った。しかし、その助言をそのまま受け入れることはお勧めしない。どうか読者自身で試していただきたい。各読者にはそれぞれ固有の教育方法があり、全く同じ学生の集団も存在しない。本章で解説した5つのモデルを組み合わせて、独自のモデルを作成されることを期待したい。

第5章

教職員と作成するルーブリック

　ルーブリックを作成するのに必要な教員の数は何人だろうか。電球を交換するのに必要な人数と同じ、つまり1人でよい。そして、数人の学生がいれば良い。長い間、ルーブリックは次のいずれかのプロセスで作られると考えられてきた。1つは、1人の教員が単独で研究室に閉じこもって作成し、授業で学生に提示する「提示モデル」（第4章）。それがきっかけとなり、学生たちに期待することを明確に理解させることができる。もう1つは、第4章で述べたように、程度の差こそあれ、学生の力を借りてルーブリックを作成するというものである。しかし、最近になって私たちは、学生の教育に携わる関係者に広くルーブリック作成の協力を求めれば、ルーブリックは時間がかからない評価の道具として機能するだけでなく、より効果的な教育の手段としても有益であることを見出した。学生の教育に携わる関係者とは、ティーチング・アシスタント（TA）、ライティング・センターなどの学習支援スタッフ、それに同僚の教員である。

●ティーチング・アシスタントと作成するルーブリック

　TAがルーブリック作成に関わることについては、もっともな理由がいくつかある。まずTAはその趣旨からして教員のアシスタントをするという立場にある。ルーブリック作成に関わることで教員の意図を理解すれば、アシスタントとしての仕事ははかどる。多くのTAは教員が主導することをありがたいと感じるはずである。というのは、TAは講師や採点者としての経験が不足しており、しばしば不安を感じているからである。採点を業務としないTAであっても、ルーブリック作成に関与することによって得るものは多い。ルーブリックの作成では、個別の課題あるいは授業内容全般に関して、重要なものとそうではないものを明確に区別することが必要となる。その区別を知っているだけでも、TAは補助を求められる場面で、その力量がアップする。学生の話し合いをリードすること、実験の監督、演習の実施、その他各学問領域で必要なTA業務に携わる時、ルーブリック作成に関与した経験が生きるのである。また、最終的には大学教員になることを目指しているTAも多いので、ルーブリックの作成に関与させることは、教育方法の手本を示

すことにもなる。

　TAがその業務としてルーブリックを用いた評価を行うかどうかに関係なく、TAの意見はルーブリックを使用する教員にとっても有益である。TAは多くの場合、学生との距離が近いので、学生に対して詳しい説明が必要なものとそうでないものの区別をよくわきまえていることが多い。

　評価の一部または大部分においてTAの力を借りることは日常的になってきている。その際、教員は評価方法のガイドラインを説明せずに、学生から提出されたレポートの山をそのままTAに渡すようなことはしない。ルーブリックを使った評価方法があることなど聞いたことがないという教員でも、提出されたレポートに書かれているべきポイントのリストを準備してTAに手渡すことは日常的に行っている。実はこのリストは、第3章で述べたルーブリック作成における第2段階（リストの作成）や第3段階（グループ化と見出し付け）で用意するリストに他ならない。どんな方法でルーブリックを作成するにせよ、TAを参加させるルーブリック作成は、教員のほとんどが現に行っていることをシステム化したものにすぎない。

　ここで教員が自問すべきは、ルーブリックの作成においてどの程度その主導権をTAに委ねるのかという点である。教員自身が作る部分が多くなればなるほど、TAの意見が反映される機会が減り、その分、TAを有効に活用できる場が失われる。前述した通り、TAに任せるのは、学生の話し合いをリードすることや、実験の監督、演習の実施などにとどめ、評価は自らが行うことにしている教員であっても、ルーブリックを作成する際、少なくともTAの意見を聞く程度のことはできるし、それによって得るところがあるはずである。TAを評価にも関与させようとする教員なら、次に挙げるようにTAを活用する可能性はさらに開ける。

- 教員が作成したルーブリックをTAに与え、TAが学生を評価する。
- 教員は基本的な評価観点やポイントのリスト（手順の第3段階として述べた「グループ化と見出し付け（第3章参照）」）を準備し、それをもとにTAがルーブリックを作成する。教員は、そのルーブリックをチェックして、必要があれば変更した上で評価に使用させる。
- 教員は目標とポイントのリスト（手順の第2段階として述べた「リストの作成（第3章参照）」）だけを準備し、それを基にTAがルーブリックを作成する。教員は、そのルーブリックをチェックして、必要があれば変更した上で評価に使用させる。
- 教員はTAにルーブリックの作成を指示する。教員は、TAが作成したルーブリックをチェックして、必要があれば変更した上で評価に使用させる。

　ルーブリック作成においては、学生を関わらせるのと同時に、TAを活用することが可能である。第4章で述べた、双方向的ではあるが時間のかかる「回収箱モデル」「ポスト・

イットモデル」「4×4モデル」によって学生をルーブリック作成に関与させる時に、多くの場合、その議論をリードする役割はTAが適任である。TAに学生を手伝わせると、ルーブリックの作成がうまくいくことが多い。しかし、学生とTAだけで作ったルーブリックに対して、教員はいつでもチェック、変更、不同意の権利を有している。

●学習支援スタッフと作成するルーブリック

　通常、ルーブリックをTAと協同して作り上げるというのは、仕事を任せたり、学生への期待を共有するということになるので、趣旨は明確である。しかし、それぞれ専門の立場で学生の学習を支援するスタッフ、例えば、ライティング・センターのスタッフ、数学のチューター、図書館司書、コンピュータの専門職員などと直接ルーブリックの作成に関わって連携しようとする場合、少し状況は異なる。主要なレポートやプロジェクトを課す際、学生の多くが必要なスキルを欠いていると判断した場合、こうした学習支援スタッフにルーブリックの作成に関わってもらっている教員もいる。

　ポートランド州立大学の「初年次探究」の担当教員は、ライティング・センターと連携することがある。この科目は通年科目であり、後期にはレポートを課す。このレポートは必須であり、その評価用のルーブリック作成に当たって、ライティング・センターのスタッフに協力してもらうのである。この段階ではまだレポートの書き方がわかっていない学生が多く、これを支援するライティング・センターは何らかの形で必ずこの課題の指導に関わることになる。このようなことは担当教員には前もってわかっていることであり、ルーブリックの作成段階で連携をとれば、センタースタッフからの有益な助言を得たり、後に生じることが予想される質問をしたりする機会となる。

　このように直接連携しない場合でも、ルーブリックを導入するなら、結果的には教員以外の学習支援スタッフとルーブリックを通じて協力するということになる。つまり、私たちがルーブリックを用いる場合は、学習支援スタッフに対してルーブリックを使用する旨を伝え、学生の質問や助言に対応する際には、ぜひともそのルーブリックを参照してもらうように依頼するのである。学生が取り組む重要かつ複雑な課題に関して、学習支援部局と緊密な連絡がとれているなら、このような依頼は電話で数分話すだけで済む。評価で使用するルーブリックを電子メールに添付して送れば簡便かつ有益である。ほとんどの場合、この依頼は感謝されるだろう。ルーブリックには、学習支援スタッフが学生から説明を受けるよりもはるかに多くの課題に関する情報が書かれているので、たいていのスタッフはこれにより、持ち込まれた課題の完成に向けて学生をどのように指導すれば良いかがわかる。ルーブリックは学習支援スタッフにとっても有益なのである。

●同僚教員と作成するルーブリック

　評価用のルーブリックを同僚の教員と協力して仕上げるというのは、それほどよくあることではない。一般的には、チーム・ティーチングをしたり、経験の乏しい教員や非常勤

講師のメンター（世話人）をする際に行われるくらいである。しかし、このいずれの場合でも、評価用のルーブリックで協力し合えば、共通の到達目標や教育方法を議論する機会となるだけでなく、各教員の評価方法が妥当であるかどうかを問う機会ともなり、関係教員にとって有意義な経験となるであろう。

ルーブリックはチーム・ティーチングで必要とされる統一された評価基準を確保する上でも有効な手段となる。普通、チーム・ティーチングは単一の授業を2名以上の教員が担当することを言う。しかし、内容が同じ授業を複数の教員が担当する場合もチーム・ティーチングである（例えば、17クラスで開講する「初級フランス語」や、22クラスある「アメリカ研究入門」）。

このような授業で主要な課題を与える際、評価用のルーブリックを共通にしておけば、担当教員によって評価がずれるという事態はある程度避けられる。担当教員にはそれぞれのやり方があり、それを活かすべく柔軟な授業展開が試みられるのが妥当であるが、ルーブリックの共有によって、このような多様な教育方法が損なわれることはない。同じ授業を担当する教員とルーブリックに関して意見を交わすなら、担当教員によって評価に差があるかどうかも明らかにすることができる。

ポートランド州立大学の「初年次探究」科目である「変革」という授業を担当する教員は、共通のルーブリックを協同で作成した。各授業は1人の教員が担当するが、複数の教員がこの授業を受け持つという意味で、この科目はチーム・ティーチングである。しかし、各教員の教育方法や学生に与える課題は大きく異なる。教科書が違うことさえある。この科目は7人で担当するが、英語の教員が2人いる以外は、歴史、ジェンダー研究、化学、政治学など専門領域は様々である。さらに厄介なことには、うち2人はポートランド州立大学の教員ではなく、コミュニティ・カレッジからの非常勤講師であった。だとすれば、このような違いが生じたとしても納得いくだろう。全担当教員は、この授業では基本的には共通のテーマを扱って授業を構成すること、各授業の状況について情報を交換する目的で定期的にミーティングを持つことを申し合わせた。担当教員7人は四半期ごとに1つの共通教科書を使い、年間で1つの共通課題を出すことになった。その共通課題は「重要な変革をもたらした、またはもたらそうと試みた個人・組織または社会運動」についてレポートを作成するというものである。このように非常に幅広い課題なので、各担当教員はそれぞれの裁量で条件や制限を加えるのも自由とされた。

全担当教員は次に、この課題に対して学生から提出されるレポートを評価するため、共通のルーブリックを作成することを決めた。この課題には、前述の通り、担当教員によって様々な条件や制限が付加され、実質的にはかなり異なるものとなる可能性があり、全担当者が評価に利用できるルーブリックがすんなり完成するとは思われていなかった。そもそも、教員たちは教育方法や意見がそれぞれ違うことを認識しており、実際、ミーティングでは、友好的な雰囲気のなかでも衝突することがあった。この課題に非常に具体的な指示を加え、学生が選択することのできる個人・組織・社会運動を限定しようとする教員が

いる一方で、できるだけ制限しないで選択の幅を大きくするという方針の教員もいた。

ところが、ルーブリック作成において第2段階の作業となる「リストの作成（第3章参照）」に取りかかって明らかになったのは、覚悟していたほどの意見の違いはないことであった。ガートルード・スタインの言葉をもじるなら、「所詮、レポートはレポートで、どこまでもレポート」なのだから、求められるものは同じということであろう。担当教員が書き出したリストは驚くほど似ており、教育コンサルタント（表組みや評価観点など、本書で述べているルーブリック作成のための基本事項を説明するために同席していた）の助言をほとんど必要とせずに、全員が受け容れることのできるルーブリックを完成させた。**図表5.1**はこの協同作業を経て完成したルーブリックである。

唯一意見が割れたのは、各評価観点について同じ得点を与えるのではなく、観点ごとに配点を変えるべきであるという主張に関してであった。教員たちは、いかなる評価観点にも得点を明示しないとすることでこの問題を切り抜けた。ある評価観点を重く見るのは自由、つまり各評価観点の配点は担当教員の裁量に委ねることとされた。このように自由度の高いものとなったため、教員たちはこのルーブリックによる評価は一貫性が低く、教員間でばらつきが大きくなるものと懸念した。ところが、外部の評価者に依頼して検証してみると、各担当教員がこのルーブリックによって個々に行った評価はばらつきが小さいことが示された。さらに、このルーブリックを用いることによって、担当教員でなくても一貫性のある公正な評価ができることが明らかにされた（Redder, 2003）。

チーム・ティーチングを担当する教員に加えて、とりわけ重要なのは、立場の異なる同僚教員、つまり非常勤講師にも共通のルーブリックを使ってもらうことであろう。テニュアを持つ教員に代えて、非常勤講師を配置するという傾向は嘆かわしいが現実である。非常勤講師が増加することから生じる多くの問題のうち、ルーブリックが助けになるものはそう多くないが、できるだけ早く非常勤講師に既存の教員集団に溶け込んでもらい、授業を担当してもらうという喫緊の要請には一役買うことができる。新任の非常勤講師に授業を担当してもらう際、ほとんどの教授や学科長が日常的に行っているのは、過去に作成したシラバスを提示して、それを利用してもらうことである。これには、既存のシラバスに書かれているアイデアを借用して、非常勤講師が短期間で新しいシラバスを準備できるように配慮するという一面もあるが、その科目を担当する新任者に当該部局が何を期待しているかを伝えるという一面もある。

非常勤講師は過年度のよくできているシラバスを一読することで、授業構成、教科書、課題などについて学ぶことができる。同様に、良くできたルーブリックは、学生の学習成果としてどのようなことが期待されているかについて、新任者に実に多くのことを伝える。新たな教育職に就いた際に、見本となるルーブリックを受け取った非常勤講師は、実際にルーブリックを使用したり、自ら作成したりするようになることも多い。これは、当該部局に業績記録を残すことにもなり、テニュア付きのポストに就こうとする際に必要となる教育力量をアピールする記録を作っていることでもある。

初年次探究［変革］レポート評価用ルーブリック

課題の指示：重要な変革をもたらした、またはもたらそうと試みた個人・組織・社会運動についてレポートを作成しなさい（担当教員には指示を追加することが認められている。ただし、この指示の一部を削除することは認められていない）。

完成度が高い	完成度は普通	完成度が低い
〈コミュニケーション〉		
□読者を引き込むような優れた導入と、読者に結論と解決策を得たと思わせるような結論を備えている。	□レポートはそれとわかる導入と結論を備えている。しかし、読者に強い期待を抱かせる導入とはなっていない。あるいは、結論がレポート全体を総括するものとはなっていない。	□内容につながっていくような導入や、全体の内容をまとめた結論が明確でない。
□明確な主題文がある。	□主題文はあるが、曖昧または絞りきれていない。	□主題文のつなげ方に問題がある。
□次の内容に移る際に、その接続がよく工夫され、前後の内容がどうつながるかが明確である。	□次の内容に移る際、その接続がうまくいっている箇所が多いが、一部では前後のつながりが不明確である。	□引用が少ない。もしくは筆者の主張を補強するものとなっていないことが多いように思われる。
□様々な文献が適切に引用され、筆者の主張を補強するため効果的に利用されている。	□引用文献は概して筆者の主張を補強するものとなっている。しかし、その接続がうまくいかず、さらに多数の、またはより多岐にわたる文献が引用されるべきである。	□引用、言い換え、要約に乏しく、変化に乏しかったり、また不適切であったり、出典が記されていなかったりする。
□引用、言い換え、要約は適切に行われ、出典も正しく記載されている。	□引用、言い換え、要約は概して問題がない。しかし一部では論旨の流れを阻害している。もしくは、関連性が低いか、引用の仕方が間違っている。	□書式上の誤りが多い、または不適切な書式が使用されている。
□適切な書式（APA方式、MLA方式等）が使用されている。	□適切な書式が使用されているが、誤りが散見される。	□配列には論理がなく、まとまりが感じられない。または強引さが目立つ。
□配列は論理的かつ効果的である。	□配列は幾分論理的であるが、完全に筋が通っているとは言えない。また、あまりにありきたりであり、読者の関心を維持できない。	□日常的な語にさえ、綴りに誤りが多い。
□句読点は正確であるばかりか、工夫が見られ、読者の文を追う上で効果的に働いている。	□句読点や語法上の誤りが見られる。	□句読点には脱落や誤りが頻繁に見られる。文末の句読点でさえそうである。
□文法や語法は正確で、明確かつ正確につながっていて、文体上の効果を狙って伝統的な用法を操作している。	□文法や語法は概して正確であるが、難易度の高い語彙には誤りが見られる。	□文法や語法上の誤りが頻繁に見られ、読みにくく、意味の解釈にまで影響が及んでいる。
□綴りの場合、うまく機能している。	□綴りには概して正確であるが、難易度の高い語彙には誤りが見られる。	□この種の課題に求められるレポートとしては、態や文体が不適切である。
□この種の課題に求められるレポートとしては、一貫性がある。	□句読点は文末には正確であるが、文の途中では脱落や誤りが見られる。	□各段落は概して焦点がずれていたり、一貫性が欠けていたりする。
□各段落は焦点が明確である。	□文法や語法上の誤りが見られるが、意味が損なわれるほど深刻なものではない。	
	□この種の課題に求められるレポートとしては、…	

第5章 教職員と作成するルーブリック

＜批評的思考力＞			
□ 洞察に富み、独自の考えが述べられている。 □ 妥当かつ論理的な分析がなされており、関連する問題について十分理解していることが明らかである。 □ 事実の記載、解釈、分析、筆者個人の意見に関するバランスが適切である。 □ 関連する問題に関する説明を組み立てる際、自明な域を超えて詳細に述べている。 □ 効果的で正確な説明が詳しく書かれており、筆者の主張を補強している。 □ このレポートは説得力があり、満足できるものである。	□ 独自の考えが多少は書かれているが、自明、または常識的なものが多い。 □ 分析は概して妥当である。しかし、論理上の誤りや誤解もある。 □ 事実の記載、解釈、分析、筆者個人の意見に関するバランスに偏りがある。 □ 関連する問題を理解していることは示されているが、概して詳細で詳しく掘り下げる問題が含まれる。説明不足の部分が残るため、もっと情報が必要である。	□ 各段落はときに焦点がずれていたり、一貫性が欠けていたりする。 □ このレポートは読者にとってやや疑問が残り、満足できるものではない。 ※文体がやや不適切である。	□ 独自の考えがほとんど書かれていない。大半は自明、もしくは常識的なものである。 □ 分析は表面的、もしくは論理性に乏しい。 □ 事実の記載、分析、解釈、関連する問題を理解するのが困難であったようである。 □ 事実の記載、分析、解釈、筆者個人の意見との間で、明らかに量的なバランスが取られていない。 □ 筆者は重要な問題を誤解したり、省いたりしている。 □ 詳細な記述がほとんどない。関連のないものが大半ではと思われる。 □ 読者はこのレポートの内容を受け入れがたい。
＜内容＞			
□ このレポートは、個人による変革、社会的/文化的/政治的変革、または科学的な変革の推進、特定のテーマを扱う枠のなかで、選んだテーマに関する重要な点をすべて論じている。 □ 既知の事項、通説となっている事項、未解明の事項について、筆者は十分理解している。 □ 情報を利用する際、その重要性に応じた扱いがなされている。また、関連のない情報はほとんど含まれていない。 □ このレポートの主題と、他の関連する主題とのつながりについて言及されており、理解が深まる。	□ 概してこのレポートは、個人による変革、社会的/文化的/政治的変革、または科学的な変革の推進という枠のなかで、特定のテーマを扱ったものである。 □ このレポートは、ほぼ完成している。しかし、選んだテーマに関する2つ以上の重要な点について、筆者は十分理解していない。 □ 筆者は関連事項、その重要性に応じた扱いがなされていない。しばしば、通説となっている事項、未解明の事項の重要性の区別ができていない。 □ 情報を利用する際、その扱い方に関連性のない情報を多く含んでいる。		□ 筆者は自身の知識や経験を取り入れて執筆したものと見られる。しかし、一般的な分析からから絞り込んだ分析までたどりつくことが困難であったようである。 □ このレポートは、個人による変革、社会的/文化的/政治的変革、または科学的な変革の推進というテーマをもっと論じる必要がある。 □ このレポートは関連するテーマに強い関連性を示していないため、未完成であることが明白である。 □ 筆者は関連事項があまり理解できていない。 □ 情報の利用の仕方が不適切であることが多い。もしくは無関係の情報を利用している。

□専門用語の用法は正確で誤りはない。 □筆者は自身の知識や経験を取り入れて執筆したものと見られる。	□他の関連する主題とのつながりは、ほとんど言及されていない。 □専門用語が不正確に、または誤って使用されることがある。	□他の関連する主題とのつながりが全く言及されておらず、提示されている情報を明確にする機会を逸している。 □専門用語の誤用が頻繁に見られる。 □このレポートは、繰り返しこの課題の指示にすでに過ぎさない、または設定された課題を単に繰り返した課題に対して、あまりに簡単のように思われるような解答を述べているだけのように思われる。筆者が有している専門的知識が窺えるものではない。

図表5.1 ポートランド州立大学の「初年次探究」における共通課題用に担当教員が協同して作成したルーブリック

テニュアを持たない常勤教員や昇進を目指している教員にとってもこれは同様であり、ルーブリックはこのような点からも有効であろう。ルーブリックを見れば、何を課題として与えたのかがわかるのはもちろん、その教員が学生に何を期待したか、そして、最終的に学生はその期待にどこまで応えることができたかを如実に示してくれるのである。

●結論

本章では、同僚の教員やTAを含む学習支援スタッフと協同してルーブリックを作成したり利用したりすれば、多くの効用があることを述べてきた。多少、時間を要するが、ルーブリックの作成に関係者を加えると確実にメリットがある。TAや図書館司書、それに教員が期待する水準にまで学生を引き上げる支援を行う学習支援スタッフにとっても、ルーブリックは有益である。ルーブリックはまた、学部等の組織にとっても、共有されるべき到達目標、継続性、学問の水準を具体的に示す記録として利用価値が高い。教員個人にとっては、教育能力を裏付ける根拠資料ともなる。しかし、とりわけ重要なのは、関係者と協同してルーブリックを作成することにより、最終的には教員自身が自らの期待をどう伝えれば良いかについて示唆が得られるという点である。

第6章
ルーブリックを使った採点

　ルーブリックは学生の学習、学生との意思疎通、教職員間での連携といった点で利用範囲が広いことを見てきた。しかし、ルーブリックがその真価を発揮するのは、時計の針が刻々と進み、真夜中にさしかかろうという頃、容易かつ短時間で採点が済む時である。ルーブリックには次のような特長があり、比較的時間や手間をかけずに成績を付けることができる。

・確固たる評価基準が確立している
・詳細な形成的フィードバックが可能である（3−5段階ルーブリック）
・個々の学生に対する柔軟な形成的フィードバックを容易にする（採点指針ルーブリック）
・総括的なフィードバックを与えることができる（成績評価）

　ルーブリックの性格上、総じてこの4点はこの順序で有効性を発揮する。まず、確固たる評価基準という点では、ルーブリックには評価基準がすでに示されているため、すぐにでも採点に取りかかることができ、しかも公正な評価が期待できる。次に、3−5段階ルーブリックでは、ただ項目をチェックしたり、丸で囲んだりするだけで、詳細な形成的フィードバックを迅速に行える。これに代えて、採点指針ルーブリックを使えば、多少スピードは落ちるにせよ、個々の学生に柔軟に対応した形成的評価が可能となる。最後に、ルーブリックは各評価観点を総合して評価する際、わかりやすく図示されている様式を使うので、短時間で全体的な評価を決定できる。それに、客観性が高いので、結果の正当性を確保するのが容易である。
　実際、教員がルーブリックを使い始める動機としては、表にチェックや丸を付けることで迅速に採点できることに魅力を感じたからという場合が多い。さらに進んで本章では、「メタ・ルーブリック」を使った評価の例も紹介することにする。メタ・ルーブリックとは、私たちが担当した授業科目を評価するために長年かかって作成した、「ルーブリック

を評価するためのルーブリック」で、教科書や授業内容、採用されている教育方法が現実にどの程度有効であるかを評価するためのものである。

　学生の提出物に示されているのは、教員の授業の結果であり、ほとんどの教員がこの点も気に留めながら、採点をしている。つまりメタ・ルーブリックでやろうとしていることは、頭のなかですでに行っていることである。採点中に感じたことを、時間があれば忘れずに書き留めるようにしている教員もいる。しかし、簡単なメタ・ルーブリックを導入することにより、教育に関わる自己評価は、所要時間が気にならなくなるほど迅速化される。採点と並行して、うまくいった点やそうではなかった点を手軽にメモできるので、授業改善を進める際の豊富な情報源となる。同じ内容の授業を次に担当するのは1年以上先になるにせよ、教育方法や教科書、それにルーブリックに関してこのような自己評価が有効なのは言うまでもない（第10章参照）。

● 確固たる評価基準によるブレのない評価

　机の前に腰をおろすと、未採点のレポートの山が待ち構えている。採点をはかどらせるために教員は皆、ちょっとしたワザを使う。例えば、レポートを小分けにして10人分ごとにする。特に文章量が多いレポートなら5人分を一山にする。この小分けにしたレポートが一山片付くたびに、息抜きをする。ある同僚教員は好物のミントキャンディーを5人分ごとにはさみ込み、包みが出てくるまでは食べてはいけないというルールを自らに課している。真正面から黙々と採点に励む教員もいる。採点が終了するまで何枚残っているかを絶対に数えず、甘いものに手を出さないようにする。バカげた小ワザではあるが、使えるし、何か害になるようなものでもない。

　しかし、ルーブリックを用いれば、こうしたワザに頼る採点の苦しみから解放されるであろう。ルーブリックがあれば、採点のスピードは上がり、レポートに求めているものも最初からはっきりする。学生に課題の説明をした時にはもう評価基準ができているのである。採点を始めた直後でも、終了間際でも、ほぼ同じスピードで採点が進む。慣れてくると、担当したクラスのレポートのパターンがわかり、採点が進むにつれてスピードが上がることもある。ルーブリックを作成する際、まず最も優秀な、あるいは最も出来の悪いレポートがどのようなものか想定されるものを考えてみる。採点時にも同様の順序で、すべてのレポートについて、その想定事項を確認していけば良いのである。

● 迅速かつ詳細な形成的フィードバック

　ルーブリックを使うと、各自のレポートの裏面に長々とコメントを書き入れる必要がなくなるので、スピードが上がるのを実感するだろう。30人ほどのレポートに、「着想は素晴らしいが、もっと論を展開することが必要」などと同じ言葉を書き続ける必要はなくなる。ルーブリックにチェックや丸を付けたり、採点指針ルーブリックなら一言か二言書き添えればそれで済む。おそらくレポートそのものには、字句の誤りを指摘したり、時々

「素晴らしい」とか「文献参照のこと」と書くだけになるだろう。もちろん、個々にコメントを書き入れる必要を感じるなら（実際そういうことは多いのだが）、自由にコメントすることもできる。

　チェックや丸、それに選び抜かれた言葉による２、３のコメントがルーブリックを使った評価の要となるものであり、これによって採点は容易かつ迅速に行われる。それでいながら、詳細な形成的フィードバックを可能にするのがルーブリックである。チェック、丸、言葉によるコメントのいずれを用いるかは、次のように、ルーブリックの種類によって決まる。

・チェック欄付き３－５段階ルーブリック（チェック式ルーブリック）
・該当部分を丸で囲む３－５段階ルーブリック（丸囲み式ルーブリック）
・評価コメントを記入する採点指針ルーブリック（コメント式ルーブリック）

　ルーブリックの利用により何度も同じコメントを書くことがなくなり、採点がはかどる度合いは、ルーブリックの作成にかかる時間と総じて反比例の関係にある。学生が課題に取りかかる前に、あらゆる詳細なフィードバックを組み込む場合には、完成までに時間がかかる。
　チェック式ルーブリックは、作成するのに最も時間を要するが、評価のスピードやその容易さという点では最も優れている。これに比べると、丸囲み式ルーブリックでは使用時に要する時間が少し長くなる。コメント式ルーブリックは、作成するのは最も簡単で所要時間も短くて済むが、評価コメントを書き入れるのに時間がかかり、評価に使用する際の利便性という点では限界がある。
　これらの採点道具のなかでは明らかに、チェック式ルーブリックが最も手の込んだものであり、使用する際の利便性は最も良い。これはプレゼンテーションのように．短時間で詳細に評価しなくてはならない場合に適している。発表を聞きながら、それぞれの該当項目をチェックすれば良いのである。優れている、あるいは良くない点をさらに詳しく伝えるために、記載されている文章のこの部分とこの部分という具合に丸で囲むこともある。**図表6.1**では、「発表時の声は概して合格点であるが、話すスピードが速すぎる。パワーポイントのスライドは文字が多すぎる。結論は明確さが足りない」という評価を学生に返す場合のルーブリックである。これだけのことがいかに簡単に書けるかがおわかりいただけるだろう。チェックと丸を付けるだけで、あっという間に出来上がるのである。
　丸囲み式の３－５段階ルーブリックを効果的に使おうとすると、評価者として考えることも必要となるし、やや長い時間を要する。これは、レポートや論文のように書かれたものの評価に最も適しているが、正しく使いこなせばプレゼンテーションなど迅速な評価が必要な場面でも使用できる。チェック欄のない３－５段階ルーブリックでは、当てはまる部分を丸で囲むだけである。すなわち、各評価基準に記載されている文章のいずれかを選

映画に関するプレゼンテーションで使用するルーブリック

課題：学生は４、５人のグループになり、第二次世界大戦についての日本映画を分析して授業で発表する。分析においては、単に映画のあらすじを追うにとどまらず、取り上げた映画が第二次世界大戦についての特定の見解を反映していること、あるいは反映していないことを論じることが求められる。このプレゼンテーションを完成するために、各グループはさらに調査を行い、発表では何らかの視覚に訴えるものを利用すること。また、発表は全メンバーが分担して行うこと。

	模範的	有能	発展途上
個人の発表技法	□明瞭で、早口になったり叫んだりすることなく、十分な声量で話した。抑揚や声の質も調整できていた。 ☑表現豊かで適切なジェスチャーが伴っていた。聴衆とのアイコンタクトも維持されていた。 □不必要に長く話すことなく、割り当てられた時間をフルに使うことができた。 ☑適切なユーモアや逸話を取り入れることにより、発表内容が生き生きとよくわかるように伝えられた。 ☑発表者または補助者は機器を完璧に使いこなした。	☑聞き取ることはでき、理解できないというほどではなかったが、話し方が不明瞭、話す(スピード)が速すぎるまたは遅すぎる、ささやき声になる、叫ぶ、単調であるという問題があった。 □内容からひどく気をそらされるほどではなかったが、落ち着きがない、緊張がほぐれない、全く聴衆に目を向けない、無意味に体を動かすなどの問題があった。 ☑発表時間が(長すぎた)、または短すぎた。 □発表内容を生き生きとよくわかるように伝えようとして、ユーモアや逸話を取り入れていたが、それらが多すぎた、または少なすぎた。 □機器が使用されたが、多少の混乱があった。ただし発表内容からひどく気をそらされるほどではなかった。	□話し方が不明瞭、話すスピードが速すぎるまたは遅すぎる、ささやき声になる、叫ぶ、単調であるという問題があり、何を言っているかわからないことがあった。 □落ち着きがない、緊張がほぐれない、全く聴衆に目を向けない、または内容から気をそらせるほどの無意味な動作が見られた。 □割り当てられた時間と比べ、大幅に短いまたは長い発表であった。 □ユーモアや逸話がなく、単調な発表となった。 □機器の使用でまごつくことが多かった。これらの問題は、事前準備により容易に防止できるものであった。
グループの発表技法	☑発表において、グループのメンバーが等しく活躍する機会があった。 □各メンバーの発表がつながっており、トピックに関する論理的な議論を深めるものであった。また、各メンバーの分担箇所は、相互のつながりが明確に示された。 ☑グループのメンバーは互いに敬意を払い、尊重し合っていた。	□各メンバーに割り振られた発表時間や発表内容に偏りがあった。 ☑各メンバーの発表がつながっており、概して、トピックに関する論理的な議論を深めるものであった。しかし、各メンバーの分担箇所については、相互のつながりが明確に示されなかった。または他の理由で、全体的な発表の方向性が失われることがあった。 □グループのメンバーは概し	□各メンバーに割り振られた発表時間や発表内容には著しい偏りがあり、特定のメンバーに役割が集中していた。 □各メンバーの発表のつなげ方には、明確な論理性がほとんど見られなかった。また、各メンバーの分担箇所がどう関連しているのか不明確であった。 □グループのメンバーは互いに敬意を払い、尊重し合っているようには見受けられ

		て互いに敬意を払い、尊重し合っていたが、他のメンバーの発表を聞いていないという問題も見られた。	なかった。
全体の構成	☑最初にグループ全体としての主題文が提示され、発表全体がその主題文に沿ったものであった。 □扱おうとするトピックが提示され、全体的な発表の方向性が明確にされた。	□グループ全体としての主題文は、発表が進むなかで、何とか伝わったが、不明確であったり、直接的な言及がなかったりした。 □主題文は明確にされたが、発表はそれに沿ったものではなかった。 ☑扱おうとするトピックや全体的な発表の方向性が提示されたが、実際の発表はそうなっていなかった。	□グループ全体としての主題文が提示されなかった。 □扱おうとするトピックや全体的な発表の方向性が提示されなかった。 □発表が進行するなかで、まとまりを欠き、焦点が定まらなかった。
個人の発表構成	☑個々の発表はそれ自体が導入、展開、結論を備え、よくまとまっていた。 □発表がどう構成されているかが、パワーポイント、OHP、配布資料等を適切に使用することによって強調され、聴衆に明確に伝えられた。	□個々の発表は概してよくまとまっていたが、導入、展開、結論という構成に問題があった。 ☑発表者は(パワーポイント)、OHP、配布資料等を使用したが、(文字数が多すぎたり)曖昧であったりしたため、聴衆にとっては、発表の構成がわかりにくかった。	□発表は導入、展開、結論という構成になっておらず、まとまりのないものであった。 □パワーポイント、OHP、配布資料等は使用されなかった。または聴衆が発表の構成を理解する助けにはほとんどなっていなかった。
個人の発表内容	☑事実や事例は詳細かつ正確で、適切なものであった。 ☑言及された理論・学説は正確で、適切に使われていた。 □分析、議論、結論は明示的に事例、事実、理論・学説と結び付けられていた。	□概して、事実や事例は詳細かつ正確で、適切なものであったが、誤りや欠落もあった。 □理論・学説の言及はあったが、不正確であったり、扱いが不適切であった。 ☑分析、議論、結論の関連性は明白、または(示唆されていた)が、事例、事実、理論・学説と(明示的には結び付けられていなかった。)	□事実や事例は詳細でなく、不正確、不適切なものであった。 □言及された理論・学説は不正確、不適切であった。または理論・学説は言及されなかった。 □分析、議論、結論と事例、事実、理論・学説とが明確に結び付けられていなかった。

図表6.1 チェック欄付き3段階ルーブリック（チェックと丸囲みを使って、各発表に対応し、かつ明確なフィードバックを行っている）

び、その文章全体を丸で囲むということである。しかし文章の書き方によっては、文章を組み合わせることもある。つまり、1つの評価観点内で、複数の評価尺度に該当する場合、評価尺度を越えて一部丸で囲まれた文章を2つ以上組み合わせることがある。いずれにしてもこの方式は、チェック式ルーブリックほど評価対象となる項目を細かく区分していないため、評価に使用する際、該当箇所を探すのにやや手間がかかるだろう。それだけ、時間が余計にかかる。

しかし、それほど所要時間が増加するわけではない。実際に採点してみると、最初の数人分はチェック欄がないために、スピードが上がらない。しかし、そのうちパターンに慣れ、ルーブリックのどのあたりに何が書いてあるかがわかるようになると、スピードが上がり、チェックするのとほとんど変わらない速さで丸を付けられるようになる。ただし、このような方法だと、学生にとっては一見しただけではわかりにくいルーブリックとなることもある。**図表6.2**は、該当部分を丸で囲む方式の3－5段階ルーブリックによって評価を示した例である。これはチェック欄の付いた**図表6.1**と同じルーブリックであるが、評価の文章は包括的であり、該当欄にチェックする代わりに、該当する部分を丸で囲んだものである。

このような方法で評価が示されたルーブリック（**図表6.2**）は、学生の発表に割り振られるような短時間では使いにくく、学生にとっても評価がわかりにくい。また、見た目がぞんざいな感じになるのも問題である。その理由は、このルーブリックが複雑すぎるからに他ならない。これを作成した教員は、発表内容そのものと発表の仕方とに等しく関心があったのであろうが、これらが混在している箇所がある。文章をもっと単純化したルーブリックが**図表6.3**である。このようなルーブリックなら、丸で囲むという方法でも十分有効に機能する。なおこれは、経営学専攻の学生のプレゼンテーションを評価するためのルーブリックの例である。

この例では、各評価基準はかなりシンプルになっているので、丸囲みでもうまくいく。唯一「話し方」の項目では丸が二重になっているが、これは発表者の問題が、話し方が速すぎることではなく、声が小さい点であったことを明確にするためにそうなっている。

成績段階をA・B・C等で評価する際は、プラス（＋）やマイナス（－）を組み合わせることでさらに細かい区分を示すことができる。例えば、**図表6.3**では完璧というほどではないにせよ、内容面では概して優れた発表であったので「内容」の評価をB＋としている。「アイコンタクト」はB－なので、この点で改善が必要であることが学生に伝わる。

● **個別対応の柔軟なフィードバックとその代償**

3－5段階ルーブリックはチェック式であれ、丸囲み式であれ、採点時間を大幅に削減できるばかりか、十分なフィードバックを行うことができる。しかし、これとは別の、採点時間が長くなるタイプのルーブリック、すなわち採点指針ルーブリックも使われている。なぜ、あえて時間がかかるルーブリックで採点するのであろうか。

映画に関するプレゼンテーションで使用するルーブリック

課題：学生は4、5人のグループになり、第二次世界大戦についての日本映画を分析して授業で発表する。分析においては、単に映画のあらすじを追うにとどまらず、取り上げた映画が第二次世界大戦についての特定の見解を反映していること、あるいは反映していないことを論じることが求められる。このプレゼンテーションを完成するために、各グループはさらに調査を行い、発表では何らかの視覚に訴えるものを利用すること。また、発表は全メンバーが分担して行うこと。

	模範的	有能	発展途上
個人の発表技法 20%	明瞭で、わかりやすく、声の調子や質を調整しながら話した。アイコンタクトを維持し、適切なジェスチャーを伴っていた。ユーモアを交え、機器の操作が適切であったことも、すぐれた発表の要因となった。割り当てられた時間をフルに使ったが、超過することはなかった。	聞き取ることはできたが、話し方が不明瞭、単調、話すスピードが速すぎるまたは遅すぎる、ささやき声になる、叫ぶ、不適切なジェスチャーがある、アイコンタクトが不十分、ユーモアは不適切、過度、あるいは不十分という問題があった。機器使用に関し、内容から気をそらされるほどの不手際があった。発表時間をフルに使わなかったり、超過したりしたが、その過不足は大幅ではない。	話し方が不明瞭、単調、話すスピードが速すぎるまたは遅すぎる、ささやき声になる、叫ぶ、不適切なジェスチャーがある、アイコンタクトが不十分であるという問題があり、内容がわからなくなるほどだった。ユーモアは、過度、あるいは不十分で、機器使用に関しては、内容からひどく気をそらされるほどの不手際があった。発表時間をフルに使わなかったり、超過したりした。その過不足は大幅であった。
グループの発表技法 20%	各メンバーの発表は論理的に進行した。各メンバーは等しく活躍する機会があった。グループのメンバーは互いに敬意を払い、必要に応じて助け合っていた。	各メンバーの発表は論理的に進行したが、各メンバーに割り振られた発表時間や発表内容に偏りがあった。または作業分担は適正であったが、議論の論理的進行を阻害するものであった。グループのメンバーは概して互いに敬意を払い、助け合っていたが、そうではないときもあった。	各メンバーの発表は論理的に進行するものではなく、大幅な重複があったり、特定のメンバーに役割が集中したりしていた。グループのメンバーは互いにほとんど敬意を払わず、困っているメンバーがいることが明らかな場合にも、助け合うことがなかった。
全体の構成 20%	最初に、グループの主題文と扱おうとするトピック、個々の発表の方向性が明確に提示され、発表全体がそれに沿ったものであった。	最初に、グループの主題文と扱おうとするトピック、個々の発表の方向性が明確に提示されたが、発表全体はそれに沿ったものではなかった。あるいは、主題文、扱おうとするトピック、発表の方向性は発表のなかで明らかになったが、導入部分では提示されなかった。	グループの主題文、トピック、発表の方向性がはっきりせず、発表の展開部分においても言及がなかったり、不明確であったりした。

個人の発表構成 20%	個々の発表はそれ自体が導入、展開、結論を備え、よくまとまっていた。その構成は、適切な説明が記されたパワーポイント、OHP、配布資料等によって強調され、聴衆に明確に伝えられた。	個々の発表は概してよくまとまっていたが、導入、展開、結論という構成に問題があった。発表者はパワーポイント、OHP、配布資料等を使用したが、文字数が多すぎたり、曖昧であったりしたため、聴衆にとっては、発表の構成がわかりにくかった。	発表は導入、展開、結論という構成になっておらず、まとまりのないものであった。パワーポイント、OHP、配布資料等は使用されなかった。あるいは聴衆が発表の構成を理解する助けにはほとんどなっていなかった。
個人の発表内容 20%	事実や事例は詳細かつ正確で、適切なものであった。言及された理論・学説は正確で、適切に使われていた。分析、議論、結論は明示的に事例、事実、理論・学説と結び付けられていた。	概して、事実や事例は詳細かつ正確で、適切なものであったが、誤りや欠落もあった。理論・学説の言及はあったが、不正確であったり、扱いが不適切であったりした。分析、議論、結論の関連性は明白あるいは示唆されていたが、事例、事実、理論・学説と明示的には結び付けられていなかった。	事実や事例は詳細でなく、不正確、不適切なものであった。言及された理論・学説は不正確、不適切であった。あるいは理論・学説は言及されなかった。分析、議論、結論と事例、事実、理論・学説とが明確に結び付けられていなかった。

図表6.2　丸囲み式3段階ルーブリック

　答えは単純で、採点指針ルーブリックでは、採点時間が余計にかかる反面、作成するのに要する時間は比較的短くて済むからである。ただし、すべてにかかる時間を考えると互角というわけではない。長期的に見れば、結局は、採点指針ルーブリックは3－5段階ルーブリックに比べて、時間的効率で劣ることになる。

　とはいえ、採点指針ルーブリックには他にも2つの利点がある。まず、この方式なら各学生に対して、個別の柔軟な評価が可能になる。課題の自由度を高くし、学生に好きなように取り組ませる場合、このルーブリックは非常に優れた評価方法となる。従って、採点指針ルーブリックは大学院生や自由度の高い課題に適している。

　また、採点指針ルーブリックでも、採点時間を短く済ませることも可能である。ただし3－5段階ルーブリックほどのスピードではないというだけである。採点指針ルーブリックは、基本的には、評価者がコメントする際の様式であると捉えるのが良い。様式がないと、評価者は学生の提出物に直接手書きでコメントを書き入れることになる。様式は、採点を行う上で極めて重要である。様式によって評価の視点が固定され、これによってスピードが上がるのである。様式がない場合と同じ程度、またはそれ以上の量のコメントをする場合でも採点時間は短くなる。また、この様式は評価者のコメントを構造化する。つまり、評価者はコメントを何から書き始めようかとか、コメントで述べる複数の項目をどう関連付けるかという点に悩む必要がなくなる。

プレゼンテーション用ルーブリック

学生氏名（　　　）　スタンレー・リビングダストン（　　　）　テーマ（　　　広告キャンペーン　　　）

	プロ級	合格	要改善	不合格	成績
内容	プレゼンテーションやその後の質問に対する回答は十分な（必要とされる以上の）内容理解に基づいている。	資料をしっかりとまとめたプレゼンテーションで、すべての質問に的確に回答できるが、詳細にというわけではない。	情報を十分に理解しておらず、初歩段階のプレゼンテーションおよび質問への回答となった。	情報が理解できていない。なかには誤解もある。また、質問に正確に答えられない。	B+
構成	情報は論理的かつ興味を引く順序で提示され、聴衆は内容を容易に辿ることができる。	情報は論理的な順序で提示され、聴衆は内容を容易に辿ることができる。しかし、少し退屈である。	プレゼンテーションには大きな飛躍があり、内容を辿るのは不可能ではないにせよ、困難である。	論理的な順序で組み立てられたプレゼンテーションではないので、聴衆はその内容を理解できない。	C
図表等	図表等は発表内容の説明に役立ち効果的である。	図表等は発表内容と関連している。	図表等は非常に少ない、あるいは発表内容との関連が薄い。	図表等は使われない。あるいは過剰である。	B
英語	綴りや文法上の誤りがない。	綴りや文法上の誤りは2個以内である。	綴りや文法上の誤りが3個ある。	綴りや文法上の誤りが4個以上ある。	A
話し方	明瞭で、正確かつ的確な話し方である。声量は大きく、楽に聞き取れる。容易に理解できる速さである。	はっきりと話し、ほとんどの語句の発音は正確である。声量は大きく、楽に聞き取れる。容易に理解できる速さである。	話し方が不明瞭である。主要な語句の発音が間違っていることが多い。声が小さい、あるいは速すぎて容易に理解できない。	口ごもった話し方をする。大半の主要な語句の発音を間違う。声が小さい、あるいは速すぎるため全く理解できない。	C
アイコンタクト	常にアイコンタクトがある。原稿を見ることは全くないか、最小限である。	アイコンタクトは持続的に行われるが、たいていは原稿を読んでいる。	ときにはアイコンタクトがあるが、ずっと原稿を読んでいる。	アイコンタクトはなく、ずっと原稿を読んでいる。	B−

図表6.3　丸囲み式3-5段階ルーブリック（評価基準をシンプルにすれば、丸囲み式でも十分実用的である）

結局のところ、採点指針ルーブリックは、教員のためにコメントを整理してくれているのである。

　このルーブリックで優れた提出物やプレゼンテーションを採点する場合、コメントを記入する時間は大幅に削減される。採点指針ルーブリックの評価基準は、最も優れたレポートやプレゼンテーションが備えるべき特徴を詳しく述べたものであるから、優秀なレポートに対してはそのような高い評価基準に達している、またはほぼ達しているとだけコメントしたので良くなる。時には、学生がどの点で教員の要求や期待を上回っているかについて、時間をとってコメントを付けるのに喜びを見出すこともある。このようなことであれば、たとえ午前3時をまわっていてもいとわず時間をかけられるであろう。

　図表6.4は大学院生向けセミナーで、映画に描かれた第二次世界大戦に関してプレゼンテーションを行わせた際、非常に優れた学生に対する評価を記入したルーブリックである。ここに書かれているコメントはこの学生の発表中に書かれ、「A」という成績評価も同時に行われた。教員のコメントは手書きで示されている。

　この例における教員のコメントに注目されたい。「導入」「構成」「プレゼンテーション」という3つの観点では、学生が最も高い期待水準をどう満たしていたかについて簡単にコメントしてあるだけである。それに対して、「内容」と「根拠」という観点では、発表が水準をどのように満たしていたかについて具体的に箇条書きにしている。3－5段階ルーブリックでは、このように柔軟に対応することは難しい。「分析」の観点に書かれたコメントは、純然たる賞賛である。この学生の創造性と達成度は、あらかじめ記載していた高度な期待を上回るものであり、それに対する教員の喜びが表現されている。

　評価の対象物が優れたものである場合、採点指針ルーブリックによる評価は、3－5段階ルーブリックによる評価と比較しても、それほど時間を要するものではない。しかし、評価しようとする提出物やプレゼンテーションの完成度が低くて、示されている高い水準に到達していない、またはほど遠いというような場合には、相当な時間が消費される。対象物の完成度が低ければ、それに応じてより低位の達成水準について説明したものが必要となる。

　図表6.5に示した採点指針ルーブリックは、**図表6.4**と同様に映画について発表させた大学院生向けセミナーで、別の年度に使用したものである。与えた課題、採点指針ルーブリックは同じだが、**図表6.5**は完成度が低いプレゼンテーションを評価したもので、**図表6.4**と同様に、教員のコメントは手書きである。

　この例では、担当教員は学生の発表中に大まかなメモをとっただけでは時間が足りず、研究室に持ち帰ってコメントを完成させることになった（学生のプレゼンテーションを思い返すための時間も必要だった）。そのため、採点指針ルーブリックを利用することによって時間が節約されたというわけではない。このルーブリックは学生のプレゼンテーションがどのような点で良くなかったかを項目ごとに整理するのには有益だったものの、教員は細かくコメントを書き加える必要があった。すなわち、ルーブリックに示されたチェック項

映画に関するプレゼンテーションで使用する採点指針ルーブリック

課題：指定された映画について1時間のプレゼンテーションを行う。描かれている時代の政治的、経済的、文化的側面および当時の歴史的文献とこの映画とがどのように関連しているかを論じることが期待されている。映画論の観点から論じてもよい。

映画名：「黒い雨」

領域	評価基準	コメント
導入	導入は、聴衆にとって次の3点が明確に予測できるものとなっているか。(1)発表者はその映画をどう論じているのか。(2)発表者はどのような理論あるいは理論上の枠組みを紹介しようとしているのか。(3)発表者はどのように結論付けようとしているのか。	すべて簡潔に述べられている。要点を示すのにパワーポイントが使われた。
構成	プレゼンテーションは論理的な議論となるように、また一括して議論されるべきトピックは1つにまとめて提示するよう構成されているか。	パワーポイントのスライドは順序よく組み立てられていた。説明文を明確で、構成や関係がわかりやすかった。
内容	発表者はこの映画によって提起される歴史的問題を論じている。また他の映画学者や歴史家がこの映画に関連する議論、あるいは一般的観点から、これらの問題をどう扱ってきたかも論じている。発表者はそれらの問題に関して自己の立場を説明し、最も妥当であると考える理論がどれであるかを理由とともに述べている。	扱われた内容： 神道・仏教・死・病、家族と地域社会の特徴、PTSD（心的外傷後ストレス障害）の受け止め方、小説と作家、モノクロが選択された理由
根拠	自己の分析を裏付けるために、発表者はこの映画や他の資料から十分かつ詳細な事例を提示している。	・事例を織り交ぜ、テーマに沿ったものであった。 ・ビデオクリップは短いが効果的だった。
分析	この映画がどのように私たちの第二次世界大戦の理解に役立ったか、あるいは役立たなかったかに関しての、一貫性のある論理的な分析を裏付けるため、発表者はその根拠を示している。	完璧にできていた。発表者の感情が込められていたものの、上述の全要素を結び付けた。専門的かつ綿密な分析が続いた。
プレゼンテーション	発表者は明瞭に、速すぎることなく、適度な声の大きさで話す。適切で効果的なジェスチャーや動作が伴い、聴衆とのアイコンタクトを欠かさない。視聴覚機器を用いる場合、技術的なトラブルはなく、内容は適切で、発表のなかで言及されている。	すばらしい。

図表6.4 非常に優れたプレゼンテーションに対するコメントが付いた採点指針ルーブリックの例

映画に関するプレゼンテーションで使用する採点指針ルーブリック

課題：指定された映画について1時間のプレゼンテーションを行う。描かれている時代の政治的、経済的、文化的側面および当時の歴史的文献とこの映画とがどのように関連しているかを論じることが期待されている。映画論の観点から論じてもよい。

映画名：「黒い雨」

領域	評価基準	コメント
導入	導入は、聴衆にとって次の3点が明確に予測できるものとなっている。(1) 発表者はその映画をどう論じているか。(2) 発表者はどのような理論あるいは理論上の枠組みを紹介しようとしているか。(3) 発表者はどのように結論付けようとしているか。	この映画のタイトルについて言及できていなかった点を除き、よくできていた。もっと重大な問題は、この映画が小説に基づいているという事実を述べながら、この点についてさらに踏み込むことができなかったということである。
構成	プレゼンテーションは論理的な議論となるように、また一括して議論されるべきトピックスは1つにまとめて提示するよう構成されている。	歴史に関する調査データとこの映画の分析を切り離したことにより、両者ともにそのインパクトが弱まった。発表者の焦点が定まらなかったことに当人が気付かないのはこの同じ理由による。
内容	発表者はこの映画によって提起される歴史的問題を、映画学者や歴史学者がこの映画に関連する観点から、あるいは一般的観点からそれらの問題をどう扱ってきたかも含めて論じている。発表者はそれらの問題に関して自己の立場を説明し、最も妥当であると考える理論がどれであるかを理由とともに述べている。	アメリカが原爆を投下した理由である小説は、この点を中心に扱っているわけではない。もっと取り上げるべきは、この映画が小説のどの程度の後で正確に原爆投下の影響を描いているか、日本人が持つ芸術的価値に対する考え方がどう示されているか、そしてそれらについてもらい、日本人が持つ芸術的価値を表現していることである。最後の点についてになる映画評論もある。映画評論の情報をもっと利用するべきであった。
根拠	自己の分析を裏付けるために、発表者はこの映画や他の資料から十分かつ詳細な事例を提示している。	降下物の影響に関する発表者の主張を裏付けるためには、この映画からの具体例を提示する必要があった。独特な文化的要素を描いているシーン（例：戦争神経症を病んでいる老石工が作る歪んだ地蔵、占い師の役割）の紹介についても、もっと分析を進める必要があった。
分析	この映画がどのように私たちの第二次世界大戦の理解に役立つたか、あるいは役立たなかったかに関して、聴衆とのアイコンタクトを欠かさないで、一貫性のある論理的な分析を裏付けている。	発表者の研究は主にアメリカが原爆を投下した軍事的理由と降下物の影響を扱うものである。映画の分析は若い元兵士が心的外傷後ストレス障害を発症したことを中心にしていた。興味深い脇役ではあるが、脇役でしかない。これを重点的に取り上げることを正当化する根拠やコンテクストの提示がなかった。
プレゼンテーション	発表者は明瞭に、速すぎることなく、適度な声の大きさで話す。適切で効果的なジェスチャーや動作を伴い、聴衆とのトラブルはなく、発表視聴覚機器を用いる場合、技術的なトラブルがないなかで言及されている。	原爆の影響を記録した軍事フィルムを流したのは効果的だったが、1時間のプレゼンテーションで20分は長すぎる。このフィルムへの言及がさらにそうであったらそうだった。また、原稿を読み上げており、顔を上げることはほとんどなかった。声が小さくて、聞こえにくかった。

図表6.5 問題点が多いプレゼンテーションに対するコメントが付いた採点指針ルーブリックの例

目のそれぞれについて、学生がその要求水準を満たしていたかどうか、さらにその過程や程度についてもコメント欄に明記しなくてはならなかった。そして、当該学生が課題の指示を「誤解して」、悪い意味で「独自かつ柔軟な」発表がされた点についても指摘する必要があった。

　幸いこのような事態はそれほど頻発するわけではない。モチベーションが強く、概して教員の要求水準に応えることが期待できる大学院生を対象にするのであれば心配には及ばない。採点指針ルーブリックが高年次生や大学院生に適しているのはこのような理由からである。とはいえ、学生の達成水準にひどく失望させられるような場合でさえ、採点時間は節約される。3－5段階ルーブリックでもそうだが、採点指針ルーブリックを使うと学生に求めているものが何であるかを常に念頭において採点に集中できるので、時間がかからないのである。また、採点のブレも少なく、一貫性の高い評価となるのは当然である。

●総括的フィードバック：成績の決定

　ここまでくると、採点もいよいよ正念場である。評価を総括し、成績を決定する段階に入る。仮にルーブリックの各評価観点が数値化されているとしたら、単に数字を合計するだけの単純作業となる。**図表6.6**がその例である。これは教職課程の授業で使用されたもので、学生は多様性への理解を深めることを目的に、西洋以外の諸国で製作された映画を見た上で、それに対する思いを自由に表現するという課題に取り組んだ。ルーブリックに示されている各評価観点には、ポイントが割り振られている。またコメント欄が設けられ、教員は学生に獲得できなかったポイントがあった場合、その理由について説明できるようになっている。

　なお、このルーブリックは第4章で述べた「フィードバックモデル」で完成されたものであることに注目して欲しい。担当教員が教室に持ち込んだのは未完成のルーブリックであった。表の上部には課題の内容が書かれ、5つの評価観点は決められているものの、その基準については空欄になっていた。学生は5つのグループに分けられ、各グループはそれぞれに割り振られた評価観点について具体的な評価基準を考案する。このようにして出された評価基準案をベースにして、教員が最終的なルーブリックを仕上げたのである。評価基準で使われている表現は学生にとって非常に有益であったようで、実際、何人かの学生は発表中に「楽勝ゾーンを越えて」という表現を使っていた。これは、この課題への取り組みを楽にこなせる程度で済ませたのではないということを言い表したものだが、ルーブリックで使用されている言い回しそのものである。このルーブリックを作成するのに貢献した学生に敬意を示すため、表には学生の名前も載せてある。数値を示すと、学生は評価において重視される項目がわかるため、安心して課題に取り組める。各観点に割り振られるポイント数を変えることによって、各観点の重要性はそれぞれ異なることを明示できる。また、当然のことであるが、数値化することで、最終成績の決定が容易になる。

　担当教員は、点数を明示したこの採点指針ルーブリックを使用して採点すると、各評価

観点に割り振られた通りの比重で適正に評価することが容易になることにも気付いた。つまり、ともすると例えば、綴りの誤りを不当なまでに大きな減点要因と捉えてしまい、内容面で優れていたとしてもそれが評価に十分反映されないことがある。ところが、この採点指針ルーブリックを使えば、綴りや文法などの正確さという領域はわずか3点であるのに対して、内容に対しては総ポイントの4分の1の8点が割り振られているという事実を常に念頭において採点することができる。

一方、本質とは関わりのない表記の正確さという領域に対しても3点が与えられるという点をルーブリックで明らかにできるなら、学生は意識して正しい表記を心掛けるようになるであろう。この教員は、シラバスで注意を促すより、ルーブリックで示す方が効果が高いのを実感していた。従って、採点指針ルーブリックは教員にとって、迅速、公正、かつ焦点が絞り込まれた評価を可能にするだけでなく、学生にとっても減点対象となる誤りを回避できるという利点を持つ。

このように点数を明示することで、学生は教員を公平だと評価することが多くなるだろう（教員側では、公平であろうと心掛ける機会が増えるだろう）。その一方で、学生のなかには、1、2点をめぐって議論するためにオフィスアワーに研究室を訪れてくる者もいる。このような場合、教員はただ黙ってルーブリックのある部分を指差すと良い。そこにはその評価基準案を出した学生の名前が書かれている。自分たちが作成に関与したルーブリックに準拠した評価であるということに納得し、たいていの学生はこれだけで引き下がる。

とはいえ、ルーブリックに点数を明示するのに慎重な教員もいる。学生が評価に関してごねることが多くなるのを警戒しているのである。ルーブリックを使っていなかった頃、学生へのフィードバックと言えば、教員が書いたコメントとアルファベット1文字で表した成績だけであった。今では、採点指針ルーブリックに模範的な提出物やプレゼンテーションが備えるべき特徴を詳しく記述しているし、3－5段階ルーブリックにはさらに詳細な記載がある。たとえ数値化せずとも、これらの記述は学生に対して十分なフィードバックとなる。

最終的に成績を決定する際、評価対象を全体的に捉えた上で総合的な判断を好む教員にとっても、表形式になったルーブリックを使用すればもっと短時間でそれが可能になるし、しかも一貫性が高くなる。ポートランド州立大学の「初年次探究」で学生グループに課した最終レポートの評価に当たっては、**図表6.1**（pp.63－64）の3－5段階ルーブリックが使用された。ここには点数の内訳は示されていない。教員はこの表の該当する項目にチェックを入れ、その指摘をさらに明確にするためにいくつかの語句に丸を付け、列ごとにチェック項目数を数えるだけである。この例では「模範的」という列に9つ、「有能」という列に6つのチェックが入っているので、A－またはB＋に相当するレポートであることは直ちに判断できる。次に丸が付いた部分をざっと見直すと、丸囲みのある3つの評価観点において、冗長で明快さを欠いているという共通の欠点を示していることがわかる。担当教員はしばらく時間をとった後、このレポートを全体的に判断してA－とした。

創造的表現－多様性から学ぶ（32点）採点用ルーブリック

多様な文化的背景を持つ学生が増加している状況のなかで強く望まれるのは、私たちが彼ら／彼女らから得た知識、あるいは学びうることを活かすことである。私たち自身の否定的反応や偏見と真摯に向き合い、それらの解消に努めなくてはならない。とりわけ芸術は理解と表現の手段となり、私たちの心の奥に潜む価値観を顕在化させることも多い。そこで、学生にはまず次のいずれかを行うことが期待されている。
・1月16日のソニア・ニエト氏の講演に出席し、ノートを取る。
・英語以外（字幕は英語）の、なるべく西洋以外の諸国で製作された外国映画を見る。
・異なる文化的背景を持つ学生についての理解を深める本、または異文化出身の著者が書いた本を読む。
次に、この経験から感じたことあるいは異質感を表現するものを製作する。ただし、この授業で取り上げた講義やディベート・議論と何らかの関連があるものとする。ポスター、詩、音楽、芸術作品、料理、物語など何を作っても構わない。なお、授業との関連が他の学生に理解できるよう、作品には説明文を添えるか、口頭で説明し、その関連性を明らかにすること。

領域	評価基準	コメント	得点
トピック・アウトライン（3点）	☑プロジェクトの計画を期限内に提出。 □プロジェクトのタイプ・詳細がわかる。 □授業との関連が明白。	基になっているのは映画か本か不明確。多様性の言及なし。	1
内容（8点） カレン ダイアナ ジャナ グワンダ ターニャ デニス チサ カレン ジェニファー	☑焦点が明確（どの講義・本・映画から着想を得たか）であった。 ☑発表／説明の最初から聴衆を引き付けた。 □主要な文化的相違を取り上げた。 □その文化的相違がその文化圏にとってどういう価値を持つかを述べた。 □その文化に関する以前の仮定をどうみなすかについて述べた。 ☑映画や本などの要約が含まれていた。 ☑この作品を選んだ理由が説明された。 □多様性が肯定的に捉えられていた。	以前の思い込みについての議論がない。文化的相違は表れていたが、その認識がない。 多様性への言及は全くない。芸術的表現のことばかり。	4
構成（5点） ローリー シェイラ デビー ターニャ ジュリー	☑導入・展開・結論が明確。 ☑難解ではなく理解が容易。 ☑方針／方向性とまとめが明快。 □肯定的に多様性を捉えるという趣旨との関連が明白。 □授業内容との関連が明白。	よく書けたショートストーリー。しかし、トピックである多様性への言及がない。	3
創造性（11点） ローリー グワンダ シェリー ターニャ チサ ボビー	□「楽勝ゾーンを越えて」、入念に準備した。 ☑情緒的反応が表現された。 ☑率直・誠実である。 ☑魅力的である。 ☑見て美しい。 ☑少なくとも半数の画像は自作である。 ☑十分な努力が明白（文献を写したので	明瞭な関連性や状況にとどまり、そうではないものを取り上げなかった。 普遍性が強調された。これも妥当な見識であるが、この課題が求めているものではない。	9

ジェニファー ブラッド	はない)。 ☑真摯で類い稀な努力。 ☑思考力を刺激する。 ☑独自性がある。 □異質感が強く表現されている。		
振り返り （2点） ボビー ブラッド	□受け止め方や思い込みがどう変わったかが示されている。 □この経験が今後どのように自己の教育方法や人生において多様性を肯定的にとらえることに影響を与えるかを示している。	以前の思い込みについての議論がなかったため、比較が不可能。 教育方法への影響について直接言及がなかった。	0
表記の正確さ （3点） シェイラ チサ グワンダ	☑ 文法、綴り、発音はすべて正確であった。 ☑ 整然と提示された。 ☑ タイプ／ワープロ使用の場合、ダブルスペースの指示が守られ、ページ数が振ってある。		3

図表6.6 学生との協同により完成させた採点用ルーブリック（チェック欄、コメント欄付き）

●自らの教育方法の評価

　教員は学生のレポートを採点しながら、自分たちの教育方法を振り返り、自らを評価している。何がうまくいき何がうまくいかなかったかを頭のなかで考えたり、「これはもう2度とやらない」とつぶやく教員は多い。この段階にとどまらず、自己評価を書き留める教員もいる。しかし、学生の評価にルーブリックを日常的に利用している教員は、自らの教育方法を評価する際にもルーブリックを活用することがある。

　このような自己評価用のルーブリックは概して簡潔である。というのは、簡潔な表現でもその意味は明確であるし、そもそもこれは自己評価であり、本人にわかれば良いからである。例えば**図表6.8**は、日本古代史の授業で論文を課した際に、学生が提出した論文の出来がどうであったかをまとめたものである。教員は各学生の論文を読んで成績を付けるのと並行して、学習目標の達成や歴史学の理解などについて、該当する箇所にチェックを加えていく。手書きの部分は、担当教員が改善を要する点や感想をメモしたものである。

　教員の学生に対する期待を定めて、採点しながら論文の出来について該当箇所をチェックすることにより、今後同じ授業を担当する際に活用できる記録を、容易かつ短時間でまとめることができる。また、この授業科目で設定されている到達目標と実際の学生の学習成果が一致するかどうかをチェックするための簡便な方法でもある。それは最終的には授業改善につながるだろう。提出物を返却する際、学生にクラス全体の出来について伝え、改善点等をコメントする際にも有効である。

映画に関するプレゼンテーションで使用するルーブリック

課題：学生は4、5人のグループになり、第二次世界大戦についての日本映画のあらすじを追うことにとどまらず、取り上げた映画が第二次世界大戦についての特定の見解を反映しているか、あるいは反映していないことを論じることが求められる。分析においては、単に映画のあらすじを追うことにとどまらず、取り上げた映画が第二次世界大戦についての特定の見解を反映していること、あるいは反映していないことを論じることが求められる。このプレゼンテーションを完成するために、各グループはさらに調査を行い、発表では何らかの視覚に訴えるものを利用すること。また、発表は全メンバーが分担して行うこと。

	模範的	有能	発展途上
個人の発表技法	☑明瞭で、早口になったり叫んだりすることなく、十分な声量で話した。抑揚や声の質も調整できていた。 ☑表現豊かで適切なジェスチャーが伴っていた。聴衆とのアイコンタクトも維持されていた。 ☑不必要に長く話すことなく、割り当てられた時間をフルに使うことができた。 ☑適切なユーモアや逸話を取り入れることにより、発表内容がよくわかるように伝えられた。 ☑発表者または補助者は機器を完璧に使いこなした。	☑聞き取ることはでき、理解できないというほどではなかったが、話し方が不明瞭、話すスピードが速すぎるまたは遅すぎる、単調である、叫ぶ、ささやき声になる、単調であるという問題があった。 ☑内容からひどく気をそらされるほどではなかったが、落ち着きがない、緊張がほぐれない、聴衆に目を向けない、無意味に体を動かすなどの問題があった。 ☑発表時間が(長すぎた)、あるいは短すぎた。 ☑発表内容を生き生きとしてユーモアや逸話を取り入れることができたが、それらが多すぎる、あるいは少なすぎる、多少の混乱があった。発表内容からひどく気をそらされるほどではなかった。 ☑機器が使用されたが、多少の混乱があった。発表内容からひどく気をそらされるほどではなかった。	☑話し方が不明瞭、話すスピードが速すぎる、遅すぎる、ささやき声になる、叫ぶ、単調であり、何を言っているかがわからないことがあった。 ☑落ち着きがない、緊張がほぐれない、全く聴衆に目を向けない、あるいは内容から気をそらせるほどの無意味な動作が見られた。 ☑割り当てられた時間と比べ、大幅に短いあるいは長い発表であった。 ☑ユーモアや逸話がなく、単調な発表となった。 ☑機器の使用ができていないことが多かった。これらの問題は、事前準備により容易に防止できるものであった。
グループの発表技法	☑発表において、グループのメンバーが等しく活躍する機会があった。 ☑各メンバーの発表のつながりがあっており、トピックに関する論理的な議論を深めるものであった。また、各メンバーの分担箇所は、相互のつながりが明確に示された。	☑各メンバーに割り振られた発表時間や発表内容に偏りがあった。 ☑各メンバーの発表のつながりがあっており、概して、トピックに関する論理的な議論を深めるものであった。しかし、各メンバーの分担箇所については、相互のつながりが明確に示されなかった。	☑各メンバーに割り振られた発表時間や発表内容には著しい偏りがあり、特定のメンバーに役割が集中していた。 ☑各メンバーの発表のつなげ方には、明確な論理性がほとんど見られなかった。また、各メンバーの分担箇所がどう関連しているのかが不明であり、各メンバーの分担箇所が不明確であった。

評価項目	レベル3	レベル2	レベル1
	☑グループのメンバーは互いに敬意を払い、尊重し合っていた。	または他の理由で、全体的な発表の方向性が失われることがあった。 □グループのメンバーは概して互いに敬意を払い、尊重し合っていたが、他のメンバーの発表を聞いていないという問題も見られた。	確であった。 □グループのメンバーは互いに敬意を払い、尊重し合っているようには見受けられなかった。
全体の構成	☑最初にグループ全体がその主題文に沿ったものであった。 ☑扱おうとするトピックや全体的な発表の方向性が明確に提示された。	☑グループ全体としての主題文がなかったが、何とか伝わったり、不明確であったり、直接的な言及がなかったりした。 □主題文は明確にされたが、発表はそれに沿ったものではなかった。 □扱おうとするトピックや全体的な発表の方向性は提示されたが、実際の発表はそうなっていなかった。	□グループ全体としての主題文が提示されなかった。 □扱おうとするトピックや全体的な発表の方向性が提示されなかった。 □発表が進行するなかで、まとまりを欠き、焦点が定まらなかった。
個人の発表構成	☑個々の発表はそれ自体が導入、展開、結論を備え、よくまとまっていた。 ☑発表がどう構成されているか、パワーポイント、OHP、配布資料等を適切に使用することによって強調され、聴衆に明確に伝えられた。	□概々の発表は概してよくまとまっていたが、導入、展開、結論という構成に問題があった。 ☑発表者はパワーポイント、OHP、配布資料等を使用したが、(文字数が多すぎたり)、曖昧であったりしたため、発表の構成がわかりにくかった。	□発表は導入、展開、結論という構成になっておらず、まとまりのないものであった。 □パワーポイント、OHP、配布資料等は使用されなかった。または聴衆が発表の構成を理解する助けにはほとんどなっていなかった。
個人の発表内容	☑事実や事例は詳細かつ正確で、適切なものであった。 ☑言及された理論・学説は正確で、適切に使われていた。 ☑分析、議論、結論は明示的に事例、理論、学説と結び付けられていた。	□概して、事実や事例は詳細かつ正確で、適切なものであったが、誤りや欠落もあった。 □理論・学説の言及はあったが、不正確であったり、扱いが不適切であった。 ☑分析、議論、結論の関連性は明白あるいは示唆されているため、事例、理論、(学説と明示)的には結び付けられていなかった。	□事実や事例は詳細でなく、不正確、不適切なものであった。 □言及された理論・学説は不正確、不適切であった。あるいは理論・学説は言及されなかった。 □分析、議論、結論と事例、理論、学説が明確に結び付けられていなかった。

図表6.7 総括的評価ならびに採点に使用したチェック欄付きの3段階ルーブリック

第6章 ルーブリックを使った採点

授業名：日本古代史

評価観点	学生の論文の評価	次回の授業に向けての改善点 （授業方法、課題）
内容	人名、年代、史実 ・正確✓✓✓ ・概ね正確✓✓✓✓✓ ・不正確✓✓✓✓✓ 人名、年代、史実の使われ方 ・適切✓✓✓✓✓ ・概ね適切✓✓✓✓✓✓ ・不適切✓✓	・小テストの回数を増やす。 ・割り当てた内容はちゃんと調べているが、授業で取り上げた文献はよく読んでいないようだ。
調査・研究	引用 ・インターネット✓✓✓✓✓✓✓✓✓ ・書籍✓✓✓✓✓✓✓✓ ・学術誌✓✓✓✓ ・データベース✓ ・一次史料✓✓	・出典に注意。インターネットの利用は3件までに制限する必要あり。 ・データベース活用法を教えるため、図書館で授業を行う。 ・一次資料を用いて演習を行う。
歴史学	・文献は筆者のバイアスがかかったものであることを理解している。✓✓✓✓✓✓✓✓✓✓✓✓ ・異なる学派があることを理解している。	・学生はよくわかっていると思う。
文章作成力	・書評が何であるかを理解しており、実際に書くことができる。✓✓✓✓✓✓✓✓✓✓✓ ・研究論文が何であるかを理解しており、実際に書くことができる。✓✓✓✓✓✓✓✓✓ ・どのような場合に出典を示す必要があるかを理解できており、その方法を知っている。✓✓✓✓✓✓✓✓✓✓✓✓✓	・引用について長々と説明した甲斐があったようだ。 ・ルーブリックによる論文の評価もうまくいったようだ。

図表6.8　学生が提出した課題の出来についてまとめ、授業の改善点を書き入れたルーブリック

区　　分	評　価　項　目	はい	いいえ
評価観点	評価観点は、最終的に学生に求められる行動の要点を含んでいる。		
	授業で重点的に取り上げたテーマに関連したものが設定されている。		
	すべての評価観点が明確である。		
	評価観点はそれぞれ明白に異なるものである。		
	評価観点は学生がある程度知識を持っているスキル（例：文章を構成する、分析する、決まりを守って書く）に対応している。		
評価基準	評価基準は各評価観点に対応している。		
	各評価基準は明確であり、類似の評価基準がない。		
	点数が記載されている場合、評価基準ごとの配点は妥当である。		
	3－5段階ルーブリックの場合、評価基準は偏りがないように適切に割り振られている。		
評価尺度	各段階に設定された評価尺度は、各段階の評価基準にふさわしいものである。		
	到達段階を示す評語（例：「模範的（exemplary）」「有能（competent）」「初歩（beginning）」）は、否定的であったり落胆させたりするものではなく、肯定的で、示唆的である。		
	到達段階の数は評価対象者の年齢や課題の内容に対応している。		
ルーブリック全般	評価しようとする学習成果に関連していることが明確である。		
	専門外の人にも理解できる（専門用語を避けている）。		
	教えることが可能なスキルを対象にしている。		
	評価しようとする学習成果とは無関係の、授業で扱っていないスキルに基づいて、学生が評価されることはない。		
	この課題を完成させるために必要な事項やスキルを獲得する機会は全学生に平等に与えられている。		
	実際に学生によって課題が完成された状況に見合うものになっている。		
	表題および課題の内容が明記されている。		
	学生に求める行動は、1つの発達課題となっている。		
	学生にとって、成果物が採点される手順がわかるものになっている。		
	個人あるいはグループの行動を評価し、改善のための方法を示すことを重視している。		
公平性と有意性	全学生にとって公平で偏見のないものである。		
	学生にとって自らの行動に対するフィードバックとして有益である。		
	課題の性質から判断して実用的である。		
	読み手が意味を理解できる。		

図表6.9　ルーブリックを総合的に評価するメタ・ルーブリックの例

●ルーブリックを評価するルーブリック（メタ・ルーブリック）

　ルーブリックはセメントでガチガチに固められたようなものではなく、柔軟で応用範囲の広い評価方法である。そして、使えば使うほど使い勝手がよくなる。すなわち、あるルーブリックを使ってみると、その限界がわかり改良が加えられる。こうして、ルーブリックの有効性・信頼性・妥当性が向上していくのである。しかし、実効性のある改良を施すには、まず既製ルーブリックを評価することが必要である。

　「メタ・ルーブリック」とは、ルーブリックを評価するためのルーブリックのことである。新しいルーブリックを使用しようとする時、学生に提示する前にまずはメタ・ルーブリックで評価している教員もいる。また、学生からの提出物等の評価において、すでに使っているルーブリックの再評価を目的としてメタ・ルーブリックを利用することもある。とりわけ、何らかの点でそのルーブリックに問題があると感じる時には、その必要性が高い。

　教員の職務を自己評価する場合と同様、メタ・ルーブリックは、その結果を自分自身のために活かそうとして行うものであり、個人的なものとなることが多い。チェックリスト式にすると使い勝手が良く、あまり時間を要することもない。メタ・ルーブリックを利用する場合は、ルーブリックとメタ・ルーブリックとを交互に参照することになる。これによって、ルーブリックの細かな点にもさらに磨きがかかる。**図表6.9**はポートランド州立大学大学院教育学研究科の教員が作成したメタ・ルーブリックである。これは「はい／いいえ」をチェックするだけのものであり、入念に細部の検討をするものではないが、作成時の留意事項を短時間で確認できる。

●結論

　本章では、ルーブリックが成績評価および教員の自己評価の方法としてどのように活用できるかを論じ、その有効性を述べてきた。ルーブリックの利用方法は多様であるが、全体的に見ると、本章で示したように、該当項目へのチェック、丸囲み、コメントの記入というのが最も一般的な手法である。

第7章

ルーブリックのカスタマイズ

　既製のルーブリックを見つけるのは難しくない。本書にもたくさん掲載されているし、同僚たちもたいていは喜んで提供してくれるだろう。学科や講座で共有されているルーブリックもあるだろう。また、プログラム評価専用のルーブリックや大学全体で共有されているルーブリックもあるかもしれない。これらのなかには成績をつけるためのものもあるが、多くは何らかのプログラム評価を目的としたルーブリックであろう。ルーブリックはインターネットでも入手でき、RubiStar、iRubric、Kathy Schrock's Guide for Educatorsなどのサイトがある。自分のものにカスタマイズされていないという以外に、このような既製のルーブリックを使うことに問題はない。

　ルーブリックが正確かつ公平に成績をつけるためのものだとすれば、そして学生たちに学問的に何が期待されているのかを伝えるものであるとするなら、各教員は自分用にルーブリックをカスタマイズする必要がある。ルーブリックは、担当教員がその課題に対してすでに把握している事柄や重要視しようとする内容、それに完成された課題を評価する際に考慮する項目を反映したものでなくてはならない。本章では、「既製ルーブリック」をしっかりと自分のものにカスタマイズする方法を述べる。

● 既製ルーブリックを使うべきか

　他人が作ったルーブリックを参考にする意味は十分にある。もしそのようなルーブリックが役に立たないのなら、本書にこれほど多くの実例を掲載することはなかったであろう。多くの実例を紹介したのは、ルーブリックに対する私たちの研究方法を具体的に説明し、ルーブリックの作り方には様々なバリエーションがあることを示すことだけが理由ではない。評価基準と達成段階を記述する際に、どのような表現を使えば良いかについて参考にするという意味も持たせているのである。しかし、既製ルーブリックはそのままで利用することはできない。たとえよく似た課題に対するものであっても、そのまま流用したのでは不都合が生じる。受講学生に何を求め、彼ら／彼女らがどのようなフィードバックを必要としているのかについて理解しているのは、他ならぬその授業の担当教員だけなのであ

る。本書の読者はこのことをすでに理解しているはずだ。実際、本書に掲載されている既製ルーブリックを一読し、すでに変更案を思いついたかもしれない。

既製ルーブリックを利用することに意味があるかどうかは、相互に関連する次の2つの事項、つまり「時間」と「適合度」から判断される。

時間

既製ルーブリックを使えば時間が短縮されるのだろうか。まず、適切な既製ルーブリックを探し出すという課題がある。時にはメールの受信トレイに、同僚から送られてきたルーブリックがあるかもしれない。この場合、時間は全くかからない。また、そのルーブリックが多少なりとも参考になりそうなら、検討する価値は十分にある。しかし、ルーブリックを提供してくれる教員が周囲にいない場合、適切なものを探し出して作り変える作業をするくらいなら、最初から自分で作った方が簡単ではないかと思うかもしれない。ルーブリックを使おうとする現場に近いところで探せば、作成に必要な時間は短くなる。所属部局のウェブサイトにルーブリックの保管場所があるなら、あるいは本物の書類棚にかつて使用されたルーブリックが保管されているなら、まずはそこを当たってみると良い。目的に合致したルーブリックが見つかる可能性が高い。

しかし、RubiStar や iRubric のように、利用者が多岐にわたるルーブリックのウェブサイトを閲覧するなら、何時間もかけて検索した挙げ句、必要とするルーブリックにわずかに関連するものが見つかるだけという事態が予想される。これらのサイトにあるルーブリックは、ほとんどが初等・中等教育の教員が公開したものであり、高等教育での使用は想定されていない。タイトルをクリックすると、8歳児向けのルーブリックが表示される場合もあるが、これにがっかりしてはいけない。

また、これとは別の意味で、部局やプログラムの評価、あるいは大学組織の評価用に作られたルーブリックも、担当する授業に用いるルーブリックの作成という目的からは外れるだろう。そのようなルーブリックは即座に入手できる場合が多く、考えるヒントにはなるが、授業で課す課題の採点に使うことを意図したものではないため、目的に沿うよう修正するには相当の時間を要する。

適合度

既製ルーブリックは現場近くで探した方が、時間短縮になるばかりか、より高い適合度も期待できる。現場に近いほど良いのである。これは特定の課題に対する直接的な適合度について言えるのみならず、学習目標に対する部局や大学全体の取り組みといった一般的な適合度についても言える。

時間についてもそうであったが、最も適合度が高いのは、類似または全く同じ授業で、類似または全く同じ課題用に同僚が作成したルーブリックである。比較的新しいものであれば、所属部局のウェブ上で保管されているルーブリックについても同じことが言える。

このようなルーブリックには、疑問があれば作成者に質問したり、過去に使用した際にどの程度うまくいったかといった情報を得ることもできるというメリットもある。

同僚に使用を許可する場合でも、同僚から提供を受ける場合でも、ルーブリックを共有する教員間では、必然的に教育目標や教育方法をも共有するという二次的な効果が生まれる。ある部局やプログラムについて何らかのミッションを共有したり、チーム・ティーチングを実施しようとする際には、しばしばルーブリックが使われたり作成されたりする。目標が明確にされていない部局であっても、ルーブリックを共有する教員は、その過程で教育方法や目的についても議論することになる。

このことはプログラム評価用のルーブリックを使う場合にもある程度当てはまる。通常、プログラム評価用のルーブリックを採点に使うのはかなり不適切である。採点用に作られたものではないので、これは当然である。しかしこのようなルーブリックも、長期目標、および部局・プログラム、あるいは全学的な評価委員会が求めている総合的な学習成果を明確にするという点では有益で、課題の設定や評価を行う上で参考になる。しかしそれでも、総合的な目標のどの部分に働きかけようとして特定の課題を課すのかを決定する必要がある（第12章ではプログラム評価でルーブリックを使用する意義や方法を詳説する）。

●インターネットで入手したルーブリックの利用

本書の読者にとっての最大の問題は、インターネット上に公開されているルーブリックの大半が初等・中等教育向けであるという点である。しかし時には、本来の対象である児童生徒だけではなく、大学生にも通用する面白いアイデアが盛り込まれていることもある。特に、各到達段階の評語には注目すべきものがある。例えば、ある小学校教員は最も優れた段階を表すのに、「信じられない！（unbelievable!）」という言葉を選んでいる。また別の例では言葉ではなく顔文字を使っている。好みに合えば、このような遊びやユーモアの要素をルーブリックに取り入れても良いだろう。

しかし、RubiStar や iRubrics のようなウェブサイトで見つかる初等・中等教育向けのルーブリックや、少ないながらも多少は公開されている高等教育向けのルーブリックは、最も完成度の高いものであっても私たちが期待する水準に及ばず、そのまま使うわけにはいかない。最終的には、高校向けまたは高等教育向けのルーブリックで、ある程度活用できそうなものが見つけ出せるかもしれないが、同僚から提供を受けたルーブリックに比べると、修正箇所がはるかに多くなる。

これらのウェブサイトに関するもう一つの問題は、そもそもの課題が記載されていないものが多いことである。課題はそのルーブリックが作成された状況を理解するためには必要不可欠な情報であり、課題自体が不明のルーブリックでは、その利用価値は低くなる。そのような場合には、もちろんそのルーブリックの作成者にメールで問い合わせることはできるが、さらに時間のかかる煩雑なプロセスが加わることになる。

●既製ルーブリックをカスタマイズする手順
　既製ルーブリックを利用するかどうかは別にして、確実に言えるのは、既製ルーブリックをある程度カスタマイズする必要があるということである。その際も、ルーブリックを一から作り上げる時に用いた、4段階の手順に従うことになる。既製ルーブリックだからと言ってこの手順が省けるわけではない。既製ルーブリックは参考にはなるが、課題を課すのは自分である。だからルーブリックも自分のものにしてから使わなくてはならない。つまり、ルーブリックには課題の目的や評価方法が反映されるので、そういった情報が学生に伝わるものでなくてはならない。

　以上を念頭に置いて、既製ルーブリックをカスタマイズする方法を見ていこう。最初から自分で作る場合と基本的には同じであるが、以下では4つの段階を順に説明する。

第1段階：振り返り
　ルーブリックを作るには、既製ルーブリックを加工する方法と、一から作り上げる方法の2通りがある。そのいずれになるかは、既製ルーブリックの適合度をどう判断するかにかかっている。類似または全く同じ課題や状況で同僚が作成したルーブリックを利用しようとしているのなら、下記に示した問いかけを考慮しつつ、その既製ルーブリックを念頭に置いて作業を始めるのが良いだろう。

１．この課題を設定したのはなぜか
　これに加えて次のように問うのも良い。この課題がルーブリックを提供してくれた同僚の課題とこれほど似ているのはなぜか。偉大な頭脳の持ち主が考えることは同じだということか。この課題やシラバスも同じ同僚から借用したのだっただろうか。もしそうなら、その同僚がこの課題を設定したのはなぜだったのだろう。この理由が明らかでないなら尋ねてみることだ。尋ねることができず、考えてもわからないなら、全面的に見直した方が良いかもしれない。

２．全く同じまたは類似の課題を以前にも課したことがあるか
　教えるのが初めてでないなら、この問いの答えはイエスだろう。ならば前回の状況を思い起こすべきである。この課題を課した経験がなかったり、同僚からルーブリックだけでなく課題も借用しているのなら、提供してくれた同僚に尋ねてみると良い。いずれにせよ、この課題で学生に何を教えようとしていたのか、そしてどの程度うまくいったのかを振り返って考えてみよう。その後で既製ルーブリックを検討し、教員の期待や学生が犯しがちな誤りが考慮されているかどうかを確認するのである。もし、これらの点が考慮されていないなら、それは適合度の低いルーブリックだということになるだろう。

3．この課題は教えている他の内容とどう関係しているか

　ここでも、まずこの問いかけに答えてから、既製ルーブリックの検討に移るのが良い。同僚が課したよく似た課題に対しては優れたルーブリックだったとしても、自分の授業全体の目標に照らすと、焦点や期待がずれていることもある。

4．この課題を完成させるために学生が持っていなければならないのはどのようなスキルか。また伸ばす必要があるのはどのようなスキルか

　これもまた、当該授業全体の目標におけるこの課題の位置付けの問題となる。これまでの手順と同様に、まずはこの問題を自問した後、得られた答えが既製ルーブリックにどの程度盛り込まれているかをチェックするのが良いだろう。

5．この課題で学生に求める活動は具体的にどのようなものか。その活動を個別に分割するとどうなるか

　修正を加えようとしている既製ルーブリックが全く同じ課題のために作られたのであれば別だが、ここで必要なのは注意深く既製ルーブリックを点検して、個々の作業課題を評価観点に落とし込めるかどうかを確認することである。たとえ同一の課題だとしても、このチェックは行うと良い。

6．この課題で学生に達成することを期待した事項が達成された場合、学生はどのような証拠を示せば良いか

　証拠についての考え方は既製ルーブリックの作成者と異なるかもしれない。そのため、ここでもまた慎重に既製ルーブリックを吟味する必要がある。評価基準で要求しているもののなかに、不適切なものはないだろうか。あるいは重要だと考えられるものが脱落していないだろうか。

7．この課題で学生に期待する最高の水準はどのようなものか

　既製ルーブリックの作成者も同じ期待をしていただろうか。もしそうでないなら修正が必要である。

8．課題未提出は別として、最低の評価となる提出物はどのようなものか

　ルーブリックの最後の欄、つまり「もっと頑張りを期待」とか「初歩」などという見出しの付いた欄は見過ごされがちだが、最も高い評価の欄と同じように重要である。この欄では、学生たちが犯しがちな誤りを警告できるだけでなく、教員個人として頭痛の種になるようなことにも注意を向けさせることができる。例えば、正確な文法や綴りについては厳格に評価するとか、ページ番号が順番通りに打たれていなかったり、そもそも打たれていなかったりすると、読み手は困惑するといったこともアピールできる。こ

ういった事項が、自分の方針と一致していないなら、修正が必要となる。

　以上の点で既製ルーブリックの適合度が著しく低い場合は、第2段階の「リストの作成」や第3段階の「グループ化と見出し付け」に進む前に、利用を断念することも考えられる。

第2段階：リストの作成
　これらの点について自問し終えたら、次はリスト作成に取りかかる。紙に必要事項を書き出すのである。これは一からルーブリック作成に取り組む場合なら、前段階の「振り返り」に基づき、学習目標と学生に期待される最も高いレベルについてリストを作成するという形をとる。既製ルーブリックを基にして作業をしているのなら、バツ印を付けたり特定の部分にマーカーで線を引いたりと雑然とした作業になるだろう。リストを作る以外に、校正記号を使って挿入する語句を示すという作業になるかもしれない。

　既製ルーブリックを修正する作業のなかで、期待したほどの時間と労力が本当に節約できるのかという疑問が生じるとしたらこの段階であろう。また、既製ルーブリックから過度の影響を受けることがないよう特に注意が必要なのもこの段階である。というのは、既製ルーブリックはうまくまとめられており完成度が高く見えるのに対して、目の前にあるのは走り書きやリストであり、それに挿入語句などが入り乱れ、いかにも作業途中の様相を呈しているからである。しかし、この作業中のルーブリックには、自分が実際に学生たちに期待することが反映されているのに対して、表にきちんと収まっている既製ルーブリックはそうではない。完成したルーブリックに示される学習目標や期待される最高の達成度に関する記述は他人のものであってはならない。それに、この一連の作業を最後までこなせば、雑然としたルーブリックもうまくまとまり、見栄えがよくなるのである。

　ただし、このことは既製ルーブリックの影響を一切受けてはならないという意味ではない。既製ルーブリックを利用すれば、自力では思いつかなかったようなことも考慮できるであろう。既製ルーブリックをヒントに新たな項目を加えることにするなら、これは好ましい影響となる。

　同様に、もし部局や大学全体のルーブリックがあるなら、これらの利用を検討してみるのも良いだろう。こういったルーブリックを基にすると、大がかりな修正が必要となるために、あまり時間が節約できるとは思えない。しかし、特定の課題のために個人で作ろうとしているルーブリックが、所属する大学全体の学習目標を反映したものでもあるという点を確認するには有効な方法である。とはいえ、特定の課題に関するものは特にそうだが、自分自身の考えに基づいて進めることが重要である。

第3段階：グループ化と見出し付け
　これは既製ルーブリックを利用することで大いに時間が節約できる段階である。目の前

にはすでに検討を加えた既製ルーブリックの表がある。また、第2段階で別の既製ルーブリックを使ったなら、必要な箇所にマークや注釈の付いた2つのルーブリックが手元にあることだろう。さらに自分のメモやリスト、それに余白部分の書き込みもある。

　この段階では、既製ルーブリックが電子ファイルで提供されたような場合は特にそうだが、パソコン上で既製ルーブリックの編集にかかりたいという誘惑に駆られても、思いとどまる方が良い。これはパソコン上で抽象的に作業をしてうまくいくというようなものではないのだ。ポスト・イット、インデックスカード、あるいは他の紙に記されたメモやリストなど、何を使っていようとも、これらを改めて配列してみるのが良い。一からルーブリックを作る場合と同様に、グループ化と見出し付けの作業を行うのである。時間は少し余計にかかるかもしれないが、その価値はある。既存の様式を利用して入力すると、別の可能性や関連性を見落としてしまうことがある。新たに罫線を引いて、次の第4段階「表の作成」に移ろう。

第4段階：表の作成

　ルーブリックを完成させるこの段階でも、書き直すと好ましい効果がある。ここでもまた、ディスプレイ上の既製ルーブリックを利用し、新たな入力は最小限にしたいという誘惑に駆られるかもしれない。しかしむしろ、表の罫線を引くことから始めた方が、作業がうまくいくことが多い。元のルーブリックから利用できるものは、そのまま写して活用しても良いが、なるべく控えめにすることをお勧めする。書き直しや再入力をいとわないなら、そこから優れたルーブリックに再構成するアイデアが浮かぶことも期待できるからである。

●ケース・スタディ

　エデュアルドはポートランド州立大学でフレッシュマン・コアという科目を担当する教授である。彼は学生に出す課題とそれを採点するためのルーブリックを同僚のミアから借用した。これは「変容するポートランドのコミュニティ」についてプレゼンテーションを課すもので、本書の11ページ（**図表1.6**）に掲載されているものだ。エデュアルドは、これまでの課題が文献研究を中心とするものであり、今回はもっと実践的で独自のデータを扱う課題を出したいと思ってこれを選んだのだった。

振り返り

　振り返りの過程で、エデュアルドがまず気付いたのは、借用したルーブリックは、ミアが担当した、最初の学期の授業で使用するものとして作成されているという点であった。そのため、ミアはプレゼンテーションのスキルや基本的な学術研究のテクニックを重視していた。しかし、エデュアルドが担当しているのは通年授業科目で、もう最終学期に入っていたため、学生たちはこの授業ですでに2回のプレゼンテーションと3回のレポートを

経験していた。これらに要するスキルの修得をそこまで重視する必要はなかった。

　次に気付いたのは、元のルーブリックに示された「課題」の記述では、オリジナルな研究をするという点が書かれていないことであった。ミアは次のように書いていた。

　　　各学生は、ポートランド市内のコミュニティを1つ取り上げて、過去30年間の変化について、5分間のプレゼンテーションを行う。自分の好きなように発表内容を絞り込んで構わないが、単に年代順の説明ではなく、何らかの仮説と論証がなければならない。発表には、適切な写真、地図、グラフなどの視覚に訴えるものが含まれていなければならない。

　振り返りの過程が終わる頃には、まだリストの作成作業にも取りかかっていないのに、「課題」を次のように書き直すことにした。

　　　各学生は、ポートランド市内のコミュニティを1つ取り上げて、独自に研究を行い、10分間のプレゼンテーションを行う。研究方法としては、調査、インタビュー、地域行事への参加などが想定される。発表には、適切な文献等から引用したデータを含むものとするが、学生独自の観察、データ収集、解釈を中心として発表を組み立てること。

　また、振り返りを行うなかで、エデュアルドは自分の授業全体の目標とこの課題がどう関連するかを検討しただけでなく、ユニバーシティ・スタディーズという一般教育プログラム全体で設定されている4つの目標との関連にも考えることになった。つまり、担当教員間全員で合意されている共通目標の「コミュニケーション」「批評的思考力」「人間の営みの多様性」「倫理的問題および社会的責任」という4つである。この共通目標との関連を検討するなかで、エデュアルドはすでに授業を終えた担当科目のシラバスを見直して、最初の3つの目標については今年度の授業でうまく対応できているが、最後の「倫理的問題および社会的責任」についてはこれまで十分配慮してこなかったという結論に達した。
　彼は「倫理的問題および社会的責任」に対応するには、今回の課題が非常に適していると感じた。そこでこの共通目標の達成度評価に用いるルーブリック（**図表7.1**）を引っ張り出した。これは無作為に抽出した学生の学習ポートフォリオを使って、プログラム全体の年度評価を行うために作成されたものである。
　このルーブリックは学生を個々に評価するために作成されたものではない。このプログラムが、4年間で学生に期待する修得の度合いを示すために作成されたものである。これが使われるのは年度ごとのプログラム評価の際である。すなわち、各学生が提出した学習ポートフォリオのなかから、無作為に何点かが抽出され、その評価によって、当該プログラムが全体としてどの程度目的を達成しているかが決定される（ポートランド州立大学の「ユニバーシティ・スタディーズ」の評価用ルーブリックは第12章で詳しく議論する。また、このルーブリックの完全版は、資料CからFまでを参照）。しかしこのケースでは、エデュアル

倫理的問題および社会的責任

注：この表において、「倫理的問題および社会的責任」とは、個人および個人の選択が社会に与える影響および価値に関連するものである。影響および価値は、知的、社会的、個人的なものとする。

6 (高)	・ポートフォリオは、倫理的問題および社会的責任への対応に関して、学術的な手法で具体的根拠を挙げ、独創的かつ総合的に述べている。また、これらの諸問題の多様な局面を捉え、教えられたことに疑問を抱き、独自に意味付けや解釈ができることを示している。 ・ポートフォリオは、個人的および社会的生活における倫理的問題および社会的責任の意義に関してよく検討された見解を述べている。また、倫理的問題および社会的責任の概念的な理解が、いつ、どのように行動するかといった個人的選択にどのような形で表れるかについて、深く理解していることを示している。
5	・ポートフォリオは、学術的な手法で倫理的問題および社会的責任について分析し、この分野の研究と人生、概念、事象との関連についてよく検討している。 ・ポートフォリオは、倫理的問題および社会的責任への理解を深めることが、社会における自己の役割に関する個人の意見、決定、見解にどう影響してきたかを明確に論じている。
4	・ポートフォリオは、倫理的問題および社会的責任が大きく関与している状況を学術的な手法で入念に分析している。また、論争がある諸分野間の関連についての探究や、個別の事例の意味付けを行う試みが開始されている。 ・ポートフォリオは、倫理的問題および社会的責任に関して学んだことを、日常生活で生じる諸問題に応用している。また、対人関係が営まれている広範な社会のなかで個人が行う倫理上の選択や社会的行動の影響がよく論じられている。
3	・ポートフォリオは、倫理的問題および社会的責任を取り巻く主要なテーマや学術上の議論について、実用レベルの程度の知識があることを示しており、この理解を何らかのテーマに応用している。しかし、独自の分析はなされていない。 ・倫理的問題および社会的責任を個人的探究の主題として言及しており、従来の見解に対して疑問を持ち始めている。個人の選択および個人的行動が社会に与える価値および影響について、何らかの考察を行っている。
2	・ポートフォリオは、総括的に倫理に関連する問題に言及、あるいは社会的責任について記述しているが、これらに関する議論は意味のあるものではない。 ・ポートフォリオからは、倫理的問題、あるいは社会的責任について、自ら考察を行ったことがわかるが、この考察は表面的で、従来の見解に対する疑問はほとんどあるいは全く提起されていない。
1 (低)	・ポートフォリオは、倫理的問題および社会的責任という主題がほとんどあるいは全く検討されなかったことを示している。 ・倫理的問題および社会的責任が個人として探究に値する主題であるという認識がほとんどまたは全く示されていない。

X＝評価対象外（所在不明または参照不能の場合のみ）

図表7.1　ポートランド州立大学「ユニバーシティ・スタディーズ」における「倫理的問題および社会的責任」に対応するプログラム評価用のルーブリック

ドはこのルーブリックによって、「倫理的問題および社会的責任」が明確には何を意味し、学生がこの目標を修得したことを示すにはどうすればよいかについてヒントを得た。

「倫理的問題および社会的責任」のルーブリックは4年間に及ぶ学士課程の全期間を対象として作成されたものであるため、エデュアルドは初年次生としてはこの表の第4段階の基準を適用するべきだと考え、自分のルーブリックでもこれにならうことにした。1年次を終えようとしている学生に対しては、第4段階が最高レベルの基準となる。またエデュアルドは、ルーブリックには、学生への現実的な期待を率直に書き表すべきだと改めて感じた。これまでに作成したルーブリックは往々にして、ある種の観念的な理想、悪くすれば、学生を導くというより、教員自身が高い基準を確認しようとする一種の期待に基づくものだったことに気付いたのである。この認識に沿った形で、彼は記述を変えることにした。さらには後日、他の科目で使う採点用ルーブリックにも同様の変更を施した。

リストの作成

今エデュアルドの手元にあるのは、同僚から提供された元のルーブリック、部局のプログラム評価用ルーブリック、そして、書き換えようとしている課題の下書きである。リスト化の段階として、彼は自分が設定する学習目標を別の紙に列挙し始めた。その中で気付いたのは、同僚や部局のルーブリックで使われている用語を自分自身も使っているという点であった。

次に、エデュアルドは学生に期待する具体的な事項をポスト・イットに書いていった。この段階で驚いたのは、同僚から借用したルーブリックに示されている期待とは相当に異なっていることである。学生が倫理上の基準や社会的責任を習得するためにどうすれば良いかについては、同僚のルーブリックでは、全くヒントとなるようなことが書かれていなかったのである。そこで、彼は、「課題説明」に次の事項を付け加えた。

> 学生はこの課題研究を進めるなかで、倫理上の基準や社会的責任を意識したことを示さなくてはならない。また、自身が行った研究について述べる際、適切な倫理的問題や社会問題を明示的に含めること。

グループ化と見出し付け

ポスト・イットに書いた事項を分類してみると、自分が作ろうとしているルーブリックと同僚から借用したルーブリックの相違はさらに大きくなった。当初、観点については元のルーブリックがほとんどそのまま使えると思っていた。ただし、倫理に関しては独立した別の観点として付け加え、プレゼンテーションに関連するものは元のルーブリックでは2つの観点に分かれているのを一緒にして、評価の比重も下げるつもりであった。

ところが、ポスト・イットの分類を終えてみると、「コミュニケーション」以外のすべての観点を変えなくてはならないことがわかった。元の「知識／理解」は「先行研究との

関連性」に変えられた。さらに、元のルーブリックにはなかった新しい観点として「研究の独自性」と「倫理上の問題」を加えた。

　また、タイトルも変更した。「変容する」を削除したのである。その理由は、課題の趣旨からは「変容する」かどうかはあまり重要ではなくなったからである。また、各学生に与える発表時間は元の5分を10分に延長した。

　なお、ルーブリックを変更したことで、結果的にシラバスの「評価に関する情報」も見直すことになった。学生に対する期待をルーブリックに反映させるなかで、エデュアルドは、自分が学生にどの程度のものを要求しているか、そして、その要求水準はルーブリックを提供してくれた同僚のミアと比べてはるかに高いことを認識した。彼はこの科目で他に課す予定であった短めのレポートを取りやめることにした。学生には、さらに重要なこの課題の方にもっと時間と労力をかけてもらいたいと思ったからである。

表の作成

　最後にエデュアルドは、表として形式を整えた。完成したルーブリックは**図表7.2**である。変更箇所が非常に多くなったので、彼は一時、なぜわざわざルーブリックを借用したのだろうかと思った。また、独自に作った方が時間もかからなかったのではないかという思いもあった。一方で、既存の2つのルーブリックを参考にしたことにより、一人では思い付かないアイデアや概念を引き出すことができたという点も理解していた。もっと重要なのは、同僚のルーブリックやプログラム評価用のルーブリックから得たアイデアを組み込むことで、授業担当者個人として学生に望むことを記述できただけでなく、個人の授業や課題を、ユニバーシティ・スタディーズというプログラムで設定されている包括的な教育目標と関連させた複合的なルーブリックの作成に成功したことである。彼の出した結論は、こうして仕上げた完成品は、一人だといくら頑張ってもかなわないほど優れたルーブリックになったというものであった。

ポートランドのコミュニティ

課題：各学生は、ポートランド市内のコミュニティを1つ取り上げて、独自に研究を行い、10分間のプレゼンテーションを行う。研究方法としては、調査、インタビュー、地域行事への参加などが想定される。発表には、適切な文献等から引用したデータを含むものとするが、学生独自の観察、データ収集、解釈を中心として発表を組み立てること。学生はこの課題研究を進めるなかで、「倫理と社会的責任」を意識したことを示さなくてはならない。また、自身が行った研究について述べる際、適切な倫理問題や社会問題を明示的に含めること。

	優秀	良	要学習
倫理上の問題：30%	発表者は、当該コミュニティに関連する主要な倫理上の問題点や争点を明確に認識している。また、発表者個人の倫理上の選択や社会行動に関する決定に関して、これらが及ぼす影響を特定している。	発表者は、当該コミュニティに関連する主要な倫理上の問題点や争点の一部を認識している。また、発表者個人の倫理上の選択や社会行動に関する決定に関して、これらが及ぼす影響に言及している。	発表者は、当該コミュニティに関連する主要な倫理上の問題点や争点について十分な認識がない。また、発表者個人の倫理上の選択や社会行動に関する決定に関して、これらが及ぼす影響をほとんど述べていない。
研究の独自性：30%	オリジナルな研究であり、当該コミュニティに特有の歴史学的または社会学的問題に基づいている。収集したデータの分析は客観的で、結論が明確に述べられている。	当該コミュニティに特有の歴史学的または社会学的問題に基づいた研究であるが、新たな知見や視点はあまり示されていない。収集したデータの分析は概ね客観的だが、結論にはさらに説明が必要またはさらに明確に述べられなくてはならない。	本研究と、当該コミュニティに特有の歴史学的または社会学的問題がどう関連するかが不明確、あるいは言及がない。収集したデータの分析には、バイアスが入り、重大な問題がある。または分析がデータと関連していない。結論は欠如または理解しづらい。
先行研究との関連性：15%	本研究は、他の進行中の研究または先行研究やその分析に基づいていることが明確に示され、それらの引用箇所が明示されている。倫理上の問題もまた、既存の哲学的、宗教的または他の内容と明確に関連している。	本研究は、他の進行中の研究または先行研究やその分析に基づいたものであるが、その関連が明確に示されていない。倫理上の問題は、既存の哲学的、宗教的または他の内容と幾分関連しているが、その様態や根拠は必ずしも明確にされていない。	本研究は、他の進行中の研究または先行研究やその分析に基づいているとは思われず、それらが明白に引用された箇所はない。倫理上の問題は無視されたか、既存の哲学的、宗教的または他の内容と明確には関連しない個人的意見として示されている。
	本発表は明確に述べられた仮説を中心としている。結果や傾向を示すために、工夫された効果的な視覚資料が使われ、適切なタイミングで提示・言及された。質	本発表はある仮説を中心としているが、不明確であったり、内容が逸れたりすることもあった。結果や傾向を示すために、明確で正確な視覚資料が使われたが、	本発表には仮説があるとは思われない。視覚資料は不使用または不明確であった。あるいは結果や傾向を示すことができなかった。使われた場合でも、全くまたは

コミュニケーション：15%	問を求め、その回答からは、先の発表で示された以上の思考や知識が明らかとなった。	少なくとも何度かは言及がなかった。質問を求め、適切に回答されたが、先の発表に新たに加えられるものはなかった。	ほとんど発表中に言及がなかった。質問を求めなかったか、質問を受けた場合でも回答は不正確または無関係であったり、発表者が質問を聞いていなかったりした。
発表技術：10%	発表者は、聴き手に聞こえるようにはっきりと大きな声で話し、声が大きすぎたり、速すぎたり、遅すぎたりということはない。聴き手を引きこむように、アイコンタクト、元気な声の調子、ジェスチャー、ボディランゲージがすべて使われている。	次の事項のうち、1つだけができていない：聴き手に聞こえるようにはっきりと大きな声で話し、声が大きすぎたり、速すぎたり、遅すぎたりということはない。アイコンタクト、元気な声の調子、ジェスチャー、ボディランゲージのうち、3つが使われている。	次の事項のうち、2つ以上ができていない：聴き手に聞こえるようにはっきりと大きな声で話し、声が大きすぎたり、速すぎたり、遅すぎたりということはない。アイコンタクト、元気な声の調子、ジェスチャー、ボディランゲージのうち、使われたのは2つ以下である。

図表7.2　「倫理と社会的責任」を含むプレゼンテーションのルーブリック

●結論

　インターネットや同僚から入手したルーブリックであろうと、埃をかぶった古い書類棚から探し出してきたルーブリックであろうと、既製ルーブリックを利用する価値は確実にある。既製ルーブリックの評価基準で使われている語句や概念を借用することができるし、他人が評価尺度で用いている評語も参考になる。既製ルーブリックは、目的に合った自分のルーブリックを作り上げるための出発点となる。既製ルーブリックは魅力的に見えるが、これを借用しようとする際には、次の2つについて十分検討する必要があることを忘れてはならない。つまり、「時間」と「適合度」である。既製ルーブリックを修正して自分専用のルーブリックに仕上げるための時間があるか。学生に対する特定の課題の評価で使用する際にその既製ルーブリックはどの程度適しているか。この2つを問うことから始めなくてはいけない。

第8章

体験学習のためのルーブリック

　　聞いても忘れる
　　見れば覚える
　　やればわかる（中国の諺）

　何かを実際にやってみるならば、ただそれについて話したり、それを見せたりするよりも多くのことを教えられる。これは、理系科目において「実験」が体験学習の一部として日常的に組み込まれていることを見れば一目瞭然であろう。他の学問領域において、レポート、チームを組んでの問題解決、プレゼンテーションなどが課されているのも同じ理由による。このような課題は学生がただ説明を聞くのではなく、何かをなすことで学習する例である。仮に学生が、ネット上でレポートを購入したり、自らの学習として体験すべき事柄を代行してもらったりするなら、これは不正と見なされる。不正とする根拠の少なくとも一つは、これらの行為には、自らの行動が伴わないことである。しかし大学においては、体験から学ぶ重要性はあまりにも基本的な共通理解事項であるため、このことが言及されることはほとんどない。

　体験による学習が話題になるとすれば、サービス・ラーニング、フィールドワーク、インターンシップ、作品の制作などのように、比較的新しい教育活動や教育領域においてであろう。通常の教室で授業を行うのであれば、教員の側で体験学習の統制が利くが、学生主体のこういった活動ではそうはいかない。教員が常に学生を監督するわけにもいかない。このような活動で重視されるのは学生がスキルを伸ばすことである。ただし、それらのスキルは、レポート・論文や試験で問われるような、伝統的な内容に関する知識や批評的思考力、研究手法とは異なるように思える。むしろ、予測できない出来事が起きるのが普通である。とはいえ、学生主体の活動であっても、教員は学生にフィードバックを与え、評価を行う必要がある。その際の基準は、定義が困難であることが多いし、評価者である教員の目が届かない状況下で評価が求められることもある。このような活動に対しては、どうやってルーブリックを作成すれば良いのだろう。

答えは非常に簡単である。他のすべてのルーブリックと同じで良い。すなわち、振り返りを経て、学生に学習させたいのは何か、何をもって学生がそれらを学習したと認めるかといったことを順に確認していけば良いのである。大きな違いがあるとしたら、体験から学ぶこれらの活動では、学生自身の感想やフィードバックに加えて、学生の指導に関わっている外部の協力者の感想やフィードバックが必要となることである。体験重視の活動に対するルーブリックや課題は、こういったことが考慮されていなくてはならない。
　しかし、だからと言ってルーブリックの本質が異なるわけではない。本章では、体験学習に対してどのようにルーブリックが活用できるかを述べ、体験学習を促進するためのルーブリック作成法について4つの実例を挙げて説明する。

- 歴史学の教授であるヒロアキは、学生に国立公文書館の収蔵資料を使って一次資料に基づく研究をさせようとしていた。
- 芸術の教員であるモーラは、最終的な作品ポートフォリオをまとめる際には、作品と同様にその制作過程が重要であることを伝えようとしていた。
- 政治学の教授であるディミトリは、地域にある政治関連の活動団体に学生を参加させる際、その成果を日誌にまとめるよう指導していた。ルーブリックにより、日誌はより効果的に活用されるようになった。
- 「ユニバーシティ・スタディーズ」を担当するアリは、4年次対象の地域連携による学習プロジェクトでルーブリックを利用した。そのなかには、職場が要求するプロ意識を持った行動に関する規範が含まれていた。

●従来型の課題による体験学習

　歴史学の教授であるヒロアキは上級生向けの「アメリカ近代史」で次の課題を出した。

> アメリカ憲法修正第2条がどう解釈されてきたかを論じる期末レポートを作成するのに役立つと思う歴史文書を、国立公文書館のオンラインサイトから5件選んでプリントアウトする。各文書について最も重要であると思う箇所、つまり期末レポートで引用したい部分にマーキングする。そして、その部分が特に重要だと思った理由を説明する短い（2、3ページ）レポートを書く。この短いレポートには、パラグラフの要旨を述べた主題文を含めるよう注意すること。

　ヒロアキの考えではこの課題は最終的な期末レポートにつなげるための準備段階の性格を持っていた。この科目でメインとなる課題は、学生が自由に選ぶテーマで作成するレポートだったのである。この最終レポートで学生が利用する参考文献の主な入手先としては、国立公文書館のオンライン・コンテンツが適当であると考えた。ヒロアキは学生がこのサイトの利用方法を理解していることを確認したかったのである。また、この予備レ

ポートでは期末レポートの主題文が要求されている。そのため、学生は期末レポートの構想も考えなくてはならない。この課題には、期末レポートに早目に取りかからせようとする意図もあったのである。

ところが結果は散々だった。受講学生18人中、7人もが、二次資料を抜粋したり、別のサイトから入手した文書を選んでいたのである。こういった文書で不可とされ、合格点がもらえなかった学生たちは、文書の入手先が問題にされる理由が理解できないと主張し、文書中のマーキングをした箇所やその説明に基づいた評価を要求してきた。うち2人は、課題に示されたものに加えて別の文献を探したのだから、そのことでむしろ加算点があってもいいはずだと考えていた。学生の言い分によって明らかになったのは、学生はこの課題を批評的分析の訓練のように捉えており、一次資料からのデータ収集という意義が伝わっていないということであった。

ヒロアキの意図は、このサイトを利用する体験により、国立公文書館での一次資料に基づく調査とはいかなるものかを学生に理解させるという点にあった。ヒロアキはこれは自明だと思っていたが、学生にとってはそうではなかった。ヒロアキは課題の説明で言葉が足りず、この点を明確にしていなかったことを反省した。また、このときにはまだルーブリックは使われていなかったため、学生としても、何が要求されているのか、推し量るすべがなかったのである。この一件は、類似した別の課題を新たに課して、この新課題に対する評価を成績に反映させることで決着した。学生は、当初はヒロアキが意図を明確に伝えられなかったこの活動を改めて体験することができた。

翌年、ヒロアキはこの課題の説明文を変更し、ルーブリックを使うことにした。ルーブリックは、振り返り、リストの作成、グループ化と見出し付け、表の作成という4段階を経て作成された。

第1段階である「振り返り」では、ヒロアキは自分の意図を明確にした。それは次の4つである。

1. 学生に国立公文書館のオンライン・サイトを紹介し、実際に利用するという体験をさせる。
2. どのようなトピックであろうと、それに対して何件程度の文書が存在しているかを理解させ、各文書の重要度について学生自身に判断させる。
3. 選択すべき重要な文書は、レポートで取り上げる主題によって異なることを理解させる。
4. 期末レポートで取り上げる主題について早目に考えさせる。

最後に、学生たちが、もっと大がかりな期末レポートの作成に移る前の段階で、どの程度こなせているかを把握しておくのも重要だと思った。

第2段階である「リストの作成」では、この最後の「どの程度こなせているか」に関し

て、模範的なレポートに求めるものを検討した。例示すると次のようになる。

- 5個以上のキーワードで検索している。
- 選ばれたキーワードは期末レポートの主題と関連がある。
- 少なくとも3つのリンク先をチェックしている。
- 明確でよく練られた主題文が書かれている。
- 主題文と関連のある文書を少なくとも10件探し出している。
- どのように検索したかを明確かつ詳細に述べている。どのような困難が生じ、どう解決したかについても十分な説明がある。

ヒロアキのリストには、元の課題でも明確に示されていた分析的事項も含まれていた。学生には、選んだトピックの歴史上での位置付けや広範な影響についてのある程度の理解を示すよう望んでいたが、これらの事項は数の上では少なく、ずっと多かったのは、研究者が保存文書を扱う際にとるべき行動や問題を解決するために基礎となる事柄だった。

ルーブリック作成の第3段階である「グループ化と見出し付け」に進むと、この傾向はもっとはっきりした。リスト作成の作業で書き出したすべての項目を分類してみると、3つのグループに分けられた。第1のグループにつけた見出しは「調査」で、ウェブサイトを利用して調査を行う際の手順に関連する事項が大半である。第2のグループには「内容」という見出しを付けた。ここでは学生に期待する検索文書数や最終の提出物に盛り込むべきものを明記した。第3のグループは「分析」とした。テーマ、すなわち期末レポートの主題文との関連で批評的思考力を評価するのはこのグループだけである。仕上げとして、ルーブリックの一番上に掲げる課題のタイトルを「国立公文書館体験プロジェクト」から、平凡ながらもはるかに明快な「国立公文書館を利用した調査」に変更した（課題を明確に記述する方法については資料A参照）。

ヒロアキが完成させた、新たな課題の指示とルーブリックは**図表8.1**の通りである。新たに作ったこのルーブリックと課題説明を使うとはるかにうまくいき、大半の学生の出来は非常によかった。「調査」という見出しを付けた評価観点を加え、対応する評価基準を示したことにより、この課題では基本的な文書の検索を実際に体験するという過程が重要であるという点を明確にできた。また、期末レポートの主題あるいは主題文への言及を繰り返して、適切な主題と文献検索とを結合させたことは、歴史研究者として国立公文書館を利用するという体験からどう学ぶかという点に重点が置かれていることの念押しになった。これこそ彼が学生に望んだ、一次資料に基づく調査の体験ということなのである。

国立公文書館を利用する調査

アメリカ憲法修正第２条がどう解釈されてきたかを述べる期末レポートを作成するのに役立つと思う歴史文書を、国立公文書館のオンラインサイトから５件選んでプリントアウトする。各文書について最も重要であると思う箇所、つまり期末レポートで引用したい部分をマーキングする。そして、なぜそのような選択をし、それ以外の選択をしなかったかを説明するレポートを書く（500〜700語）。このサイトの利用、文書の発見、文書や重要箇所の選択にあたって苦労したことも述べること。また、主題文を忘れずに明記し、この主題文との関連で、適切な文書や重要箇所が選ばれていることをアピールすること。

	優秀	良	努力が必要
調査	・文書は主題文に関連するものとして注意深く選ばれている。候補とはしたが最終的には取り上げなかった５つ以上の文書についてその理由や経過を論じている。 ・リンクや検索に使用したキーワードを含め、文書を探し出した経過、生じた問題点、最終的に５件を選んだ根拠について詳しく説明している。 ・少なくとも異なる５個の関連するキーワードで検索している。また、少なくとも２個のリンク先を参照している。 ・文書の出典に関する表記や引用は明確かつ完全である。	・選んだ文書のほとんどは主題文に関連している。候補とはしたが最終的には取り上げなかった３つ以上の文書についてその理由や経過を論じている。 ・リンクや検索に使用したキーワードの大半、生じた問題点、最終的に５件を選んだ根拠について説明している。 ・少なくとも異なる３個の関連するキーワードで検索している。また、少なくとも１個のリンク先を参照している。 ・文書の出典に関する表記や引用は明確である。	・選んだ文書と主題文との関連を明確にしていないので、両者の関連がはっきりしない。最終的に取り上げなかった文書についての説明はほとんどまたは全くない。 ・使用したリンクやキーワードをほとんど述べておらず、生じた問題点は不明である。最終的に５件を選んだ根拠がはっきり示されていない。 ・検索に使われたキーワードは２個以下である。また、リンク先は全く参照していない。 ・文書の出典に関する表記や引用は不明確である。
内容	・語数は500〜700語である。 ・内容は添付された文書と直接的な関連がある。 ・主題文が明確に示されている。 ・主題文に直接関連する５件の完全な文書が添付されている。 ・文書は国立公文書館のサイトから印刷されたものである。	・語数は400〜800語である。 ・概ね添付された文書に関連がある。 ・選んだ文書が適当かどうかの判断できる程度に、主題文が示されている。 ・添付されている５件の完全な文書は、概ね主題文に関連している。 ・文書は国立公文書館のサイトから印刷されたものである。	・語数は400語未満または800語以上である。 ・内容は添付された文書と全く関連がないまたは間接的な関連しかない。 ・主題文が明確でない。 ・添付されている文書が６件以上または４件以下である。文書は主題文と関連がない。 ・文書は国立公文書館のサイトで入手したものではない。
	・主題文には、選んだテーマのより広範な意義や背景を十分認識していることが示されている。	・主題文には、選んだテーマのより広範な意義や背景を幾分認識していることが示されている。	・主題文には、選んだテーマのより広範な意義や背景を認識していることが示されていない。または主題文が

分析	・マーキングした箇所の選択は妥当で、主題文で取られた立場と関連がある。 ・適確な主題文が文書・背景・発見の積み重ねによってどのように完成・変更・補強されるかを十分に認識していることを示している。	・マーキングした箇所は主題文で取られた立場と概ね関連がある。 ・適確な主題文が文書・背景・発見の積み重ねによってどのように完成・変更・補強されるかを幾分認識していることを示している。	ない。 ・マーキングした箇所は見当はずれのように見える。またはマーキングされていない。 ・適確な主題文が文書・背景・発見の積み重ねによってどのように完成・変更・補強されるかをほとんどあるいは全く認識していないことを示している。

図表8.1　ヒロアキが作成した国立公文書館を利用した調査用のルーブリック

●教室／実験室／スタジオでの行動を評価するルーブリック

　キャンパスにおいて、教員が求める行動をとっていなかったり、相応しい服装を身に付けていないという実態は、天気の話に似ている。つまり、不平を言う人は多いが、それについて大半の人はなす術がないのである。しかし専門学校のなかには、学生に職場の規範を学んで実践してもらうため、望ましい態度や服装に関する基準を伝えようとしているところもある。また、実験室やスタジオで行われる授業のように実習が主体となる科目では、学習内容と同様に受講態度や学習のプロセスが評価されることも多い。そこでは職場でどう振る舞うべきかを学生に教えようとしているのである。

　このような教育方法の例は「実験」のルーブリック（**図表8.2**）に示されている。このなかには、一連の実験の最後に提出を求める「実験レポート」という形で実験の結果に関する評価が一部含まれているが、実験がどのように計画されて実行されたかというプロセスや、基本的な礼儀、整理整頓、そしてもちろん安全への配慮等の受講態度に関するものが多く取り上げられている。

　学習のプロセスや受講態度を重視しているということは、「スタジオ芸術」（Studio：芸術作品や映像作品の制作現場。アトリエと訳される場合もある）の導入の授業で使用するためにモーラが作成したルーブリックではもっと顕著に表れている。最終のポートフォリオを評価するルーブリックを考案しようとあれこれ考えを巡らせているなかで偶然思いついたのが、このルーブリックであり、「スタジオ実習」（**図表8.3**）という評価項目を新たに付け加えようと決意したことも偶然の産物だった。それは優れたポートフォリオに求められるものは何かを考えていたときのことである。ある学生たちのことが思い浮かんだのである。その学生たちは、作品のポートフォリオ自体は最優秀の範疇に入るわけではないが、努力を惜しまず、スタジオでの体験を目一杯活用して、その体験をものにしていた。そうした学生の何人かは、スタジオ内で最も頼りになる学生でもあった。材料準備の手伝いにとどまらず、他の学生を励ましたり、支えたりもしてくれた。

実験室で行う科学実験用のルーブリック

課題の指示：以下のルーブリックに示されている手順・方法により、指示された実験を行い、実験レポートを次回の授業開始時に提出すること。

	模範的	有能	努力を期待
材料・器具	必要な物品がすべてそろっており、それらが実験レポートにも記録された。用意された物品は実験で使用するのに適切なものではなかった。学生は実験で使用する物品を無駄にすることはなかった。	必要な物品はすべてそろっていたが、実験レポートには一部の記録されていない品目がある。一部の物品は実験で使用するのに調達しておらず、実験中に調達した。用意された物品は実験で使用するのに適切なものである。	必要な物品の一部が準備されていなかったり、用意された物品は実験レポートにも記載漏れがあったりした。用意された物品は実験で使用するのに適切とはいえない、あるいは重大な欠落がある。
実験手順	実験手順はよく練られたもので、選択されたすべての変数について対照実験を行った。実験手順のすべての変数について対照実験を行った。実験手順は実験レポートに記載されている。	実験手順には改善の余地があるが、選択されたすべての変数について対照実験を行った。実験手順のほとんどの段階が実験レポートに記載されている。	実験手順は、選択されたすべての変数について、実験手順のうち、対照実験を行うものではない。実験手順のうち、多くの段階が実験レポートに記載されていない。
礼儀・安全	学生は整然と実験を進行し、周囲への気配りや安全にも配慮し、後片付けや清掃をしっかり行った。	学生は概して整然と実験を進行した。十分でないにせよ、周囲への気配りや安全への配慮があった。指摘を受けると、後片付けや清掃をしっかり行った。	学生は雑然と実験を行い、周囲への気配りや安全への配慮がなかった。後片付けや清掃は指摘されても十分に行わなかった。
実験目的	研究課題と仮説が明確に述べられ、変数が明白である。変数が明白または明確に選択されている。	研究課題か仮説が明確に述べられているが、そのいずれかまたは両方が不明確である。変数が不明確である。変数が選択されている。	研究課題と仮説の関係は不明確または明確に選択されていない。
データ収集	未加工データが単位で明確に記録されている。データや表は適切さや明確さに工夫がされている。	未加工データが単位とともに記録されているが、そのいずれかは不明確である。データや表には問題がある。	単位を含め、未加工データの記録は不適切であるいは不明確である。データ表には表題が付けられていない。
データ分析	データは図表やグラフ等で提示され、理解や解釈が容易になるよう工夫がされている。エラー分析がなされている。	データや図表やグラフ等で提示された。その理解や解釈は可能であったが改善の余地がある。エラー分析がされている。	図表やグラフによるデータ分析の提示は非常に不明確であった。エラー分析がされていない。
実験の評価	実験結果は完璧に分析・解釈され、文献値とも照合される。改善の余地がある、この方法による限界や弱点の考察がされている。改良方法について提案がなされている。	実験結果は分析・解釈され、文献値とも照合される。改善の余地がある。この方法による限界や弱点の考察がされているものの、改良方法についての提案はほとんどあるいは全くない。	実験結果の論理的な分析・解釈がされていない、あるいは文献値とも照合がされていない。この方法による限界や弱点の考察はなく、改良方法についても何ら提案をしていない。

図表8.2　実験室で行う科学実験用のルーブリック

スタジオ芸術：スタジオ実習

受講学生はスタジオ実習の全日程に出席し、活動には積極的に参加すること。このなかには、スタジオにおいて割り当てられた作品の制作、必要な材料の準備や後片付け、参加者全員が成長するようにきちんとした態度で他の受講生と協力することが含まれる。本授業科目は実習であるため、欠席は3回までとする。正当な理由なく4回以上欠席した学生の評価は「不合格」とする。4回以上欠席した学生で、その正当な理由が裏付けられる場合は、中断を許可し、GPAの対象外とする。

指導教員は受講者の才能や経験には差があることを理解している。何に対しても積極的に試行し、ベストを尽くすことが重要である。成績には、結果にかかわらず、粘り強さや真摯な努力が反映される。

	マスター	中堅	見習い
出席	欠席は1回までで、遅刻や早退はなかった。	欠席が2回あった。遅刻や早退は2回以内であった。	欠席が3回以上あった。正当な理由が証明できれば「受講取り消し」、できなければ「不合格」とする。
行動	毎回、準備や後片付けを手伝った。気が利き、手際がよかった。	準備や後片付けを手伝うことが多かった。配慮が十分とは言えないこともあった。	準備や後片付けを手伝わなかった。手伝ったときは、邪魔になった。
対人関係	スタジオでは礼儀正しく振る舞った。リーダーシップを発揮して協力できた。	礼儀正しく振る舞ったが、リーダーシップはほとんど発揮されなかった。	不作法な態度を取ったり、他人に迷惑をかけたりすることがあった。
創造性	指導者が紹介したすべての材料、様式、原理を試した。自己の作品に新しい知識を取り入れようとして誠実に努力した。	指導者が紹介したほとんどの材料、様式、原理を試した。しかし、意味のある方法で、これらを自己の作品に取り入れようとしないことがあった。	新しい材料、様式、原理を試みようとしないことが何度かあった。試みたとしても、真剣さがなかったりぞんざいだったりした。
忍耐力	指示された5つの作品すべてを入念に仕上げた。困難が生じると、スタジオでは諦めたり、落胆したりすることなく、全力でその解決に努力した。	指示された5つの作品をすべて提出したが、なかには仕上げが不十分、あるいは未完成のものがあった。困難が生じると、最終的には諦めたり、落胆したりする場合でも、まずは真剣に努力して解決しようとした。	指示された5つの作品のなかには提出しなかったものがある。困難が生じると、簡単に諦めることが多かった。あるいはスタジオで投げやりな態度を取ることがあった。

図表8.3　モーラが作成した「スタジオ実習」のルーブリック

振り返りを行い、優れたポートフォリオに期待される最も高い基準をリスト化していくなかでモーラが気付いたのは、その基準では、このような付加的な個人の学習スキルや対人関係能力の価値がほとんど顧みられていないという点であった。履修期間を経るごとに作品に進捗が見られなくてはならないとか、授業で紹介された様々な様式、材料、原理が反映されていなくてはならないという観点は明示していたが、評価の中心は作品の質や学生の相対的な能力に関するものであった。
　そこで、最終のポートフォリオを評価するルーブリックで模範的な活動成果の記述のリストを作成する際には、次のような項目を含めることにした。

・礼儀正しく振る舞う
・他人を助ける
・何でも少なくとも一度は試してみる
・誠実に努力する

　高い才能はあるのに、これらの特徴をほとんど持ち合わせていない学生が1、2人、モーラの頭に浮かんだ。そういった学生には、素晴らしい本物の才能を持っていることを特に知って欲しかったが、職業上必須の対人関係能力や協同学習のスキルに関する教員からのフィードバックも伝えたいと思った。これを自覚して改善に努めるなら、仲間との協同作業が促進され、芸術面での能力も伸びるからである。
　このようなことを考慮した結果、モーラは「スタジオ実習」というルーブリック（**図表8.3**）を完成させ、授業の初日に配布した。学生の反応は彼女を驚かせるものだった。経験が浅い受講者の多くは明らかに安心した様子で、授業には最初から積極的に参加した。表紙が擦り切れた作品ポートフォリオと年季の入った道具を揃えて現れた学生や、すでに芸術家気取りの学生は、最初のうち、ルーブリックに示された対人関係能力に基づく評価には強く反発していた。対人関係能力よりも、自分たちの才能や作品の方を重視すべきだと感じていたのである。最終的にはこういった学生もほとんどは意見を変え、スタジオでの対人関係能力について教員からフィードバックを受けた体験から学ぶものがあったと考えるようになった。
　しかし、この新たなルーブリックの試みでモーラが最も嬉しかったのは、脱落者が少なかったことだ。それまでは普通、最初の数週間で少なくとも2、3人は単位取得をあきらめる学生が出ていたが、「スタジオ実習」のルーブリックを導入した学期には全員が最後まで参加した。年度によっては途中でやめる学生はいるが、そうした学生の率は一貫して低いままであった。対人関係能力が優れている学生はより高く評価されたと感じ、スタジオにおける体験学習の価値をより明確に自覚したのである。

●サービス・ラーニングのためのルーブリック

　教室にいる学生を評価するのは十分骨が折れるが、少なくとも学生はそこにいるのだから、学生の様子を見ることができる。しかし、学生に課したことのほとんどが担当教員の目の届かない場所で行われ、学生を見られないときにはどうすれば良いだろう。フィールド・トリップ、インターンシップ、海外研修、研究プロジェクトなどがそうだが、とりわけ、体験学習と地域奉仕活動の機会を結び付けたサービス・ラーニング（コミュニティ・ベースト・ラーニングとも呼ばれる）では、学生の様子はわかりにくい。アメリカ政治学を担当するディミトリの悩みもそこにあった。彼が学生に求めたのは、何らかの政治活動を行う団体に関して伝統的な手法で研究を進める一方、実際にその活動団体に参加することだった。このような体験学習の効果を高めること、そして学生の活動状況を把握して成績をつけることを目的に、学生に1週間ごとに日誌を書かせていた。

　枠にはまりがちな政治学の授業に、政治活動に関わる体験を取り入れるというアイデアをディミトリは気に入っていた。学生の授業評価では毎回、この実体験が授業の目玉だと捉えられていた。彼の方では、この体験を通して政治システムの仕組みを強調できるだけでなく、この種の政治活動はアメリカ市民であることに伴う義務の本質であるという考えを広める機会にもなると考えていた。

　とはいえ、彼自身は日誌をつけたことはなく、日誌から得られる効果については、疑念をぬぐえないでいた。日誌をつけさせることで、学生の個人的成長の可能性を開くことができるという同僚の意見を取り入れたのだったが、学生から受け取った日誌のなかで、そのような成長を裏付けるものを目にすることはほとんどないという厳しい実態に彼は気付いていた。しかし、学生に課した現場での活動を把握し評価する方法としては、各学生の後を追いかけていくことができない以上、日誌以外に思いつかなかった。日誌がうまくいかないからといって、この活動を中止したくはなかったので、彼は団体の活動に参加して日誌を書くという課題全体を見直し、改善点を探ることにした。

　そこで彼はまず、これまでに課した日誌に関して明らかになった問題点をリスト化してみた。

- 日誌のなかには手書きのものがある。読めるような文字で書かれていればそれで構わないが、読めないものはどうすれば良いのか。
- 定期的にきちんと書かれたようには見えない日誌も多い。締切日の前日になって、各回の記入事項にそれらしい日付を入れて辻褄を合わせようとする学生も多いのではないかと疑われる。最終的な提出物は、この課題の目的の一つである継時的な成長を示していない。
- 並行して本人が進めている研究、読書課題、授業についてコメントしていない学生がしばしば見受けられる。コメントしている場合でも、これらを日誌で取り上げた活動と関連させていない。このことはシラバスや課題を指示した際にも明確にし、授業で

も注意しているのにそれが守られない。
- 自分自身の考え方・生き方と、団体に参加した経験との関連について書いていない学生はもっと多い。これもまたシラバスに明記して、授業で繰り返し指示しているにもかかわらずそうである。
- 逆に、学生によってはこの日誌を個人的な日記と勘違いしている例がしばしば見受けられ、個人情報を記載したり、授業や研究中の政治団体とは全く無関係のことが書かれている。少なくとも私には関係が見出せない。
- 日誌は手書きで構わないので、活動の実例や、創造性を発揮した型破りな方法を加えることができる。これにより、学生の才能が示されたり、予想外の洞察が得られたりするが、学生はこのメリットを活用していない。
- 日誌は読んで評価するのに時間がかかりすぎる。

このリストを一読してディミトリは、最後の点を除き、問題点はどれも日誌のメリットの裏返しであり、日誌が指示通りに利用されれば、むしろ日誌のメリットを鮮明にするものだと気付いた。問題は彼が求めている方法で学生が日誌をつけていないということに過ぎない。

この問題は、教育心理学の授業で使われているルーブリックを借用することで解決された。この授業は地域連携という要素は含まれていなかったが、日誌を課していた。このルーブリックを修正して、自らのルーブリックを完成させるのは驚くほど簡単だった。というのは、このルーブリックが、基本的には学生たちが自ら書いたフィールド・ノートを自己評価するものだったからである。つまり「振り返りの振り返り」である。教育心理学の教員はこれを「メタ・リフレクション」と呼んでいた。ディミトリが完成させたルーブリックは次の通りである（**図表8.4**）。

各学生は、自分の日誌の一部をコピーし、それについての振り返りを行う（詳細はStevens & Cooper, 2009を参照）。メタ・リフレクションを課し、ルーブリックで評価したのは成功だった。ディミトリは、振り返りの評価は比較的短時間で済み、簡単だと感じた。それよりも有益だったのは、体験についての学生の感想文の質が明らかに向上し、学生が現場での活動をどう捉えているかがよくわかったことである。そして、何冊もの日誌が入った重い箱を抱えて研究室と教室を行き来する必要もなくなった。

しかし、もう一点問題が残っていた。メタ・リフレクションとこれに取り上げる2回分の日誌だけを一生懸命にやり、これ以外は手を抜いた学生が数人いるのではないかという懸念があった。きちんと日誌をつけないなら、この課題の意義は損なわれるし、他の学生に対してはフェアではないだろう。あまり自分の仕事量を増やさずに、もう少し責任を学生に負わせるにはどうすればよいだろう。

翌年も、同じように課題を指示し、同じルーブリックを使ったが、学生への指示を一つだけ追加した。すなわち、学生が書き溜めているはずの日誌を全部、中間期に提出させる

日誌の記載内容に関するメタ・リフレクション　10点

課題の指示：現場活動プロジェクトに関する自分の考え、疑問点、理解したこと、注意点、情報等をまとめるために日誌を書く。政治に携わるプロとしてではないにせよ、市民として、様々な見解や義務が錯綜している状況に対処できる能力を振り返りをすることで伸ばすこと。振り返りの能力を伸ばす方法として、日誌が有効であることは確認されている。日誌の利用目的は、現場活動を記録し、現場での行動・活動と教室における経験・研究とを関連させ、現場活動体験の感想や自分の言動に関して振り返りを行うことである。

学期末には2本のメタ・リフレクションを提出すること。このためには、まず日誌全体のなかから、最も有意義であったと思う記録を2つ選んで、スキャンまたはコピーする。次に、そのそれぞれについて振り返りを行う。メタ・リフレクションの分量は1本ごとに少なくとも1ページ以上とし、日誌からの引用を含めること。選んだ部分は自分の考えにどう影響し、問題にどう対処したか、また、意外だと感じた理由についても述べること。

領域	説明	点	コメント
目次	日誌の目次部分のコピーまたはスキャンのファイル（jpeg）を提出する。目次では、記入日、記載内容がわかるタイトル、ページ数を明記する。	2	
抜粋	日誌のなかから、振り返りのために最も有意義であると思うものを2本選び、コピーまたはスキャンのファイル（jpeg）を提出する。	2	
メタ・リフレクション	1本ごとに1ページ分の振り返りを行い、合わせて2本のメタ・リフレクションを提出する。 振り返り1（該当するものにチェック）：タイトル：＿＿＿＿＿＿ □対象となるその1週間の出来事や活動の概要が書かれている。 □市民あるいは政治に携わる者としての自分にとって、選んだ部分にどのような意味があるかを述べている。 □現場での行動や活動と教室における経験や調査との関連を述べている。 □現場体験の感想や自分の言動に関して振り返りがされている。 □選んだ部分が自分の将来にとってどんな意味を持つかを詳しく述べている。 □受講期間の始めと終わりにおける自分の考えを比較対照している。 □本振り返りが扱っている他のトピック：＿＿＿＿＿＿ 振り返り2（該当するものにチェック）：タイトル：＿＿＿＿＿＿ □対象となるその1週間の出来事や活動の概要が書かれている。 □市民あるいは政治に携わる者としての自分にとって、選んだ部分にどのような意味があるかを述べている。 □現場での行動や活動と教室における経験や調査との関連を述べている。 □実地体験の感想や自分の言動に関して振り返りがされている。 □選んだ部分が自分の将来にとってどんな意味を持つかを詳しく述べている。 □受講期間の始めと終わりにおける自分の考えを比較対照している。 □本振り返りが扱っている他のトピック：＿＿＿＿＿＿	6	
創造性	日誌で触れたもののうち、自分の創造性が発揮されたと思うものは何でもよいのでスキャン（または撮影、jpeg形式）する。	2	ボーナス点

図表8.4　ディミトリが作成した日誌の記載内容に対するメタ・リフレクションのルーブリック

ことにしたのだ。これによって、学生がきちんと日誌をつけているかどうかがわかる。ディミトリはこの日誌にざっと目を通す以上のことは予定していなかったが、簡単なチェックリスト（**図表8.5**）を作成した。非常にシンプルな採点指針ルーブリックではあるが、各学生の日誌が指示通りに進められているかどうかをチェックすることが可能になった。

　このチェックリストは当初、彼が最初に書き出した問題点に基づいていたが、メタ・リフレクションのルーブリックですでに対応できている項目は削除した。また、日誌を個人的な日記のように使っている学生に対しては少し寛大に対応することにした。結局、日誌全体は読まずに、ざっと目を通すだけにしたのだった。無関係な個人情報が含まれていたとしても、全ページは読まないので、特に気にならないというわけである。彼がしっかり読むのは学生がメタ・リフレクションで取り上げた2回分の日誌だけである。メタ・リフレクションに関するこの2回分でない限り、取るに足らぬ雑事や個人的な日記のようなことを学生が日誌に書いていたとしても、ディミトリが困ることは何もない。学生本人にとっては何かの役に立つかもしれないのだから、それでも構わないと考えたのだった。この方式によって、判読できない手書き文字の問題も解決できた。メタ・リフレクションは、他のレポートと同様に、パソコン入力が要求された。この文章から類推すれば、同時に提出される手書きの日誌のコピーも何とか解読できるというわけだ。

　これにより、当初の問題点は一つを残すだけとなった。学生がきちんと日誌をつけていることを確認するため、中間期に日誌のノートを集めて、ざっと点検するのだが、このために日誌の詰まった重い箱を持って廊下を行き来することになる。同僚の助言を受けて、彼はプラスチック製の台車を購入して、この問題も解決した。

●地域連携先における学生の活動を評価するルーブリック

　アリは、4年生向けの地域連携を含んだ「キャップストーン」という科目を担当している教授である。彼は地域に送り込んだ学生の状況を評価するため、特別な方法を考案した。彼自身がいつも学生のいる現場へ出かけていくわけにはいかないので、その場にいる連携先のスタッフに依頼する方式である。彼が担当する「キャップストーン」のクラスでは、学生は地域のアートセンターに行き、問題を抱えている子供たちと一緒に過ごす。しかし、このセンターでの学生の活動時間は様々で、連携先のスタッフも入れ替わることが多い。

　アリは当初、連携先と相談の上、センターのスタッフは学生の出欠の記録を取るだけで良いと考えていた。しかしその後、両者が気付いたのは、この機会を使えば、プロのスタッフとしてこの現場では何が期待されているかを学生に教えられるということであった。双方で相談の上、簡単なチェックリスト（**図表8.6**）が完成した。この機能は3つある。すなわち、これを見れば学生はアートセンターで何が求められているのかがわかり、アリにとっては現場における学生の活動状況を評価する資料となる。また、これが最も重要なのだが、学生やセンターのスタッフに対して、アリやセンターが何を望んでいるかを伝える

日誌に関する中間期チェックリスト

学生氏名：＿＿＿＿＿＿＿＿＿＿＿＿＿＿＿＿

注意：このチェックリストは純粋に担当教員からのフィードバックである。これによって最終評価を行おうとするものではないが、完成した日誌提出後の評価基準を含んでいる。もし、担当教員が見落としていると思われる項目があれば、直接尋ねること。

- 日誌は期限内に提出された。
- 1週間ごとの内容が1回分として整理され、記入日が書かれている。
- 1回分は、少なくとも1ページ分の分量がある。
- ページ番号がふられている。
- 最初に目次が設けられ、各回分について日付、タイトル、ページ番号が示されている。
- 日誌は読みやすい文字で書かれている。
- 日誌には、実際の行動／活動が毎週少なくとも1つ記録されている。
- それらの行動／活動と、進行中の研究、読書課題、授業との関連が書かれている。
- それらの行動／活動に関して、感想や個人的意見を述べている。
- 日誌で取り上げた日々の行動／活動に関連するパンフレット、書類、図面、アート作品などの資料が添付されている。
- 日誌で言及した行動／活動がよく理解できるように、創造性が発揮された写真、アート作品、文章等が添付されている。
- 記入事項はタイトルに関係したものに絞られており、無関係な情報はあまり含まれていない。

図表8.5　ディミトリが作成した中間期チェックリスト

学生に提示する前のものである。削除する前の原案が見えるようにしてある。

ものとなる。現場のスタッフは多忙なので、このルーブリックは簡便なものとしたが、コメント欄を採点指針ルーブリックのように活用すれば、いかようにでも具体的に記述することができる。

　このルーブリックで、アリは学生に相応しい服装とプロ意識に根差した態度を要求していた。これに目を留めたのが経営学の教授で、インターン制度の責任教員でもあるエレンだった。エレンは、このルーブリックを修正してインターンシップで使用したいと考え、アリに許可を求めた。アリはこれに驚き、このルーブリックで「相応しい」や「プロ意識」といった場合、絵筆を手にお絵かきをしている5歳児を指導する場面が想定されていることを説明した。これに対してエレンは、場面ごとに「相応しい」や「プロ意識」の意味は変わり、各状況に応じた意味が理解できている教員がルーブリックを記入するため、インターンの受け入れ企業でもほとんどこのままで利用できると説明した。エレンが求めていたのは、現場の観察者が基本的な評価を行う際に参考となる簡単な様式だった。このルーブリックに手を加える必要はほとんどなかったが、「可能性」という項目を一つだけ追加した。そこでの質問は「もし職場に空きが出れば、この学生を雇用したいと思いますか」というものだった。それを見て、今度は逆に、元のルーブリックを提供したアリがこの項目と質問を自分のルーブリックに追加した。どちらの場合でも学生は活動開始前にこのルーブリックを受け取り、活動後は、評価が記された記入済みのルーブリックのコピー

コミュニティ・アート参加学生へのフィードバック

学生氏名：＿＿＿＿＿＿＿＿＿＿＿＿＿＿＿＿＿＿＿＿＿　　日付：＿＿＿＿＿＿＿＿＿＿＿＿＿＿＿＿＿＿

スタッフの皆様：

当該学生を受け入れていただき、感謝申し上げます。社会的責任を果たす市民となるための準備の場として、学生にとってこの経験は非常に重要です。本学の地域連携による教育プログラムを履修中の学生と接触のあった皆様にお願いがございます。学生の参加状況についてどのような印象を持たれたかを下記によりお知らせください。これ以外のご意見ご感想も歓迎いたします。ご回答いただいた方のお名前は学生に対しては伏せますが、今後連絡させていただくこともございますので、ご記名ください。

	質　問	はい／いいえ（〇で囲む）	コメント判断理由の説明
出席状況	・この学生は集合時刻を守りましたか。 ・正当な理由で欠席した際、電話連絡がありましたか。	はい／いいえ はい／いいえ	
アクティブ・ラーニング	・この学生は自己成長の機会を最大限に活用していましたか。 ・必要時には助けや助言を求めましたか。	はい／いいえ はい／いいえ	
リーダーシップ	・責任ある態度で職務に当たりましたか。 ・この学生は役に立ちましたか。 ・この学生のリーダーシップの可能性を示唆する特別な出来事がありましたか。	はい／いいえ はい／いいえ はい／いいえ	
服装	・活動に相応しい服装をしていましたか。	はい／いいえ	
態度	・この学生はプロ意識を持って来館者や同僚と接していましたか。	はい／いいえ	
フィードバック	・職務上の行動や態度について学ぶとき、この学生は優れた傾聴力を有していましたか。	はい／いいえ	

図表8.6　アリが作成した地域の連携先に依頼する学生評価ルーブリック

を渡される。

●結論

　ほとんどの教員は何らかの形で体験を伴う学習活動を授業に取り入れているが、その程度には幅がある。本章では、確立した伝統的手法による国立公文書館の文献調査から、本格的な地域連携プロジェクトまでを見た。多くの教員は、体験からの学習に対してどのように学生にフィードバックするかで苦労している。ルーブリックは、採点指針として、また教具として使用することができるので、体験学習をもっと手軽で実り豊かなものとすることができる。ルーブリックは、体験学習の全関係者にとって非常に有益なのである。本章の第1の例で見たように、歴史学の授業ではルーブリックを取り入れることにより、国立公文書館という学外機関での文献調査において、教員が学生に何を求めているかを明確にすることができた。学生が自力で研究プロジェクトに取り組めたかどうかの判断がルーブリックによって可能となった。第2の例では、スタジオ芸術の担当教員は、芸術家集団において求められる暗黙の了解事項や対人関係能力を学生に伝えることができた。その業界では相互の意見交換や協力が不可欠なのである。第3の例では、政治学の授業の一環として学生に日誌をつけさせ、体験から得た学習の振り返りを促進する手法を見た。これは地域にある政治関連組織に学生を送り出し、その活動に参加させるというものだった。最後に見たのは、地域連携型プロジェクト「キャップストーン」の例で、連携の相手先に学生の評価を求めるものだった。すでに過労気味の現場スタッフの手を煩わせずに済む様式を取り入れた。以上の4つの事例は分野や背景が大きく異なるが、特に次の3つの観点から、ルーブリックは体験による学習を際立たせ、記録するのに効果的であったと言える。

・学外の現場において教員が学生に何を求めているかを明確にした。
・職場で当然視されている規範や対人関係能力を学生に伝えた。
・体験から学ぶため、日誌に振り返りの文章を書くこと（振り返り）を習慣付けた。

第9章
ルーブリックとオンライン学習

　教員は教えた学生の顔を思い出せるのだろうか。なかには学生の顔写真を撮る教員もいる。そこまではしなくても、心のなかのアルバムに、学生の姿が浮かぶ。これまでに教えた学生や今教えている学生、よくできる学生や積極的な学生、面白い学生や真面目な学生、そして思い当たる理由がないのになぜか覚えている学生もいる。ごく最近まで、顔を突き合わせてのコミュニケーションは教育の本質的な一要素だと当然のように信じられていた。もちろん、通信課程はあったが、これに関わる教員はごく少数だったし、通信課程が教室での対面学習の代わりになると思っていた教員はもっと少なかった。そこにインターネットとオンライン学習が登場し、そうした考えはもはや的外れとなった。

　オンライン学習でも、対面学習に迫るほどの臨場感や個別フィードバックを提供することができる。しかしスカイプやテレビ会議システムを使用した場合ですら、顔を突き合わせて授業を進めるという点では、全面的にとは言わないまでもかなりの制限があるのは確かである。このことは重要である。教室での対面学習ならば、教員は様々な手法を取り入れて良好なコミュニケーションを維持することができる。講義中に、学生が集中していないことを示す些細な兆候に気付いた教員は、即座に学生の注意力を喚起する。しかし、フォーラム、メーリングリスト、スカイプ、テレビ会議システムを使って、学生がオンライン上で議論ができる場を構築できる教員であっても、学生とのやりとりや学生の反応の把握という点に限れば、教室で学生と机や円卓を囲むのにはかなわない。

　オンライン学習では、授業時間外における教員と学生の関わりも違ってくる。双方がスカイプを利用しているなら、ある程度は向き合うことができる。例えば、オフィスアワーの時間帯に個別の質問を受け、直接かつ即座に答えることが可能である。だがスカイプでは当然ながら、学生にコーヒーを勧めたり、中庭の散歩に誘ったり、ティッシュペーパーを差し出したりというようなことはできない。しかし、こういったこともまた重要なのである。ケザールは、こういった各種のコミュニケーションが学生の成功に好ましい影響を持つことを示し、「教員と話をしたり、オフィスアワーにやって来るなど、教員と授業外で関わりを持つ学生は、根気強く、卒業率が高く、成績が良い傾向にある」と述べている

(Kezar, 2011)。授業中であるかどうかを問わず学生の話に耳を傾け、オフィスアワーに来るよう誘い、授業外でも学生に話しかけるといった行為は、学生が成功するかどうかに大きく影響する。つまり、教育効果につながるのは、授業中の教員の言動だけではないのである。では、オンライン学習においては、どのようにしてこの種の接触を持てば良いのだろう。

　ルーブリックは、この新たなオンライン教育によって生じる問題のすべて、あるいはほとんどを解決するわけではないが、すべての当事者にとってオンライン学習を実りあるものにする上で強力な道具となる。ルーブリックは、良好なコミュニケーションを促進する上で本質的な要素になる。また、ルーブリックを使うことで、学生は教員が一貫した成績評価の基準を持っていると信じることができる。学生は評価基準に目を通し、各評価段階に対応した課題の完成度がどの程度であるかをあらかじめ理解しているので、自己の取り組みがどの評価段階に相当するかの見当をつけることができる。さらに、オンライン学習でルーブリックを使用することは、教員と学生の双方が対面学習で持つ「存在感」に近いものを得るための一手段となる。

　本章では、オンライン学習で使用するルーブリックの作成法と利用法について、実例に即して述べていく。新たなルーブリックの作成に取り組んだのはセラブという名の教員である。彼女は、オンライン学習で典型的な以下の3つの活動についてルーブリックを使おうとした。

- オンライン上のディスカッション・フォーラムへの参加
- オンライン上のグループワークでのウィキページの作成
- 各学生による期末プロジェクトの相互評価

　さらに本章では、オンライン学習でルーブリックを使うポイントについて1節を設ける。そのなかでは、ルーブリックを学生に周知し、そのルーブリックに基づいてフィードバックを返す方法について述べる。また本章の最後では、オンライン授業が成功する一要因となる「存在感」がルーブリックによってどのように高められるかを考察する（Capsi & Blau, 2008; Lehman & Conceição, 2010）。

●オンライン上のディスカッション・フォーラムで使用するルーブリック

　セラブは社会学の講師を務めて3年目に入っていた。担当科目の一つである4年生向けのセミナー「職場における文章作成術」は順調だった。評判を聞きつけた学科長は彼女にこの科目をオンラインでも提供するよう依頼した。本科目は新設科目であり、この3年間開講されてきた。学科長は、セラブならこの科目の最適な教育方法を十分に理解していると思ったのだった。しかし、オンラインという環境でどうやればうまくいくのか、セラブには見当がつかなかった。ただし、この科目の到達目標はたとえオンラインであっても変

「職場における文章作成術」受講生の活動および課題

職場で使える作品（ニュースレター、パンフレット、ブログ、ウェブサイト）を完成させる。

科目の目標領域	目標に関連した活動・課題				
	読書課題	議論	グループワーク	期末レポート	作品
教室での対面学習における活動	特定の対象者に向けた作品の制作に関わる文献を読む。	作品の制作に関して授業中に議論する。	特定の対象者に対して行う調査結果の分析に関して、グループごとに授業で発表する。	対象者への調査結果についてレポートを書く。	調査結果を反映させて、作品を手直しする。オンラインで提出する。
オンライン学習における代替活動	文献に関して質問し、オンライン上のディスカッション・フォーラムで討論させる。		初年度は外す。	そのまま実施。提出はオンライン。	そのまま実施。提出はオンライン。
必要なルーブリック	フォーラムに投稿した回数およびその内容を評価するルーブリックを作成。			対面学習と同じルーブリックを使用する。	対面学習と同じルーブリックを使用する。

図表9.1　セラプが作成した、教室での活動とオンラインでの活動を対照させた表（1年目）

える必要はない。すでに明確な目標があるのだから、滑り出しとしては悪くない、と彼女は思った。

　彼女は対面授業で行っている活動を振り返り、オンラインでもうまくいくかどうかを見極めることが必要だと考えた。そこで、教室では効果的に実施されている様々な活動を書き出してみた。そして、対面学習と同じ目標をオンラインでも達成するために、オンライン上で代替できる活動や、オンラインならではの新たな方法で授業内容を伝えられるかどうかを検討した。対面学習およびオンライン学習で想定される諸活動や課題を対応させていくと、上のような表（**図表9.1**）が完成した。

　まず、授業で扱う中身をどう伝えるかという問題があった。彼女の心配の1つは、オンラインだと教室での議論のメリットが欠落するのではないかという点にあった。教室では議論を行うことで、学生が持っている知識や疑問、授業への取り組みの状況が日々把握できていた。これまでは授業時間の半分を対面の講義に充て、残りの半分は議論と、筆記・口頭のプロジェクトに関する小グループの活動とに分割していた。「オンラインで講義はどうやればいいのかしら」と思った彼女は、テレビ会議システムが使えるかどうかを調べてみたが、彼女の大学ではこの可能性は閉ざされていた。自分の講義を録画しようとも思ったが、よく考えてみると、オンライン版を手掛ける初年度としては、講義内容をオンライン向けに手直しするだけでもかなり大変なので、そこまではできそうになかった。そのため、もっと手軽に授業内容をオンラインでうまく伝える方法、そして学生がしっかり

理解したことが確認できる方法の開発に労力を集中することにした。セラプがこれまでの対面学習で取り入れていた活動や課題を、オンライン学習ではどのように変えようとしていたかを示したのが**図表9.1**である。この表はまた、この新たな学習環境で学生を評価するためにどのようなルーブリックが必要なのかも示している。

　彼女は講義のことばかり考えるのはやめて、議論に注目した。学生が前向きに教材に取り組んでいるか、また授業内容が身に付いているかどうかは、主に議論によって把握できそうだと考えたのである。セラプは同僚のポリーナに相談してみることにした。ポリーナは伝統的なスタイルの授業の中にオンライン・フォーラムを広く取り入れていた。

　ポリーナは言った。「学生はオンライン上のディスカッション・フォーラムを、まるで教室でやる議論みたいに利用しているのよ。とは言っても、オンラインだと討論の仕方は違ってくるわね。オンラインの学生はみんなが決まった時間にネットに接続するわけじゃないでしょう。テキストに関係した討論テーマを指示して、学生は好きな時間にその回答をフォーラムに投稿することになるわ。他の学生や教員も好きな時間にそれを読んで、返事を書くの。」

　セラプは考え込むようにして言った。「私の科目をオンライン学習に移すのであれば、そのディスカッション・フォーラムを使えばうまくいきそうね。そうすれば、学生が授業でやったことをちゃんと考えているか、身に付けているかどうかわかるし。みんなが決まった時間にその場にいなくてもね。」

　実際にはセラプは、この会話より先にディスカッション・フォーラムについて調べており、電子メールに次いでオンライン学習でよく用いられている活動（Kearsley, 2000）ということを知っていた。オンライン学習を日常的に使いこなしているポリーナもまた、これを勧めてくれたのだった。

　ポリーナは付け加えて言った。「フォーラムには他にもメリットがあるのよ。対面授業の討論とは違って、誰も教室の後ろの列へ逃げていくわけにはいかないの。それにね、セラプ、学生は授業内容について教員が期待している振り返りを投稿するだけじゃなくて、自然とお互いがオンライン上で協力するようになってくるわ。最初は私も驚いたの。そんなことがオンラインでできるなんて思わなかったから。指示された質問に答えるだけだと思っていたの。」

　このような意見を聞いたセラプは、講義内容をオンライン上のディスカッションでカバーしようとしている自分の方針が正しいことを確信した。しかし、ディスカッション・フォーラムではどのようなルーブリックを使えば良いのかまだわからなかった。教室の学生を対象としたものですら、授業参加という観点のルーブリックはまだ使った経験がなかったのである。そこでセラプは教室での典型的な議論がどう行われているか、とりわけ学生が活発に議論している時のことを思い起こしてみた。いつも注目していたのは、誰が、何回、どのように発言するかという点だった。

　そこで、セラプはポリーナに尋ねた。「オンラインの議論でルーブリックを使おうと思

うのだけれど、量の問題と、質の問題があるでしょう。つまり、1つには、学生が私や他の受講学生に対して何回コメントするかという量の問題。もう1つは質の問題で、指示したテーマについてよく考えてちゃんとした発言をしているかどうかも大切。この2つをルーブリックで押さえるにはどうすればいいと思う？」

　ポリーナは、量の問題は比較的簡単に解決できることを指摘した。「コンピュータとオンライン授業管理システムを使っているから、回数は自動的に数えられて集計されるようになっているの。学生一人一人が何回教員の指示に応じてディスカッション・フォーラムに投稿したか、それに、学生同士で何回コメントしたかが表示されるの。このおかげでオンライン学習だと、対面学習と違って、学生の参加具合を追跡できるというわけね。これで量の問題には対応できるわ。教室で行う討論ではそんな風に回数を記録することはできないけどね。」

　セラプはそれに続けた。「他にディスカッション・フォーラムの評価で考えないといけないのは、質の問題ね。フォーラムは学生がこの科目の主題にしっかり取り組み、自分の意見について振り返ったり、考えを共有したりする場でなくてはならない。授業内容を議論したり、それを実社会での経験にどう応用させるかを考えさせたりするのにフォーラムを利用するとして、その方法を教えるにはルーブリックが手軽でストレートな方法ね。」

　セラプはこの趣旨で、オンライン上のディスカッション・フォーラムで使用するルーブリックを作ってみた。最初の案では「内容」「経験への応用」「文章表現」という3つの観点からなるルーブリックだった。しかし、これらの観点についての評価基準を検討してみると、フォーラムへ学生が投稿したものの質的側面は、この3つでは捉えきれないことに気付いた。すなわち、他のフォーラム参加者への礼儀をわきまえ、敬意を払うという側面も重要であると思ったのである。

　そこでセラプはポリーナに相談した。「ポリーナ、学生同士はこういうオンラインの議論を通して、どんな人間関係を築くのかしら。学生は意見交換をすることでお互いが関わりを持つから、オンラインの授業でも孤立しているとは思わないはず。お互いの関係は築けると思うわ。でもオンライン上のコミュニケーションは、顔を合わせている時と比べると、若干距離を置いたものになるでしょう。言葉の調子や顔の表情は伝わらないから、誤解もあると思うわ。それから、オンラインだとメールと一緒で、軽い気持ちで発言してしまって、会ったこともない相手にどう受け取られるかを考えないということもありそうだわ。学生同士のコメントで、相手を傷つけたり、書いてはいけないことを書くというような心配もしないといけないし。」

　ポリーナは同意して言った。「そうなのよ。対面授業でもその心配はあるけれど、オンラインだともっと心配ね。もちろん、学生には異なる意見にも敬意を払ったり、発言で相手を傷つけたりしないように注意してほしいわ。私はそのことをルーブリックではっきりさせているの。私のルーブリックには『他の学生へのコメント』という観点が入っているわ。教員はみんなが顔を合わせる授業と全く同じように、オンラインでも学生同士がどう

いう言動をするか、注意して見ていますよっていうことのアピールね。」

　このような会話が交わされた後、セラプは自分のルーブリックに4番目の観点を追加した。ここでセラプは受講生同士の関係がどうあって欲しいかという点を明確に述べることにした。こうして完成させたのが**図表9.2**のルーブリックである。

●オンライン上のグループ活動としてウィキページを作成させる際のルーブリック

　セラプが初めてオンラインの授業を担当したときに取り入れた活動は、読書課題、ルーブリックで評価するディスカッション・フォーラム、それに2つのレポートだった。学生の学習状況や最終的な作品はセラプにとって満足できるものだった。ディスカッション・フォーラムもうまくいった。ルーブリックが勝因の1つだった。オンライン授業を担当する2回目の学期になって、セラプは学生の活動を拡大することに決めた。学生同士で一緒に活動させて、自分たちの参考となるオンライン上のリソースの検索方法を身に付けさせ、それを共有させるようにすれば、インターネットの可能性を十分に引き出すことになると考えたのだ。セラプはこのアイデアを持って、再びポリーナのところに行った。

　「素晴らしいアイデアね。私はいつもそうやってるの。学生を班分けして、それぞれにウィキページを作らせるの。他の学生が期末レポートを書くのに参考になるような文書やウェブサイトへのリンクで構成されているページよ。」

　セラプはこう返した。「ウィキのことは聞いたことがあるけど、それがどういうものだか、私はよく知らないわ。」

　これに対してポリーナは即座に言った。「ウィキは協同作業で作るウェブサイトよ。サイトを立ち上げたら、あとは学生が情報やファイル、それにリンクなんかをどんどん付け加えることで形になるの。期末レポートの資料集めはまさに協同作業になるわね。」

　「素晴らしい方法だと思うけど、学生はできるようになるのかしら。私はやり方を知らないし」とセラプは言った。

　「YouTubeにいい動画があるの。ここ（http://youtu.be/-dnL00TdmLY）よ。これを見ればウィキの仕組みが理解できて、どうやって編集すればいいかがわかるわ。課題を設定する前にあなたも見てみるといいわ」とポリーナが返事した。

　セラプはYouTubeの動画を見て、ウィキページを作り上げるのは驚くほど簡単であることがわかった。事実、動画を見たその日に、セラプはウィキを構築するサイト（www.wikispaces.com）にアクセスし、自分の授業用にページの枠組みを作った。その翌日、セラプはそれを持ってポリーナのもとを訪れた。

　セラプは言った。「対面授業でこの科目を教えていたときにはグループ活動をさせていたけど、オンラインではその代わりにウィキを使ってみようと思うの。学生が作りたい作品はいろいろ。例えばパンフレットとか、ニュースレター、ブログ。何をやってみたいかによって学生を分けて、グループ活動を取り入れてきたんだけれど、オンラインの授業では、グループそれぞれにウィキページを作らせようと思うの。オンラインでも学生には作

オンライン上の「ディスカッション・フォーラム」ルーブリック

課題の指示：受講学生は毎週、オンライン上の「ディスカッション・フォーラム」に参加すること。参加とは、次の2つを意味する。

- 担当教員が週ごとに提示する質問に対して、「ディスカッション・フォーラム」上に自分の回答を投稿する。
- 他の受講学生が「ディスカッション・フォーラム」に投稿した意見等に対して、少なくとも2回コメントを投稿する。

このルーブリックは各学生の投稿回数や投稿の内容について、担当教員が評価を行う際に利用します。この授業では、一堂に会して討論する機会はありませんが、教員にとっては皆さんが授業内容をどの程度理解しているかを把握しておくことが重要であると考えています。また、この授業を受講している皆さんが、教室での対面授業のようにお互いのことを知り合えるようにしたいと思います。ですから教員が提示した質問に対する皆さんそれぞれの回答だけが重要なのではなく、他の受講学生の投稿に対してコメントを行うことも重要です。

観点	模範的＝3ポイント	標準＝2ポイント	改善を期待＝0－1ポイント	得点
内容	・事実や内容を正確に引用している。 ・毎回、テキストの内容がしっかりとまとめられている。全体的テーマとの関連もわかる。	・大半は、事実や内容を正確に引用している。 ・何回かは、内容のまとめがしっかりできている。	・引用が不正確である。 ・まとまりに欠ける。あるいは全体的テーマに対する本章の位置付けがわかっていない。	
経験への応用	・テキストの内容が自分の生活や経験とどう関わるかを具体的に説明している。	・テキストの内容と過去の経験とに関連があることを述べているだけで、具体的説明がない。	・テキストの内容と自己の経験との関連性は言及されていない。	
他の学生へのコメント	・他の学生の投稿に対して1週間に3回以上コメントしている。 ・建設的、支持的あるいは有益なコメントである。 ・異なる意見も尊重している。	・他の学生の投稿に対して1週間に2回以上コメントしている。 ・元の投稿内容を繰り返しているだけで、支持的あるいは有益とは思われない。 ・異なる意見も尊重している。	・他の学生の投稿に対してコメントしない。 ・他の学生への敬意が見られない。（0ポイント）	
文章表現	明確な表現が使われている。	大部分は、言いたいことが理解できる表現である。	内容が不明確になるほど、口語表現や文法上の誤りが多い。綴りに誤りが多い。	

図表9.2　セラプがオンライン上のディスカッション・フォーラムで使用したルーブリック

品を完成させてもらうんだけど、協同作業で作るウィキページはそのときの情報源になるという位置付けよ。」

ポリーナはセラプが用意した概念図とウィキページを見て言った。「いい結果になると思うわ。これにはもっといいことがあって、対面学習よりも優れた面があるの。というのは、知っての通り、グループ活動では一人の学生が何もかも引き受けることになってしまって学生が不満を持つということがよくあるでしょう。ウィキでやると、そういう問題はあまり起きないのよ。『更新履歴』のページがあって、誰が何をどう変更したかの履歴が残るの。日付や更新者の名前、変更の内容が記録されるというわけね。グループ活動の各段階で学生の取り組みをチェックできるわ。特定の学生がグループ活動の大半をやるとしたら、その学生はそれに見合った高い評価をもらえるでしょう。それに、人任せにしてサボろうとする学生は、そのことが教員にばれて成績に影響するということも知っているというわけ。」

セラプは新しい試みであるウィキを評価するためのルーブリックが必要だと感じていた。だが、それを一から作り上げる必要がないことも認識していた。この授業では以前にグループワークを行ったことがあり、そのときに使ったルーブリックがあったのである。そのため、作業としては、これを基にしてオンライン用に手直しするだけで済んだ。こうして完成させたのが図表9.3である。このルーブリックによって学生がウィキでまとめた情報源のページを評価することにした。

この手直しを行う時に気付いたのは、学生に対する課題説明において、かなり多くの言葉を付け加えて詳しい表現をしたことであった。オンラインだと対面授業のように言葉を尽くして説明するという恵まれた環境はない。対面授業とオンライン授業とで大きく異なるものの1つは、使用する言葉であると彼女は思った。教員が望むように、オンライン受講生に課題の手順を踏ませ、グループで協力してウィキページを作らせるには、より多くの言葉が必要になる。

●原稿の相互評価のためのルーブリック

ポリーナはさらに、オンラインで受講学生が相互に関わりを持ち、学び合えるようにする方法をセラプに提案した。「私は学生をペアにして、お互いの原稿を読ませて相互評価をさせているの。」

セラプは質問した。「ピア・レビューということね？ 教室では私もさせたことがあるわ。でもインターネットだとどういう形になるのかしら。教室の授業だと、学生がやっている間、巡回してみんながちゃんとできているのを確認するだけでいいけど、こんなことはオンラインではできないもの。」

ポリーナは同意して言った。「確かに、それは問題ね。その都度指示やチェックをしていないと、学生はお互いに曖昧で当たり障りのないコメントをするようになってしまうから。そうなるのは、相手にきついことを言いたくないからかもしれないし、その方が面倒

グループ・プロジェクト採点指針ルーブリック

課題の指示：3人のグループを作り、お互いに協力してウィキページを作成すること。本授業では各受講者が、パンフレット、ニュースレター、ブログまたはウェブサイトのいずれか1つを選択して完成させることになっている。グループになる3人は、これらのうち、同じものを選択していなくてはならない。本授業を受講してこれらの制作について学び、他のいくつかの課題に取り組むのと並行して、ウィキページを準備すること。ウィキページには、その1つを選んだ理由や制作を進める上で参考になる事項をまとめる。3人で協力してウィキページを完成させ、他の受講者がこれらの参考事項を閲覧できるようにすること。各グループで作成するウィキページの枠組みはすでに用意されている。ウィキページの完成に向けて必要な手順は次の通りである。

1. 打ち合わせをオンライン上で行う。電子メールアドレスは交換しておく。
2. 上に挙げたメディアのなかから、その1つを選んだ理由およびそれを制作する際の参考となる事項や、引用できそうなものを集めておく。つまり、例えばニュースレターを選んだ受講者のグループなら、ニュースレターを作るための様々なノウハウを探すようにしなくてはならない。ニュースレターの作成方法をウィキページによって他の受講生に伝えるためには、たくさんの文章やYouTube、あるいはTeacherTubeの動画等を参照した上で、適切なものを探すことになる。
3. 「編集」や「保存」というボタンを使うことで、ウィキページがどのように作られるのかを理解する。ウィキのホームページ（wikis in plain English）にある動画を見れば、ウィキの仕組みや「編集」「保存」といったボタンの使い方がわかる。
4. ウィキページを作成する。閲覧者がそのページを見ることによって、そのグループが何を学んだかがよくわかるようにすること。また、挿入されたリンク先にアクセスできるようにすること。
5. これはグループ活動で、協力し合うことが重要である。3人全員のアイデアを集約したページにすること。

評価項目	理想的なウィキページに求められる事項	スコア／コメント
内容	・扱われている情報は正しい。 ・引用部分については出典が明記されている。 ・プロジェクトの進め方を十分に理解している。	10ポイント
完成度： 文法、表記	・文法上の誤りがない。 ・文章の流れがスムーズである。 ・文献等の表示はAPA方式に従っている。 ・引用箇所やその他の情報は理解しやすい。 ・構成がよい。論理的である。表現が洗練されている。 ・導入部分は閲覧者を引きつけ、さらに読み進めたくなる。	10ポイント
完成度： 視覚的効果	・色分けした区画や文字群の分離等によって閲覧者の注意を引く。 ・色が使い分けられている。 ・フォントは2種類までに抑えられている。	10ポイント
技法	・興味を引く。目が留まる。 ・色使い、素材、構成に工夫がある。 ・陳腐でない。独自性がある。	5ポイント
協力	・全員が協力してこのページを完成させたことがわかる。 ・ウィキページにある「ディスカッション」の履歴により、制作過程で意見交換があったことがわかる。 ・ディスカッションは建設的で、他のメンバーに対して敬意が払われている。	5ポイント

図表9.3　グループでウィキページを作成させる際にセラプが用意したルーブリック

くさくないというだけからかもしれない。相手にどう言えばいいのかわからないのかもしれない。いずれにしても、迎合的で具体性のないコメントは大して役に立たないっていうことをしっかり学生に教えておく必要があるわ。」

「この問題にどう対応しているの？」とセラブは尋ねた。

「ルーブリックを提示して、どんなコメントをしたらいいかがわかるようにしたのよ。コメントするときに考えないといけない大事なことをリストにしただけで、すごく簡単なものよ。このルーブリックを使って、コメントの評価もしているの。うまくいっていると思うわ。」

セラブはポリーナのルーブリックを見本にして、手を加えて自分の課題に合わせたものを作った（**図表9.4**）。その際、ポリーナがアドバイスしてくれた次の3つのステップを受け入れることにした。

1. 各学生は他の学生の原稿を読んでコメントをルーブリックに書き込む。
2. 学生はコメントが記入されたこの「相互評価用ルーブリック」を教員に提出する。教員は評価者（レビューしてコメントを書いた学生）のコメントを評価する。つまり、レビューした相手の原稿の改善につながるようなコメントが付けられているかという観点で、コメントの評価を行い、それを評価者に伝える。
3. 教員はコメントが記入されたルーブリックを、相互評価を受けた学生に転送する。その際、必要があれば、教員自身の意見やアドバイスを書き加える。

この作業を終えたセラブは、自分の授業をオンライン化する際に行った変更について記録を取っておくことが必要だと思った。そうすれば、将来別の授業をオンライン授業に改変する際のひな型になるだけでなく、教育実践の記録にもなる。つまり、自分のためにもなるし、昇進やテニュア取得の際にも役に立つのである。このような趣旨でセラブがまとめたのが**図表9.5**である。授業をオンライン化する際の作業が記録されている。

●オンライン授業でルーブリックを使うポイント

授業をオンラインで実施しようとすると、必要な変更点が数多く出てくる。ルーブリックの使用方法も変わってくる。対面授業でルーブリックを使うのは比較的簡単であろう。教員は本書の第4章で述べたモデルのいずれかを使ってルーブリックを作成し、学生に提示する。学生が課題に取り組んでいる間、そのルーブリックは学生の手元にある。完成したレポートを提出する時には、レポートにルーブリックを添える。教員はそのルーブリックに従ってレポートを評価すれば良く、ルーブリックと課題とは一緒になっている。しかしこれがオンラインだと事情が違ってくる。そのままではルーブリックと学生が書いたレポートは、コンピュータ上で別ファイルになっており、学生は両者のつながりを見落とすかもしれない。ルーブリックと課題とをつなげる方法には以下のようなものがある。

作品の相互評価のためのルーブリック

課題の指示：グループ内の他の２人の原稿を読んでコメントする。この様式には、その際に注意すべき重要な事項がいくつか示されている。これはコメントの記入用紙でもある。

1. 別の学生の原稿をレビューして、下の様式にコメントを記入する。
2. コメントを記入したこの様式を担当教員に提出する。担当教員は、適切なコメントが付けられているかどうかをチェックする。
3. この様式に記入されたコメントは、教員を通じて相手の学生に転送される。

評価者（自分）：＿＿＿＿＿＿＿＿＿＿＿＿＿＿＿　評価した日：＿＿＿＿＿＿＿＿
評価を行った作品の種類（１つにチェックする）
　□パンフレット　　　□ニュースレター　　　□ブログ　　　□ウェブサイト
制作者（相手の学生）：＿＿＿＿＿＿＿＿＿＿　電子メール：＿＿＿＿＿＿＿＿＿＿
URL（ブログまたはウェブサイトの場合）、またはファイルの名称（パンフレットやニュースレターの場合）：＿＿＿＿＿＿＿＿＿＿＿＿＿＿＿＿＿＿＿＿＿＿＿＿＿＿＿＿＿

評価項目	優れた作品に求められる事項	評価者としてのコメント
１．内容	・適切なタイトルが付けられている。 ・読み手の関心を引く内容である。 ・読みやすく書かれている。 ・関連ページへのリンクがある。	
２．デザイン	・カラフルである。 ・文字と画像とのバランスがよい。 ・フォントの種類が多すぎない（２、３種）。	
３．表記	・文法に誤りがない。 ・句読点が正しく使い分けられている。 ・リンク切れがない。	
４．全体的なコメント。関心を持った部分、理解できなかった部分、もっと分量を増やした方がよい部分など		

図表9.4　セラプが作成した、作品の相互評価に使用するルーブリック

「職場における文章作成術」受講生の活動および課題

職場で使える作品（ニュースレター、パンフレット、ブログ、ウェブサイト）を完成させる。

授業の目標	目標達成に関連する活動および課題				
	1年目		2年目		
	読書課題	議論	グループワーク	期末レポート	作品の完成
対面授業でどう使うか	特定の対象者に向けた作品の制作に関する文献を読む。	作品の制作に関して授業中に議論する。	特定の対象者に対して行う調査結果の分析に関して、グループごとに授業で発表する。	対象者への調査結果についてレポートを書く。	調査結果を反映させて、作品を手直しする。オンラインで提出する。
オンライン授業でどう使うか	文献に関して質問し、オンライン上のディスカッション・フォーラムで議論させる。	グループに分け、制作を進める上で参考になる事項についてウィキページを作らせる。	課題自体はオンラインでも上記と同じ。	原稿を相互評価させる。	
作成が必要なルーブリック	フォーラムに投稿した回数およびその内容を評価するルーブリック。	グループで作成するウィキページを評価するためのルーブリック。	対面授業で使用しているルーブリックを使用。	上記の相互評価で使用するルーブリック。	

図表9.5 セラブが作成した、教室での活動とオンラインでの活動を対照させた表（1年目と2年目）

1．課題のなかにルーブリックのリンクを挿入する

　シラバス、Dropbox、あるいはオンライン授業管理システム内で示されている課題の内容を学生が読む際に、ルーブリックへのリンクが課題に挿入されていると、学生はルーブリックをダウンロードして、それを参照しながら課題に取り組むことができる。

2．課題にルーブリックを添付させる

　学生が提出するレポートの最後のページにルーブリックを添付する方法を教えておく。これは難しいことではないが、学生が自然にできるものではない。もしルーブリックが最終ページに付いていると、評価は容易になる。教員は「変更履歴の記録」という機能を利用して、レポートにコメントし、最終ページのルーブリックに評価を書き込めば良い。Desire2Learn や Blackboard といったオンライン授業管理システムから、ルーブリックとレポートを別個にダウンロードさせるより、ルーブリックをレポートと一体化させた方が良い。学生にルーブリックをデスクトップ上にダウンロードさせる操作は次の通りである。

　ルーブリックを開く。「すべて選択」して「コピー」する（これによりデスクトップ上のクリップアートファイルに置かれる）。課題のレポートを開く。最終ページに行き、ドロップダウンメニューから「新たなページを挿入」を選んでクリック。「ペースト」する。この操作により、コンピュータはルーブリックが一時保存されているクリップアートファイルを探し当て、レポートの最終ページに挿入してくれる。

　このようにして学生は作業中のレポートのなかにルーブリックを取り込むことができる。この状態になっていれば、教員は例えば「変更履歴の記録」を利用しながらレポートを読み進め、最後のページに差しかかったところで、ルーブリックへの記入を行えばいいので、評価作業が容易になる。

●オンライン学習における「存在感」を高めるためにルーブリックが果たす役割

　セラプが試みたオンライン学習におけるルーブリックの利用は、オンライン上でコミュニケーションを促進し、「存在感」を高めるというルーブリックの効用をよく示している。学生が指導教員や他の学生と接触するのはサイバー空間に限られるとはいえ、オンライン学習での「存在感」が、生身の人間が存在しているという実感をもたらす。ある論者はこのことを、教員が「その場に存在」し、他の学生とともに「一緒に存在」すると表現している（Lehman & Conceição, 2010）。

　学生が実際の教室で学んでいるかのように感じる存在感には、社会的存在感、教育的存在感、認知的存在感という3つがある（Lehman & Conceição, 2010）。**図表9.6**は、この3種類の参加意識と、そのそれぞれを高めるのにルーブリックがどのように役立つかを示した概念図である。

ルーブリックによる効果的なオンライン学習

```
                    ┌──────────────┐
                    │存在感をルーブリックで│
                    │    高める     │
                    └──────────────┘
            ┌──────────┼──────────┐
            ▼          ▼          ▼
        ┌──────┐   ┌──────┐   ┌──────┐
        │社会的 │   │教育的 │   │認知的 │
        │存在感 │   │存在感 │   │存在感 │
        └──────┘   └──────┘   └──────┘
```

社会的存在感 → オンライン上のディスカッション・フォーラムでルーブリックを使用
- 結果：・学生同士が知り合う ・学生の主体的参加
- 促進：・思考の深化 ・投稿の回数と内容とが評価対象

教育的存在感 → 課題に取り掛からせる前に学生にルーブリックを周知

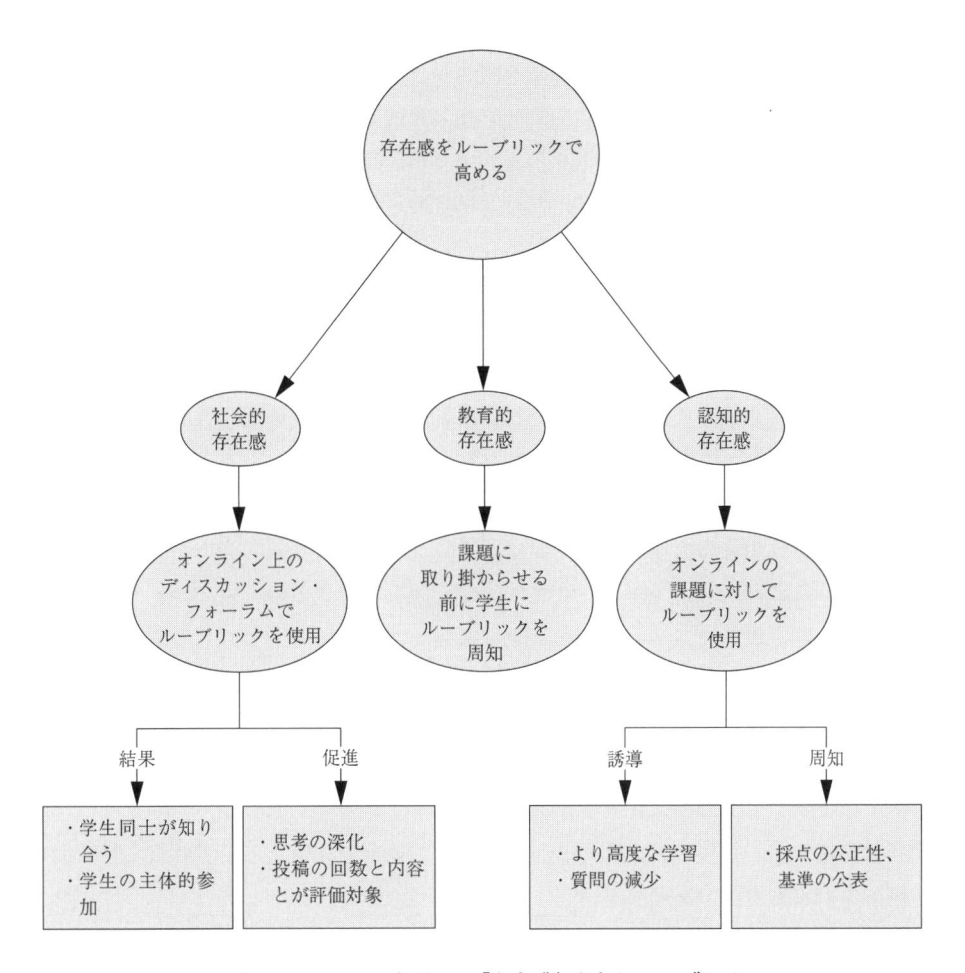

認知的存在感 → オンラインの課題に対してルーブリックを使用
- 誘導：・より高度な学習 ・質問の減少
- 周知：・採点の公正性、基準の公表

図表9.6　オンライン学習への「存在感」を高めるルーブリック

第 9 章　ルーブリックとオンライン学習　　123

社会的存在感

　存在感は、オンライン上の様々な状況で、頻繁に関わりを持つことによって強まる。社会的存在感とは、他の学生と一緒に同じクラスで学び、そこには教員もいるという感覚および認識である。ルーブリックは教員との関わり、そして学生間の関わりを構築するのに有効である。オンライン上でコミュニケーションを図るための主要な手段の1つにディスカッション・フォーラムがある。ディスカッション・フォーラムは、現実の社会的交渉における対話の構造を模したものだが、教員（時には学生のこともある）の文字による働きかけに対して学生が返信するというものだ。この働きかけは、質問や解決すべき問題、あるいは引用句の提示という形を取る。これらの働きかけが意図するのは、授業の内容に受講学生を引き入れることである。Disire2LearnやBlackboardのようなオンライン授業管理システムでは、教員は学生のフォーラムへの投稿状況を確認して、ルーブリックにより評価することができる。学生は、教員を含む別の人間がその場にいて、互いに関わりを持っていることを実感し、これによって社会的存在感が生まれる。ただし、社会的存在感だけでは、授業で行う議論として十分とは言えない。「それは素晴らしいアイデアだね、ジェリー」などという中身のないコメントでは不十分なのだ。量と質の両方が評価されることを明確にすることにより、ルーブリックはこの問題を回避するのに役立つ。また、ルーブリックを使えば、優れたコメント、あるいは実質を伴うコメントとはどのようなものであるかを明確にできる。そして、フォーラム上の議論への参加が評価対象になるという点がルーブリックで強調されていることから、学生はこの活動は重要であり、内容の質はもちろん、表現の仕方まで疎かにしてはならないことを自覚する。健全で活気のあるオンライン・ディスカッションの要は、学生が活動に参加することである。ルーブリックは学生の投稿回数を増やし、投稿の質を高める。さらには、健全で礼儀正しい雰囲気や社会的存在感を高めるのにも有益である。

教育的存在感

　オンラインの授業であっても、ルーブリックを使用すると、教員が存在している点がより明確になる。教員の存在は、明確に書かれた課題、活動、評価で組み立てられた授業科目を制作し提示することによっても示されるが、ルーブリックの使用により、そこには教員がいて、評価方法を学生に理解させようと努めているのが学生にわかる。オンラインであっても、ルーブリックは学生に対して対面授業と同じメリットをもたらす。よくできたルーブリックは、その授業で達成すべき目標に対応しており、課題の完成によってどのようにこの目標が実現されるかを示している。また、ルーブリックにはわかりやすく書かれた課題の指示以外にも、事前に評価方法が載っているため、担当教員の指導が十分に計画されたものであることが学生に伝わる。ルーブリックによって、学生は努力をどこに向ければ良いかがわかるのである。また、評価基準が公開され、明確になっているため、実際に学生と教員とが顔を合わせなくても信頼関係が築かれる。さらに、ルーブリックは評価

方法の公平性および合理性を学生に認識させる。学生がルーブリックを見れば、教員はすべての学生の提出物を同一の基準で評価しようとしていることがわかる。対面授業でも同様であるが、ルーブリックを使用すると課題の内容がより明確になり、それについての質問は減る。つまりオンライン学習で四苦八苦している学生の不満や電子メールでの問い合わせが減少するので、教員と学生の双方にとって有益である。オンラインという学習環境でルーブリックを使用しなければ、教員は学生の混乱を解くために、コンピュータに向き合ってかなりの時間を費やすことになる。ルーブリックを使用すれば、オンラインであっても教員がともにいて助言や評価を行うという点をより明確にできるであろう。

認知的存在感

認知的存在感に関わるもののなかには、学生が提出した個々の課題に対するフィードバックやオンライン上の議論を通じて学生が自らの意見を述べたり、投稿したりする機会が含まれる。学生の提出物に対してオンラインで返信するのと、紙のレポートに赤鉛筆を使って書き込むのとは同じではない。もし教員が評価基準を明確化するためにルーブリックを使い、ワードの「変更履歴」機能を活用するなら、学生は自らが書いたレポートに詳細なフィードバックを受け取ることができる。このことは、教員や他の学生がその学生の思考・認知を注視しており、場合によっては批判することを意味する。こうしたことにより、学生は自らの学習に最善を尽くそうとするのである。

●結論

対面授業においては、授業内容の多くが、シラバス、ルーブリック、教科書、参考資料などに文字化されているが、学生は授業に出席して教員や他の学生と実際の関わりを持ち、話し言葉やボディランゲージによって多くの事柄が達成される。つまり、言語的かつ視覚的な指示に依存しているのである。対面授業では当たり前のこれらの指示が使えないということに、新たにオンライン授業を担当する教員は戸惑うかもしれない。担当教員がオンライン授業を準備しようとすると、対面授業であれば口頭での説明で足りる様々な事柄を丁寧に文字化する作業が必要となる。オンラインで課題に取り組む学生にとっては、この文字による説明が不可欠である。例えば、詳細な課題の指示や、いつどのようにしてオンライン上でグループのメンバーが出会い、相互のコミュニケーションを取ったら良いのか、ディスカッション・フォーラムで学生同士はどのように接すれば良いのかといった点について、対面授業よりも詳しい説明が必要である。ルーブリックはオンラインという学習環境において教員が課題を設定するための道具となり、学生がその課題に迷いなく、全力で取り組むための道具となる。

ルーブリックはオンライン学習において、社会的存在感、教育的存在感、認知的存在感を高めるのに有効であり、学生とのオンライン上のコミュニケーションを強化する。オンライン授業の成功のために、ルーブリックは不可欠な要素と言えよう。

第10章

ルーブリックと授業改善

　ほとんどの教員は程度の差こそあれ授業を担当している。なかには教育が主たる業務となっている教員もいて、彼ら／彼女らのキャリアは教育指導の上手下手に左右される。また、研究、資金獲得、管理業務や他の様々な業務が中心になっており、教育が占める部分が比較的少ない教員もいる。大半の教員にとって教育はこの中間の位置付けとなる。しかし、教育が業務全体のなかでどのような位置付けにあるかにかかわらず、多くの教員は教えることに関心を持っている。教育を重要なことであると考え、しっかり教えたいと思っている。

　これまでに、公平で一貫性を持って評価すること、迅速ではっきり明確なフィードバックをすることを通じて、ルーブリックにより授業を改善できることを示してきた。また、教室での双方向の活動を通してルーブリックを作成することにより、それが教育プロセスの一部となり得ることも見てきた。

　本章では、ルーブリックを授業に活かす以下の2つの方法を取り上げ、特にルーブリックによってもたらされる情報を用いて授業を改善する方法に注目したい。

・成績評価時にとったメモを整理するためにルーブリックの評価観点を用いる。
・成績結果の分析にルーブリックの評価観点を用いることができるように「詳細版採点簿」を作成する。

　また、授業のすべての段階を通してルーブリックが使われている授業モデルを提示し、学生のルーブリック得点、教育技法、学生の学習の3つが関連していることを示す。

●ホートンによるルーブリックの使用：ケース・スタディ

　ホートンは経営学部の教授である。彼は、毎年自分が指導している上級生向けの少人数ゼミでルーブリックを実際に使いたいと思い、作成法・使用法を学ぶ夏季ワークショップに参加した。ゼミ生の中に自分が教えようとしていることを習得できていない者がいるこ

とを彼は気にしていた。この授業の単位をとることが学生の最終卒業課題である別科目の受講条件となっていることからも、大変気がかりだったのである。ホートンはルーブリックを用いることで、そういった懸念が少しでも解消されればと思い、メインの課題である「卒業課題のための文献レビュー」のためのルーブリック（**図表10.1**）を作成した。彼は、学期の早い時期にルーブリックを導入し、ルーブリックを提示して学生に質問を促した。そこでは活発な議論が交わされたし、それは有益であったように思えた。セメスターの約3分の1が過ぎた時点で学生が初稿を提出した時、彼はルーブリックを使用しなかった前年度よりも結果が向上していると感じ取った。

　最初、ホートンはその新しいルーブリックに満足していた。というのも、学生のレポートの採点が短時間で済んだことに気付くと同時に、一貫性を持って公平に採点できたことに確信を持てたからだ。しかし、徐々にレポートの質は全体としては若干良くなった程度であることに気付いた。ルーブリックは彼自身には効果があったが、学生に対しては期待したほどには効果が上がらなかったようだった。

　ホートンは教育・学習センターのエミコに電話をかけ、協力を求めた。するとエミコはこう言った。

　「他の先生がやってみて良かったと言われている方法としては、採点中にレポートの出来が良かった点と出来が悪かった点をメモしておき、学生たちと問題点について話すというものがあります。先生自身も、その点に気を付けて教えるようになります。」

　「なるほど。どういう風にするんですか？」

　「ご説明しますね。先生が作成されたルーブリックの評価観点が使えるんです。」

　「というと、ルーブリックの表を作っておいて、最も関係すると思う評価観点の下に先ほどのメモを書き込んでいくということですか？」

　「その通りです。そうしておくと、自動的にメモが評価観点ごとにグループ化されるので、パターンが見えてくるんです」とエミコが言った。

●ルーブリックの評価観点を用いて採点中のメモを整理する

　ホートンはルーブリックの評価観点を先頭列に使って表を作成した（**図表10.2**）。

　ホートンがメモの表を見直した時にはじめに気付いたことは、重要なメモはほとんど最終行の「書き方の規則」の要素に関するものであり、その多くがAPA（米国心理学会）様式に関わるものであった。また、学生のレポートの長所と短所を書き込んでいるうちに、評価観点に書き込まれた自分のメモから、問題の解決法や教育方法の改善案を思いついたことにも気付いた。

　学生がAPA様式に則って書くことを習得することを、ホートンは重視していた。単にこの講義やその他の授業での成績に関わるからというだけではなく、ほとんどの学生が今後何らかの形で就職しようとしていたからである。職場では様々な書類の書き方や引用の様式を使えるようにならなければならない。

文献レビューのためのルーブリック：研究基礎論

課題：自分の卒業課題のテーマに関わる論文を少なくとも10本見つけること。それらの論文についてそれがどのように自分のテーマに関わり、テーマへの理解を深めるかを示す5～10ページのレビューを書きなさい。このレポートは、別科目で完成することになる卒業研究課題の執筆につながるものである。

領域	期待以上（4）	期待通り（3）	やや改善が必要（2）	根本的改善が必要（1）	不可（0）
問題	・導入のパラグラフにおいて明確に問題が記述されている。 ・導入部で読者を問題へと引きつけることができている。 ・詳細および記述的用語が多く使われている。 ・最初の数パラグラフにおいて主題文が明確にされている。	・問題が明確に記述されている。 ・読者を引きつける努力は認められるが、説得力に欠ける。 ・最初の数パラグラフにおいて命題が明確にされている。	・レポートにおいて問題が大きく取り扱われていない。 ・問題の説明が不十分である。 ・主題文が弱く説得力に欠ける。	・レポートの内容と問題が関わっていない。 ・レポートに明確な導入部がなく、文献レビューから始まっている。	
参考文献	・参考文献はすべて査読されている。 ・少なくとも10本参照している。 ・すべて学術論文である。 ・異なる日誌が使われている。	・参考文献の多くが査読されている。 ・8～10本を参照している。 ・多くが学術論文である。	・査読された文献が少ない。 ・5～8本を参照している。 ・書籍が何冊か含まれている。	・多くが書籍や一般雑誌の参照である。 ・1～5本のみの参照である。	
流れ	・論文からの見解が論理的方法で整理されている。 ・主張に際し論文からの情報を慎重に利用している。 ・論文に書かれている内容の構成は明確である ・移行文(*)が用いられている。 ・各パラグラフに中心となる文がある。	・見解から見解への流れがほぼ論理的である。 ・構成は明確だがやや飛躍が見られる。 ・移行文がないセクションがある。 ・各パラグラフに中心となる文がある。	・パラグラフからパラグラフへの考えの流れを追うことが難しい。 ・論文からの情報の使い方が不注意である。 ・各パラグラフに中心となる文がなく、移行文が用いられていない。	・考えの流れを追うことが難しい。 ・見解が文献のもののままであり筆者の言葉になっていない。 ・音読すると不自然になる。 ・各パラグラフに中心となる文がなく、移行文が用いられていない。	
結論	・レビューした文献を統合してキーとなる見解を考え出している。 ・主題文を通じて問題と密接に関わっている。	・レビューした文献を統合してキーとなる見解を考え出している。 ・問題への関連付けがされているが推測によるものである。	・見解の統合が不十分である。 ・あまり問題に関連付けられていない。	・見解の統合ができていない。 ・問題が述べられていない。	
書き方の規則	・本文および参考文献リストにおいて完全にAPA様式に則っている。 ・文法的誤りは1カ所まで。	・APA様式に2～3の小さな誤りがある。 ・文法的誤りが2～3カ所ある。	・APA様式の意識が明らかに欠けている。 ・文法的誤りにより読みづらい。	・APA様式を用いていない。 ・すべてのページに文法的誤りがあり読みづらい。	

図表10.1　ホートンによる文献レビューのためのルーブリック

(*)論旨の飛躍を避けるために、前後のつながりを示す目的で挿入される文章。

評価領域	課題のために学生が行ったこと	次回から自分がすべきこと：指示およびこの課題における変更
問題	・問題 ・導入部への注力✓✓✓ ・明確で、しっかりとした説明✓✓✓✓ ・主題文が明確である✓✓✓✓✓✓✓✓	・授業で見せた例が導入部の書き方には役立ったようだ。 ・非常によく書けていて、学生は主題にしっかりと取り組んだことがよくわかる。
参考文献	・参考文献の多くが査読論文である。✓✓ ・査読論文が少ない。✓✓✓✓✓✓✓ ✓✓✓	・査読論文かどうかを判断できていない。 ・司書に来てもらって、査読論文の探し方を教えてもらう。
流れ	・論文を通じた論理的な流れ ・ぎこちない ・移行文： 　うまく使われている 　使われていない ・中心となる文： 　うまく使われている 　改善が必要 ・書き方……	・よくわかっている学生もいる。 ・パラグラフからパラグラフへの流れに改善が必要な学生もいる。 ・次学期では早い時期にライティング・センターのスタッフに来てもらう。私のフィードバックが第2稿で活かされていることを願う。
結論	・レビューした文献を統合してキーとなる見解を考え出している。 ・結論が問題と主題文に密接に関わっている。	・多くの学生が統合はできているが、そのまま問題へと逆戻りしてしまい、主題は問題のままになっている。例を示すべきか。
書き方の規則	・APA様式： 　本文内 　参考文献リスト ・文法 ・ページ番号	・APAに関してはさらなる改善が必要。 ・オンライン授業管理システムにアップロードするYouTubeビデオを探すことと、パデュー大学のOWL（オンライン・ライティング・ラボ）のサイトへのリンクを貼る。

図表10.2　ホートンによる文献レビューレポート採点中のメモ書き

　ホートンはエミコに電話し、学生がどの分野で援助を必要としているか、学生の必要性に応じて自分の教育方法のどこを修正したら良いのかを特定するのに、アドバイスが役に立ったと告げた。

　エミコはうまくいったことに喜んだが、一方で、以前にホートンが言っていたような学生の成績の悪さが、すべて書き方の様式の問題に起因するものなのか疑問に思えた。そこでエミコは次のように言った。

　「先生の授業で起きていることをもっと理解するために、ルーブリックを使ってまだ他にできることがあると思いますよ。明日、こちらへお越しいただけませんか。いくつかお見せしたいものがあります。ノートと採点簿をお持ちください。それと、採点済みの学生のルーブリック、つまり学生に自分の到達度を示すために評価基準に丸やチェックを付け

学生番号	問題設定	参考文献	流れ	結論	書き方の規則	総合得点
1．サム	4	4	4	4	4	20
2．ハーキュリーズ	4	3	3	2	4	16
3．ジョシー	4	3	3	4	4	18
4．ジュアニータ	3	2	1	1	1	8
5．ヘンリー	4	4	3	4	1	16
6．ハリエット	4	1	4	3	4	16
7．アーニー	4	3	3	1	3	14
8．ジュアン	3	2	2	1	2	10
9．アニータ	2	2	3	1	2	10
10．ジェシー	2	3	1	2	2	10

4 = 期待以上、3 = 期待通り、2 = やや改善要、1 = かなり改善要、0 = 不可

図表10.3　観点ごとのルーブリック得点を分割記載したホートンの詳細版採点簿

たものをお持ちください。」

● 「詳細版採点簿」の作成

　エミコと会った際、ホートンはレポートを返却済みであったが、最終的なルーブリックのコピーはしっかり取ってあった。エミコがまず採点簿を見てみましょうと言ったのでホートンは驚いた。ルーブリックを見るものだと思っていたからだ。

　「後でルーブリックは見ます。ですが、まず採点簿だけでできることを見てみましょう。ルーブリックの総合得点しか書き入れてないですね。」

　「成績以外に他に何か採点簿に書くんですか？」

　「各学生の最終成績を出すときに使ったルーブリックの各観点の内訳を書き入れておられませんね。これは総合得点だけですよね。先生のルーブリックを使って詳細版の採点簿にすれば、採点簿からも先生の授業でどんなことが起きているのかがわかります。」

　エミコは、ホートンの採点簿の枠を作り直し、ルーブリックの評価観点を表の先頭行に入れて、総合得点を最終列に、それぞれの学生名の横に各評価観点の列を追加した。これにより、これまで使っていた採点簿に比べてより詳細なものとなった。学生名は元のまま総合得点の反対側に縦に並んでいるが、**図表10.3**に示した通り、詳細版の採点簿では各学生のそれぞれの観点ごとの得点も含まれている。

　各評価観点には別々の得点を与えていても、総合得点、つまりルーブリックの各評価観点の異なる得点を合わせた一つの数字しか記録していない教員も多い、とエミコは説明し

た。教員は採点簿を見てある学生の学期中の成績を一覧することには慣れているが、総合得点を構成するルーブリックの評価観点ごとの得点を記録していることは稀である。

　エミコとホートンは、採点済みのルーブリックのコピーを用いて、評価観点ごとの各学生の正確な得点を記入していった。

　ホートンがはじめに気付いたのは、この方法だと個々の学生の学習についてより深く見ることができるということだった。3名の学生——ハーキュリーズ（学生番号2）、ヘンリー（学生番号5）、ハリエット（学生番号6）——は、ともに16点の合計得点であったが、3名の学生に共通するのは点数だけだった。ハーキュリーズは「結論」の観点で点数を大きく下げていたが、ヘンリーは「書き方の規則」、ハリエットは「参考文献」で減点となっていた。

　「へえ！　確かに総合得点だけだと、どこに問題があるのかわからない。同じ総合得点を取っていても、そこまでのプロセスが違っていたんですね。」

　「学生1人ずつに話をする時には、これを使って個別に指導できるわけです。今度は列ごとに見ていきましょう。」

　「『結論』の列に低得点が多いなあ。メモをとっている時には気付きませんでした。いや、問題があることには気付いていたんですが、それが他の観点に比べてそれほど目立っているとは気付きませんでした。なるほど。これに対処する方法はありますね。結論が優れているレポートの例は自分のファイルにまだあるから、それを配布して授業中に何か練習するといいかもしれないですね。」

　エミコはうなずいて「ホートン先生、『流れ』の列も、実はそれほど良いとは言えません」と言った。

　「ライティング・センターのスタッフに授業に来てもらいます。」

　ホートンはため息をついた。

　「それに、査読付き論文とは何かをまだ理解できていない学生もいますね」とエミコが付け加えた。

　「あるいは、見つけ方がわからないのか……。何度か説明したんだが……。何がわかっていないのか自体が、私にはよくわからないようだ。」

　「演習でうまくいくこともありますよ。実際にデータベースで検索して、査読付き論文を見つけるプロセスを学生に体験させてみたことはありますか？」

　ホートンは首を横に振り、「コンピュータ実習室での授業を予約してみます」と言った。

　「では、詳細版の採点簿をライティング・センターのスタッフに必ず見せてください」とエミコは助言した。「そうすればどこに重点をおけば良いかがスタッフにもわかります。これが、ルーブリックの各評価観点の得点を加算せずに記録しておくことのもう一つのメリットです。こうすることで、ご自分の懸念事項を他の人にはっきりと伝えやすくなります。」

　「そうですね。何がどうなっているかわかっていればいるほど、良い教育ができますね。

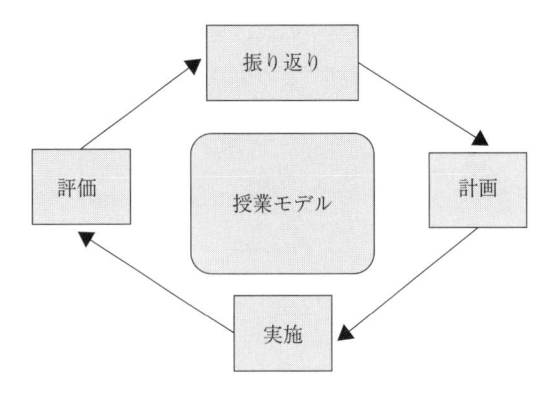

図表10.4　授業モデル

ルーブリックの各評価観点の得点から特定の傾向を見つけるというのはいいですね。気に入りました」とホートンは締めくくった。

●授業モデル：授業における4つのフェーズ

ホートンがオフィスを出る前に、エミコは授業の基本モデル（**図表10.4**）をホートンに渡して加算前のデータをどのように使うかを説明した。「これはコンセプト・マップと呼ばれるもので、教育に不可欠な4つのフェーズ（振り返り、計画、実施、評価）を図示したものです」とエミコは言った。

「これはルーブリック作成のときの4段階にそっくりですね」とホートンは言った。

「そうおっしゃるのもわかります。でも、実は違うのです。ルーブリック作成の4段階は振り返り、リストの作成、グループ化と見出し付け、表の作成です。ルーブリックを作成するには、段階ごとの順序だった計画に基づき、一つひとつ段階を積み上げながら、最終的にルーブリックが完成するわけです。とはいえ、ルーブリック作成と授業モデルの両方にとって重要な要素は振り返りです。」

さらにエミコは続けた。「授業モデルにも論理的な順序はあります。それぞれのフェーズは別々の段階として出てきますが、現実にはフェーズ同士は互いに依存していて、混じり合うことも多くあります。例えば、先生が授業で教えている時、同時にうまくいっているかどうかを検討もしていますね。今日も、一緒にルーブリックの得点の内訳に立ち戻って指導の方法を振り返った時には、同時に次の授業計画も立てていましたね。このモデルを使えば、私たちがすでに行ってきたことを発展させたり、ルーブリックやその得点を使う他の方法を考えたりするのに役立つかもしれません。」

エミコは説明を続けた。「もちろんこの授業モデルは教えることを概念化する唯一の方法ではありません。しかし、先生方が授業を作り上げ、実施し、評価するというプロセスにおいて行われる様々なことを説明しています。これはいわば『授業の領域』の地図なのです。授業に関する詳細をすべて示しているわけではないですが、重要な特徴を抽出して、先生方が授業前、授業中、授業後に行う活動を別々に特定しています。」

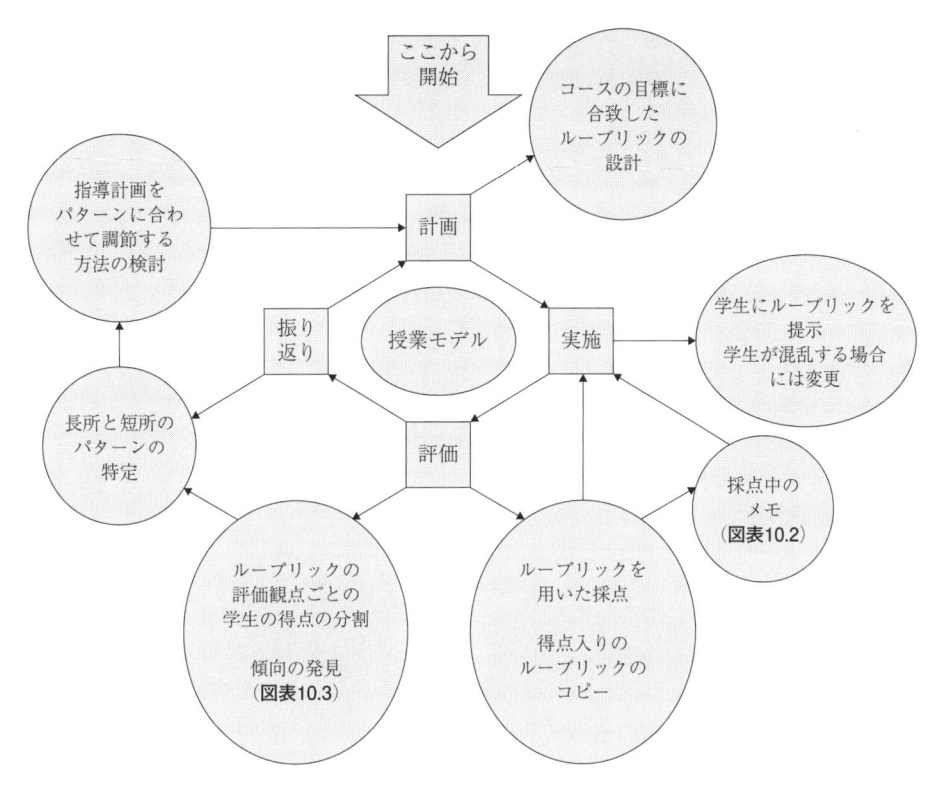

図表10.5　授業改善のための授業モデル（ルーブリックの使用方法付き）

　1ヵ月後、ホートンはエミコのオフィスを再訪し、第2稿が大きく改善していたことを報告した。そしてプレゼントとして、彼女からもらった授業モデルの拡大版を持ってきた（**図表10.5**）。

　ホートンは、ルーブリックの採点結果と詳細版採点簿を使って、自らの授業に関して理解を新たにしたが、この拡大版授業モデルはその理解がいかに統合されているのかを表現していることを説明した。そしてルーブリックが各段階でどのような役割を果たしているのかを示すために、中心にある授業モデルの周辺に丸を付け加えた。

授業モデル：振り返り

　ルーブリックの得点を個々に見ることで学生一人ひとりやクラス全体の状況がよくわかることにホートンは感心した。普段、自分がやっているのは、各学生がうまくできているのかどうかを知るために、個別の学生の状況を見るというものだったからだ。詳細版採点簿で学生の総合得点の内訳を見ることによって、各学生の長所と短所がはっきりとわかるようになったのである。

　詳細版採点簿を使うとクラスを全体として見渡すこともでき、各学生の個々の習得度がわかるのと同様に、自分の教え方の長所と短所がどこにあるのかを見て取ることができるようになった。ホートンが採点中のメモに評価観点を使い始めた当初から明らかだったの

だが、詳細版採点簿に各評価観点の枠を作って各学生の得点を記入していくことにより、一層明確になったのだ。各列を縦に見ていくだけで各評価観点においてクラスの大部分の成績が良いか悪いかを見ることができるようになった。

　さらにホートンは、表の列を目でざっと追うだけのチェックにとどまらず、特定の傾向を見つけるために、自問する質問をリスト化した。

・別の課題での学生の成績は全体としてどうだったか？
・学生の大部分が高得点をとったのはどの評価観点か？ 最低得点だったのはどの評価観点か？ そこから自分の教え方についてわかることは何か？ 学生の課題の出来を良くするために教員自身が変える必要があることは何か？
・ルーブリックはどれほど役に立ったか？ 混乱した箇所はなかったか？ 追加すべきことや書き直すべきところはないか？

　この3つの基本的な問いによって、ホートンは、自身の教え方およびそれに対する学生の反応を踏まえて、ルーブリックの得点を自己評価できるようになった。そこでわかった傾向の意味や自分のルーブリックの各評価観点に関連するスキルを検討した上で、どのような戦略をとるのか、大学内の他のリソースを利用するかどうかを決定した。学生が正確に資料を引用できなかった場合には、もっと自分自身が時間をかけるべきか、ライティング・センターや図書館司書に教えてもらった方が良いのか、ホートンは迷った。もし図書館といった外部リソースを利用しようとした場合、スケジュール調整の必要もあり、自分が授業で教えようとしていた他のことができなくなる可能性も高かった。そうしなければならないほど学生の弱点は深刻なものなのか。ルーブリックの内訳得点を見ることによって、学生の学習の様子がより深く複合的にわかり、ホートンはその決定を下すことができた。

授業モデル：計画
　ルーブリックのデータを分析することはホートンの授業計画に影響を与えた。実際、ホートンは指導スケジュールと比較的小さな課題には即座に変更を加えることにした。文章の書き方の問題が根底にあり、また正確に査読付き論文を見つけられていない学生が多数いるという事実も問題だと考えた。そして自分のクラスの学生が苦手としている書き方の問題は、2つ（「流れ」と「結論」）あるという事実に向き合い、ホートンは1回分の授業をライティング・センターのスタッフによる指導に置き換えた。また1回の授業の半分の時間を割いてクラス内で結論部分について相互評価を行う時間をとった。さらに予定していた別の回の授業をコンピュータ実習室での演習に変更し、学生がデータベースの使い方と査読付き論文の見分け方を確実に理解できるように段階を追って練習をさせた。
　また、新しく追加された内容を真剣に受け止めるように、ホートンはグラフや図表の作

成に関する2つの小課題を取りやめ（ホートンが教えている別の科目にそれを移した）、結論部分の相互評価と、コンピュータ実習室でのデータベース利用に関する演習中に5本以上の査読付き論文をリストアップする課題との両方で成績評価をすることを発表した。

授業モデル：実施

　ホートンは自分の新しい計画に応じて、自分が教える内容と他の専門家に任せる時期を見直した。実際にはスケジュールに新しく組み入れた3つの授業のうち2つは自分では「教えること」はしなかったのである。ライティング・センターがそのうち1つを教え、もう1つの複雑なデータベース検索の演習に関しては、部屋の予約のために図書館のコンピュータ実習室に電話した際、図書館司書のなかに普段からそういう講座を教えている人がいることを知り、頼むことにしたのだ。

　こうした出来事は、教育業務は副次的でしかなかったホートンにとって「教えること」と「学ぶこと」を振り返ってみる、またとない機会となった。学生の質問自体や、質問に対する答えが実際役に立ったかどうか、どのようなことが質問の後でもまだよくわからないのかについて、これまでよりも注意を向けるようになった。後に、自分自身が授業で教えている時、学生と会う時、学生のレポートを採点する時、学生にフィードバックをする時、オフィスアワーで学生に対応する時、教室の中や外で学生とやりとりをする時などにも、そういったことにより注意を払うようになったことに気付いた。ホートンは、ライティング・センターの講師も図書館司書も時々ルーブリックについて言及していることを耳にしていたので、そうした情報を、学生の成績を評価するためにも使った。それでもまだ学生のなかには理解できていない部分も見られたので、メモをとっておき授業で対応することにした。翌年、ホートンはルーブリック自体の改善にもそのメモを用いた。

授業モデル：評価

　こうした授業改善の成果が、ルーブリックの得点から得られる評価データに反映されるものとホートンは確信していた。ルーブリックの得点を用いて振り返り・計画・実施に注力したことがどんな効果をもたらすかを見るのを楽しみにしていたのである。学生の評価は1ヵ月後に提出された第2稿に対して行われた。

　それはホートンにとって概ね満足のいくものだった。2回目の原稿は1回目に比べると大きく進歩しており、最終稿にうまくつながっていくものとなっていた。エミコに相談し、自分の授業モデルを使い始める前であれば、各学生の課題の出来を全体的に評価し、ルーブリックやその他のメモを用いて個別にフィードバックを行うという段階から先には進めなかったであろう。

　しかし今では、第2段階として学生のデータ全体を分析して、その授業がうまくいっているかどうか、どのような教育方法の変更が必要かを評価できるようになっていた。ルーブリックの評価観点、得点の内訳、詳細版採点簿を用いてより詳細な評価を行っていくな

かで、ホートンは思いがけないことに気付いた。課題に大きな問題があり続けた4名の学生は全員、家族のなかで初めて大学に進学した学生だったのだ。ホートンはそのことを書き留めておき、翌年の計画に付け加えた。さしあたっては、そういった学生の研究をしている社会学部の教員と面会の約束をした。

●結論

　授業に関してルーブリックはどのような示唆を与えてくれるのであろうか。ルーブリックが学生にとって有益なものであるのは確かだ。しかし、ルーブリックおよびルーブリックの評価観点別得点を分析することにより、学生の提出物の優れた箇所や弱点を、個人別および集団として特定できる。ルーブリックの評価観点別得点を分析することにより、以下のような問題が提起される。

- 学生集団として優れた部分はどこか。
- 学生集団としてどの部分に弱点があるか。
- ある特定の部分の成績を伸ばすためにはどのように教育方法を変えればよいか。
- ルーブリックのどの部分をより明確に書き直す必要があるか、どの部分はうまくいっているか。
- 特別な支援を必要とするグループもしくは個人の学生がいるか。

　ここでの目的は、クラス全体の成績における傾向を見つけることであり、学生個人にはそれほど注目していない。ルーブリックの評価観点別得点に注目して採点簿全体を見渡して、得点を個別にチェックしたり、採点簿の縦の列を見ていくことにより、自分のクラスの点数のばらつき傾向が見えてくる。そういった傾向が見つかれば、自分自身でよくできたところに満足できるだけではなく、疑問や懸念も明らかになる。

　ルーブリック自体やそのデータをよく考えて利用すると、授業を改善できる上、学生もその改善の恩恵を受けることができる。ルーブリックは、その使用法やデータの活用次第で豊富な情報を生み出すことができる。今回の例は、データに基づいた意思決定の優れた例であった。ルーブリックの得点というのは結局、自分の学生から得た、自分で作成したルーブリックによる、自分の授業における、自分自身のデータなのだ。本章で見てきた通り、ルーブリックから得られるデータによって、教員の考察や振り返りが強力に推進される。これにより、教員にとっては授業で教えることの充実感が高まり、学生にとっては授業で学ぶことの価値が向上する。

　ルーブリックの得点を授業改善のためのデータとして振り返ることの価値を見出したのはホートンだけではない。第11章で示すように、出版に結びつく学術的教育プロジェクトのデータソースとしてもルーブリックは用いられており、それらは作成者自身のみならず他の人にも役に立つものとして公表されている。

第11章
自己評価とキャリア開発のためのルーブリック

　新しい仕事。年度ごとの業績報告書。テニュアの取得。昇進。どんな教員の職業人生にもストレスのある出来事は起こるし、それらはキャリアを左右しかねない。そして、そこには教員が作成することを期待されている必要書類というものがある。推薦状、教育業績評価、著書一覧だけでなく、「教育理念」、「教育と研究に関する振り返り」など、教員が自らを研究者や教員として位置付けるための文書も必要である。そういった文書は、就職、テニュア取得、昇進への応募が成功するかどうかの大切な判断材料となる。しかし、そういう文書に含まれているべき内容ということになると多くの大学が曖昧であり、何かガイドラインがあったとしてもそれほど詳しくない。つまり、誰もがそんなことは理解していて当然と思われているのだ。同僚やメンターが助けてくれることもあるが、アカデミックではない世界からアカデミックな世界へと初めて入ってくる学生の状況とそれほど変わらない。つまり、学術用語の説明や時にはその「翻訳」までもができて当然と暗に思われているのである。そういった学生たちと同様に、ルーブリックは大学教員にも何らかの手がかりを与えてくれる。本章では、以下の３つの異なる状況において、職業人生に関わる文書を書くためにルーブリックを用いた成功事例を紹介したい。

・教育理念の作成
・授業の振り返りの他者との共有
・昇進およびテニュア取得時に求められるポートフォリオのための物語文の作成

　こうした文書を書くことはキャリア開発のためには不可欠であるが、その他のメリットも存在する。職業人生の様々な側面を記述することで、理論と信念と実践の関連性を確認できるとともに、語彙を増やし自分の専門分野の仕事について説得力を持って記述する方法を作り上げることができる。さらには個人的なメリットもある。研究者や教育者として、自らの成長と、専門家としての実践に埋め込まれた自らの価値を記述することは、個人的な満足感、気付き、自信になるような、豊かで深い理解にたどり着くことも多い。こうし

た文書をしっかりと書き、振り返りをしっかりしておくことは、「整理するための明確なビジョン（自分が自分の仕事をしている理由の明確なイメージ）」となり、「転機や迷いが生じた時に思い起こす」（Brookfield, 1990）ものとなる。

●教育理念作成のためのルーブリック

　新たに研究職を得る際の書類や、年次報告書、テニュア・昇進等の決定には必ずといっていいほど「教育理念」が書かれた文書が必要とされることが多いが、それが正確に定義されていることは少ない。例外は、ミシガン大学アナーバー校学習・教育研究センター（Center for Research on Learning and Teaching, CRLT）が大学のTAのために作成した「教育理念の作成および評価のためのルーブリック」（**図表11.1**参照）である。

　ミシガン大学CRLTのセンター長であるデボラ・マズリッシュとマット・カプランが研究と実践を通してこのルーブリックを考案した（Meizlish and Kaplan, 2008）。このルーブリックの作成につながった研究とは、教員公募文書を分析し、人事委員会の委員長を対象に教育理念が委員会の決定時にどの程度重要な役割を果たしているのかについて調査したものである。この研究から、教育理念をしっかり書いている応募者は良い結果を得ていることが明らかになった。各種高等教育機関の様々な学問領域における908件の公募文書のうち、約33％が教員職に応募する際に何らかの教育理念の文書を求めていることがわかった。これを要件としているかどうかとは無関係に、約60％の人事委員会の委員長が採用過程のどこかで教育に関する記述を用いていると回答した。要件にない場合にも、100％の人事委員会委員長が、多くの場合、応募条件に教育理念を含めることについては肯定的に評価している。すべてのレベルの高等教育機関での教員採用において、教育理念の重要性がますます高まっていることを裏付ける先行研究も増えている（Kaplan, Meizlish, O'Neal & Wright, 2008; Schönwetter, Taylor & Ellis, 2006）。

　実践に関しては、ミシガン大学アナーバー校学習・教育研究センター（CRLT）が、その他の学術研究機関とともに、博士課程の大学院生向けに、教育理念を作成する際の支援とフィードバックを行っている。教育理念作成のためのルーブリックは、優良授業実践例に関する文献研究や、センターが教育理念の作成に協力するなかで何百という数の理念を吟味した経験を基に、何年もかけて作成されたものである。CRLTで配布されている機関誌（Occasional Paper No.23）は、大学院生が初めて教育理念を書く際の手引書となっている（http://www.crlt.umich.edu/resources/publications）。

　CRLTの教育理念ルーブリック（**図表11.1**）には、5つの評価観点がある。各観点には、TAが教育理念を作り上げていく際に役立つ質問が書かれている。教育理念の文書自体は、1、2ページという短さである。CRLTは、このルーブリックを多様な方法で利用している。センターの大学教員養成プログラム（Preparing Future Faculty Programs）では、大学院生は他人が書いた教育理念のサンプルをルーブリックによって採点し議論することで、ルーブリックに慣れるところから始まる。その後、ルーブリックを用いて、教育理念の草

稿をお互いに評価し合う。センターの大学院生教員資格認定プログラム（Graduate Teacher Certificate program）では、特別の訓練を受けた大学院生の相談員がルーブリックを用いてフィードバックを行い、教育理念を認定している。これはプログラム修了証明にあたっての要件となっている。

　教育理念のルーブリックは採点するだけのものではなく、より深い「振り返り」と「書く」ためのものである。もちろん最終的な教育理念は就職活動に使うことができるが、それだけではなくルーブリックの活用は大学院生のTAがすぐれた教育実践とはどのようなもので構成されているのかを振り返る機会ともなる。

　加えて、このルーブリックは経験のある教員にとっても非常に役立つ。例えば、年次評価の準備、テニュア取得や昇進人事の応募にあたって有益である。ミシガン大学CRLTの教育理念のルーブリックには多くの異なる評価観点があるので、教育について考えたり、教育が学生の学習に与える様々な方法を表現するのに有用である。それぞれの評価観点は、学習目標、教育方法、評価方法、多様な学習者への対応状況など、よく知られた授業の要素を表している。

●研究者・教育者のためのルーブリック
　ミシガン大学のルーブリックは、新任教員が教育理念を書くニーズにも容易に対応できる。バーンスタインら（2009）によって設計された「科学者・教育者のための専門度レベル」ルーブリックも同様である。このルーブリックは当初、勤務経験の長い教員の自己評価と教育能力向上のために作成された。「科学者・教育者」という名前が付いているが、研究と教育に関するものなのでより一般的な言い方をすれば、「研究者・教育者」のためのルーブリックと言い換えることもできる。

　ミシガン大学の教育理念のルーブリック（**図表11.1**）と研究者・教育者ルーブリック（**図表11.2**）を比較することにより、ルーブリックがいかに多目的に使えるものかがわかる。この2つのルーブリックは類似した内容を取り上げてはいるが、使用目的が異なっている。そのことは、ルーブリックに用いられている評価観点、達成レベル、使用者が異なっていることからわかる。**図表11.1**では評価観点は「領域（categories）」となっており、**図表11.2**では「構成要素（components）」となっている。用語は異なっているが、それぞれ複雑な課題は、小さな課題、つまり評価観点ごとに分けた方が理解しやすいことを示している。またいずれも、現職の大学教員や将来大学教員になりたい者が自らの教育について分析するのを助けるものである。2つのルーブリックの類似点と相違点を比較することにより、同じテーマを扱っていながらも、課題全体のうち異なる点を強調したり、異なる目的で利用したりできることがわかる。ミシガン大学のルーブリックは教育理念に帰結するのに対し、研究者・教育者ルーブリックは、教育に対する個人的な深い振り返りから教育に関する出版の基礎に至るまでいくつかの成果を伴う教育実践の分析を促すものとなっている。

領域	優秀	要修正	不十分
学生の学習目標：自らの専門分野において、どのような知識、技術、態度を習得することが重要か。学生にどのようなことを身に付けさせたいのか。教育・学習のプロセスにおいて主要な問題は何か。	目標は明確に具体的に記述されており、知識レベルだけにとどまらず、技術、態度、キャリア上の目標も含んでいる。目標は教員の専門分野に深く関係している。目標は網羅的ではなく、簡潔である。	目標は明確に記述されているが、やや広すぎる、または専門分野の特色がない。目標が基本的な知識に集中しており、技術の習得や心情面での変化が無視されている。	目標そのものがぼやけている、完全ではない、もしくは設定されていない。
目標の実現方法（教育方法）：どのような教育方法を用いるのか。学生が目標に到達するためにその教育方法はいかに役立つか。専門分野においてなぜその教育方法を用いるのが適当なのか。	目標の実現方法が具体的でよく考えられたものであり、教育方法の詳細な記述と理論的根拠を含んでいる。教育方法が具体的な目標に明確に関連付けられており、その目標に適したものである。専門分野におけるその方法の使用例が具体的に示されている。	教育方法が目標と明確なつながりを持っていない、あるいはつながりがあってもうまく展開されていない（授業中に行われる活動のリストのようである）。方法は書かれているがありきたりである。専門分野において教員がその方法を用いた実例がない。	目標の実現方法と教育方法が関係付けられていない。それが試みられていても、あまりに基本的なものであり深く振り返られていない。
目標の評価（学習到達度の測定）：学生が学習目標に到達していることをどのように理解するのか。どのような評価方法（テスト、レポート、ポートフォリオ、日誌）を用いるのか、その理由は。評価がどのように学生の学習に役立つか。専門分野の重要事項をその方法でいかに評価できているか。	評価方法の具体例が明記されている。評価方法が教育目標および教育方法に沿ったものである。評価によって、内容および方法の点で専門分野の重要事項および文脈を強調できている。	評価方法に言及しているが、目標や教育方法とのつながりに欠けている。記述がありきたりすぎる。なぜその評価方法なのかという理由がない。評価方法と専門分野の重要事項に明確な関係付けが見られない。	目標の評価方法が明確ではない。言及されていても触れる程度である。
インクルーシブな学習環境(*)**を作り上げた上で、以下の問いに一つ以上応えている**：自らおよび学生のアイデンティティ（例：人種、性別、階級）や背景、経験、特権のレベルがいかに教室において影響しているか。学習スタイルの多様性をどのように配慮しているか。自らの教育方法に多様性の視点をいかに取り込んでいるか。	文書の全編を通してインクルーシブ教育の理念がわかりやすく記述されている。多様な理解の仕方や学習スタイルについて言及している。社会的な役割に関する議論をする際は、歴史的には数が少なかったタイプの学生たちに対して配慮が行き届いている。専門分野の文脈で、社会的公正について認識していることが示されている。	インクルーシブ教育を取り上げているが扱いが粗雑である。あるいは理念を述べた他の部分から乖離している。自らの教育方法においてアイデンティティの問題に簡単にしか触れていない。	インクルージョンの問題に対処していないか、うまく対処できていない。教育とのつながりが見られない。
構造、レトリック、および言語：読者をいかに引き込んでいるか。専門分野に相応しい言語を使用しているか。教育理念は主題に応じてどのように構造化されているか。	教育理念に指針となる構造や読者が関心を持つテーマがあり、明記された目標、教育方法および評価が整理されている。専門家にしかわからない用語を避け、教育用語（批評的思考力など）は、教員の専門分野の文脈に応じて具体的に記載されている。文法・綴りが正確である。	教育理念には構造やテーマがあるが、考察とのつながりがない、または構造の整理がしっかりしておらず専門分野の文脈を反映していない。教育理念に専門家にしかわからない用語が含まれている。	全体的な構造が示されていない。教育に関する断片的な記述の寄せ集めである。専門家にしかわからない用語が多用され、具体的な定義や実例が示されていない。大幅な修正が必要である。

(*) 人種、性別、階層等といった多様な背景を持つすべての学習者が学び参加できる環境。「インクルーシブ教育」はそれを可能とする教育。

図表11.1　ミシガン大学学習・教育研究センターによる教育理念の作成と評価のためのルーブリック

許可を得て転載。http://www.crlt.umich.edu/sites/default/files/resource_files/TeachingPhilosophyRubric.pdf

構成要素	入門	基本	プロフェッショナル	達人
授業やその他の学習活動の目標	授業／活動の目標が欠落している、不明瞭である、不適当である。	授業／活動の目標が明確化されており、授業およびカリキュラムに対応している。	授業／活動の目標に、知的にやりがいがあり努力を要する目標がある。学生に最適のものである。	授業／活動の目標において、優秀であるとされる達成度のレベルが示されており、それが多くの関係者の関心に対応している。
授業や学習活動の準備	十分に知識を持っていない。授業実施経験がない。	その分野における先行研究に基づいた教育を行っており、最新の内容と同時に、教育方法および理論枠組みを含んでいる。	先行研究に基づき授業内容の準備がされており、同様に教育方法や理論枠組みの実践を統合したものとなっている。	内容と教育方法の両方において、複数の専門分野の文献から知識や技術を統合している。
教育方法	なぜその教育方法をとろうとするかについての根拠が明確にされていない。教育的な設計がなされていない。	専門分野および所属機関における従来の教育方法を踏襲している。	自らの専門分野において有効性が議論された方法を最大限に活用して教えている。	他の教員の授業改善に役立つような新しい実践法を生み出している。
実践の効果を示す根拠資料	学生の学習の測定方法がない、評価方法が掲げられている目標に合致しない。	学生の目標達成度と掲げられている目標に関連が見られる根拠資料がある。	深く、広範囲の学習が行われていることを示唆する学生の目標達成度が示されている。	実証された学習成果が、学習の深さや範囲において模範となるものである。
実践の振り返りと学生の学習への影響	これまでの教育を振り返ったり、そこから学んだりしたということが示されていない。	過去の教育経験から学んでいることが明らかに表現されている。	概念枠組みに基づき学生の達成度への影響を調査し、振り返りに基づいて授業を改善している。	理論枠組みに基づき根拠資料を振り返った結果、学習目標の達成度が改善された。あるいは学生の学習成果に基づいて理論枠組みを修正した。
教育成果の公表	教育や指導の結果が公開されていない。	実践や学生の学習成果が公開されており、他の人が利用し、それを踏まえて実践したり、批評したりできるようになっている。	振り返りを記載した文書が、実践に対してコメントやフィードバックを行った他の教員により読まれて引用されている。	同様の実践や課題に関心を持つ多くの人たちの実践や研究活動に広く影響力を持っている。

図表11.2　研究者・教育者（本書用に「科学者・教育者」より変更）ルーブリック、バーンスタインら（2009）より

©2009 by American Psychological Association. 許可を得て再掲。

2つのルーブリックの比較を続けていくと、研究者・教育者ルーブリックは、ミシガン大学のルーブリックと同じ教育の要素を取り扱っていることがわかる。そこには、学生の学習、教育方法、評価方法、多様な学習者への対応状況といった一般的な教育要素が含まれている。しかしながら、教育理念ルーブリックにはない、詳細なレベルでの3つの異なる評価観点が追加されている。それは「授業や学習活動の準備」「実践の振り返りと学生の学習への影響」「教育成果の公表」の3つである。

　教育理念ルーブリックとの関連で言えば、この研究者・教育者ルーブリックの「授業や学習活動の準備」と「実践の振り返りと学生の学習への影響」の2つの評価観点は、教員が学生の学習を向上させるために分析し行動を起こすための具体的な行動や振り返りの方法について詳説している。研究者・教育者ルーブリックにおいてそういった行動は、教育方法の改善のために同じ専門分野の他の教員の知識を活用する、学生の成果物から学習の根拠資料を分析する、学習成果全体と関連付けて学習に関するデータを振り返る、と記述されている。

　2つのルーブリック間にはもう1つ違う点があり、達成度レベルの分類の仕方の違いが目的の違いを明示している。教育理念ルーブリックでは、その分類は「優秀」「要修正」「不十分」である。ここでは明らかに、教育理念を書く人を優秀レベルに引き上げることを目的としており、本当にそのレベルの人だけが認められるのである。教育理念では、全員が到達すべき熟達レベルが示されている。最高レベルが評価観点の横の最初の列にあり、その期待値に目を向けさせるようになっている。

　一方、研究者・教育者ルーブリックのレベルは、「入門」「基本」「プロフェッショナル」「達人」となっており、教育が上達していくプロセスであることを示唆している。ほとんどの人が「達人」レベルから始まることはなく、大学教員に必ずしもそのレベルが期待されているわけではない。しかし、時間をかけて努力すれば、より高度でより複雑な教育実践に到達することが可能である。研究者・教育者ルーブリックの達成度レベルは、教えることを学習するには時間がかかるということを教員に示している。これを見ると、あまり複雑ではなく、従来型の教育レベルがはじめに示され、より複雑で従来型ではない教育のレベルが次に続き、左から右へと目がレベルを追って動くというような上達の順序で示されていることは意味深い。

　しかしながら、2つのルーブリック間の最大の違いは、研究者・教育者ルーブリックには最後の評価観点として「教育成果の公表」が含まれていることである。この評価観点は教育理念のルーブリックには見られない。研究者・教育者ルーブリックでは、この評価観点は、自らの教育の振り返りを自分だけにとどめておく段階から、自らの研究や見識を公表して他者が批評できる段階へと成長をとげていく教員に適用されるものである。これは出版物を指すこともあるが、この観点の「達人」レベルの達成の記述からは、論文発表やポスター発表、文章のピア・レビュー（出版されたかどうかにかかわらず）、Social Science Citation Index、Science Citation Index、Google Scholar Citations といった引用索引によ

る文献の影響力を表す証拠資料が含まれる。

　成長のプロセスを重視することの重要性は、機械工学部のある若い教員の例に見ることができる。教員のミンは初めての年次報告書のなかで、自らの教育活動を記述する際に、研究者・教育者ルーブリックを利用した。ミンは「教育方法」における自分の到達度が「基本」レベルに書かれている「専門分野および所属機関における従来の教育方法を踏襲している」に完全に当てはまることにすぐに気付いた。ミンは自分の教育方法について次のように記述している。

　　　私は、機械工学の基本的な知識を講義形式で学んだ。自分にとっては良い方法であったので、自分も基本的には講義形式をとっている。学生が学ぶべき教材も豊富である。学生は満足できているようで、講義が好きだと言われることも多い。自分の講義ノートの概要をウェブサイトに掲載して、学生がそれで確認することができるようにしている。そうすることで、学生の注意を持続させることができ、学生たちも講義がどう進んでいくのかを知ることができる。

　ミンの学生たちは講義に満足しているようであったが、細かい質問をしてくる者はほとんどいなかった。彼は、学生たちは確かに内容を学習してはいるものの、より深いレベルで学びに参加していないのではないかと心配していた。そこで、自分が書いたものを持って、教育・学習センターのセンター長であるジョージに助言を求めに行った。ジョージはこう始めた。「センターに来てくれてありがとうございます。教え始めて1年目の先生方は、誰も達人レベルを期待していないので安心してください。新しい教え方を考えてみるのは良いでしょうが、実行するとなると、シラバスの書き方、テストの作り方、公平に一貫性を持って採点する方法から、コピー機の使い方に至るまで、初めてのことをやってみながらでは難しいでしょう。大学で教えるためにはたくさん学ぶことがありますからね。」
　ミンは安心すると同時に好奇心をそそられた。「では、講義をもっと改善したいとすれば、どうしたらいいのでしょうか？」
　ジョージは即答した。「アクセリという先生が、学術誌『工学教育ジャーナル（*Journal of Engineering Education*）』を普段から利用して、自分の指導に使う新しいアイデアのきっかけにしています。アクセリは工学部の教授です。達人レベルではどんな振り返りをすれば良いのかという例として、彼の書いた授業に関する文章を使わせてもらっています。ルーブリックの達人レベルには『当該教員の仕事が、他の教員の授業改善に役立つような新しい実践法を生み出している』と書かれています。」
　アクセリは以下のように書いていた。

　　　私自身、機械工学の授業では長年にわたって講義を行ってきたが、『工学教育ジャーナル』で新しい方法に関する文書を読んで、学生からの評価をよく見直してみた後、自分の方法

を多少変更することにした。まず、「クリッカー」と呼ばれる学生からの回答システムを導入した。学生は、およそ携帯電話くらいの大きさで、ボタンがついているクリッカー（回答器）を使ってパワーポイント上の多肢選択式質問に答える。すると、学生の回答が一覧になり、教室全体で見えるように映し出される。この対話型の装置を使うことにより学生の講義への集中力が上がり、私にとっても学生の学習状況がわかるようになった。一覧を見れば、学生が知らないことやまだ学習していないことが即座に一目瞭然である。これに加えて、各クラスで私が講義したことを学生が即座に実生活に応用するというケース・スタディも行っている。これが学生の学習に役立っているかどうかを知るために、ケース・スタディによる学生の講義内容の習得成果についてデータ収集を行ってきた。学部長からの依頼で、次の教授会で私のクリッカーの利用法、さらにその評価を発表することになっている。また、学部長には私のケース・スタディの教育方法についても発表するように言われている。

　ミンは、研究者・教育者ルーブリックに段階的な使用方法があることを新たに理解したことで安心し、「クリッカー」を使うというアイデアに少々興奮した。そして、自分の学生に対する深い取り組みが欠けていたという振り返りを含んだ内容に文章を書き直し、翌年から教育方法を変え始めた。
　結論として、研究者・教育者ルーブリックには以下のようないくつかの異なる使い方があると言える。

自己の振り返りと行動のために
　現状の実践を振り返り、以下のような問いかけをする。
　現在自分が教育指導において何を行っているか。各評価観点において自分はどのレベルにあるのか。将来的には何がしたいのか。新しい教育方法を試す時間とエネルギーはあるか。学生が良くできているのはどの部分か。学生の弱点はどの部分か。それに対していかに対処できるか。

同僚との会話において（例：教育・学習センターのセンター長やスタッフ等）
　自分の長所や成長してきている分野を特定するために、以下のような問いかけをする。
　自らの教育指導についていっそう深く考えるためにどんな本を読めば良いか。自分の授業をより興味深いものにするために何を変えたら良いのか。他の人は自分にどんなワークショップや会議に参加することを勧めるだろうか。

計画的なデータ収集および他者との共有方法として
　学生の学習についてデータ収集を行うために、あるいはその結果を他者と非公式に共有するために、どのように段階的に進めていけば良いかを考えるために、以下のような問い

をしてみる。

　どんなデータによって学生が学んでいることがわかるのか。自分がやってみた新しい教育実践は何か。それに対する学生の反応はどうだったか。他の人からアイデアを得たり自分のアイデアを発表したりするのに適した場所はどこか。教授会か、学会のラウンドテーブルか。

　当初想定はされていなかったが、研究者・教育者ルーブリックは、出版のような正式な場において使用することもできる。このルーブリックは、教員が成果を公表したくない場合でも有用である。出版だけが専門分野内でのコミュニケーションを示す根拠資料ではないが、それでも出版は最も一般的に評価されているものである。研究者・教育者ルーブリックの評価観点は、「教育・学習の学識（Scholarship of Teaching and Learning, SOTL）」の研究プロジェクトを設計し実施するための基礎として最適である。それは、以下の6つのステップで行われる。

　・教育目標を設定する。
　・プロジェクトを準備／計画する。
　・研究の方法論を定義する。
　・根拠資料を収集する。
　・それについて振り返り、学んだことについて記す。
　・学会発表や出版を通じて公表する。

　以前は、査読がありテニュア取得や昇進の判断時の有効な実績とされるような専門分野の教育関係学術誌にこうした学識に裏付けられた教育プロジェクトが掲載されたことはなかった。今では、それぞれの専門分野において、教員が自らの教育実践に関する研究を発表している学術誌が少なくとも一つは存在している。例えば、『工学教育ジャーナル（Journal of Engineering Education）』『心理学教育（Psychology Education）』『経営教育ジャーナル（Journal of Management Education）』などがそうである。『教育・学習の学識に関する国際ジャーナル（International Journal of Scholarship of Teaching and Learning）』という、教員自身による教育実践の研究に関する論文のみを掲載する学術誌もある。
　なお、様々な専門分野の関連学術誌の一覧は以下に掲載されている。
　　http://www.uww.edu/learn/journalsotl.php
　　http://ilstu.libguides.com/content.php?pid=95734&sid=716042

●昇進やテニュア取得のための文書用ルーブリック

　「昇進およびテニュア取得に関するガイドラインを読むこと」というのが、教員が「昇

進およびテニュア取得のための（promotion and tenure, P&T）委員会」に出す申請書を準備する際に受ける一般的なアドバイスである。もっともなアドバイスではあるが、実際のところは、そういったガイドラインはやたらにくどく不明瞭であり、まとまりのあるわかりやすい文書を作成するには使いにくいものが多い。**図表11.3**にポートランド州立大学のP&Tガイドラインのなかからの1ページを掲載する。

このガイドラインは、文字数は多いものの比較的明解なのだが、本書の著者の1人であるダネル・スティーブンスが1997年にテニュアの申請をした際、34ページにわたるガイドラインのなかから、自分が文書を作成するに当たって最も役立つ部分を特定しなければいけないことに気付いた。

ダネルは、このガイドラインの歴史的背景を検討することから始めた。1994年、ポートランド州立大学ではアーネスト・ボイヤーの著名な研究（1990）を受けて、学術活動のためのガイドラインおよび昇進・テニュア取得のための明確なガイドラインが定められた。ボイヤーは、学術活動の定義を、発見、統合、解釈、応用の4つの分野を含むものに拡大した。学術活動は、単に「発見」と定義されることが非常に多い。それにこの3分野を追加することにより、価値ある学術活動として見なされる従来の概念を、「伝統的研究」から、「研究の影響とその応用」にまで広げたのである。ポートランド州立大学では、研究者（*scholar*）という言葉は、「知的、美的、創造的に、卓越した成果をあげている人」を意味する（PSU Promotion and Tenure Guidelines, 1994; www.pdx.edu/oaa/promotion-and-tenure-in-formation）。この学術活動は3つの分野（研究、教育、地域貢献）で表現されている。

ボイヤーの研究に従い、教員が書類上で表現しなければならない「学術活動の質と重要性」に関する項目は以下の通りである。

1．目標の明確性および妥当性
2．現存する知識への精通
3．方法論とリソースの適切な使用
4．コミュニケーションの有効性
5．結果の重要性
6．一貫した倫理的行動

当時、このP&Tガイドラインは、画期的なものと考えられていた。研究活動のみを評価するというものから、教育や地域貢献に関する活動も学術活動に値するとしたボイヤーの定義を採用したからである。

ダネルがそのガイドラインを読んだ時も納得できるものであるように思えた。全体構成を考えずに自分が成し遂げてきた業績を長々とリストにするつもりはなかったが、それでも高大連携コーディネーターの仕事（仕事量の約3分の2）と教育業務（仕事量の約3分の1）を自分の経験の「根拠資料」を入れ込んで、簡潔でわかりやすい文章へと再構成する

学術活動の質と重要性

　学術活動の質と重要性は、教員の昇進およびテニュア取得の決定における最優先の判断基準となる。学術活動の質と重要性は包括的かつ総合的な概念であり、様々な専門分野で表れる研究活動や調査、教育および地域貢献の成果としての教員の業績に平等に適用されるものである。

　学術活動が一貫して高い質を維持しており、将来的に模範的な学術活動となることが確実であることは、すでに行ってきた活動の量よりも重要視される。学術活動業績の質と重要性を評価する基準には、以下の事項が含まれる。

1. 目標の明確性および妥当性：研究者はその研究の目的を明確に定義し、研究における基本的課題を明確に提示しなければならない。学術活動の評価において、目的の明確性は重要な背景的知識となる。
    - 研究または地域貢献プロジェクトは、知的、美的、創造的な分野における実質的な問題、もしくは研究者の専門分野または学際的分野における課題に対処するものでなくてはならない。明確な目的が公平な評価に必要である。
    - 教育活動は、一般的に学習目標に関連があり、学習目標はカリキュラム目標および対象となるテーマにおける既知の知識に対応したものである。

2. 現存する知識への精通：研究者は自らの専門分野の進展に貢献できる能力があり知識が豊富でなければならない。他者を教育し、有意義な調査を実施し、地域貢献活動を通じて質の高い支援を行う能力には、現存する知識に精通していることが必要である。
    - 研究者は、調査者および問題解決者として、関連する理論、概念、および蓄積した知識を活かした方法論、対策、および介入法を提案している。
    - 研究者は、教員として、リソースの扱い方を示し、対象となるテーマの深さ、広さ、および理解を他に示すことで、学生の学習ニーズに適切に対応し、教育方法やカリキュラム内容の改善を評価することができる。

3. 方法論とリソースの適切な使用：研究者は、注意深く構築された論理と方法論を用いて目標に取り組まなければならない。
    - 綿密な研究とそれを応用した問題解決には、仮説もしくは介入法の有効性の判断を可能にする十分に練られた方法論が不可欠である。
    - 研究者は、教員として、学生の学習を最大限にするための適切な教育方法および指導技術を用い、カリキュラム活動の効果を評価するために適切な方法論を用いる。

4. コミュニケーションの有効性：研究者は、口頭および筆記による有効なコミュニケーションスキルを持ち、知識を教室内や研究室、研究分野を超えた一般の人々が理解できる言葉に置き換えることができなければならない。
    - 研究者は、調査者および問題解決者として、対象となる相手の専門基準に見合った内容で、公式のプレゼンテーション、印象的な原稿もしくはレポートの執筆、あるいはオリジナルの芸術作品の制作を行う。研究者は教員として、学生との間に前向きな信頼関係を築き、学生の学習を促進させるための新たな知識を明確化する。また同僚にカリキュラム改革を広める。
    - 研究者は適切な対象者とコミュニケーションをとり、自らのアイデアを批評的思考および独自の評論の対象にしなければならない。通常、研究活動の結果は、出版物（学術論文や書籍など）や講演、展示および／または学会やワークショップでのプレゼンテーションなどを通して広く公表される。

> 5．結果の重要性：研究者は、自らが設定した目標を達成したかどうかを評価し、成果が重要な影響力を持ったものであったか、またそれが他者に使用されたかなど、評価しなければならない。通例、同僚およびその他の複数の信用できる人々（例：学生、地域の参加者、その分野の専門家など）により、結果の重要性の評価を受ける。
> ・研究者は、調査者、教員、および問題解決者として、綿密な批評的調査を受けたり、様々なレベルの批評家からの評価を見極めるため、自らの研究成果を広く公表するものである。知的貢献度の特質および重要性を評価する際には、直接的なユーザー満足度以外も考慮する必要がある。
> ・地域貢献活動に従事する教員は、関連する社会問題や課題を明確にし解決すること、組織開発を推進すること、既存のやり方やプログラムを改善すること、地域の文化的生活を豊かにすることなどにより自身の属する地域およびそれを越えた範囲に至るまで変化をもたらすことができる。研究者は、地域を基盤としたプロジェクトから得た知識を広く公表し、その重要性をプロジェクトから直接恩恵を得なかった人々とも共有しなければならない。
> ・教員として研究者は、学生の学習意欲を向上させること、学生の生涯学習スキルを伸ばすこと、そして学生に知識、技能、および能力を与えることなどにより学生の人生に変化をもたらすことができる。教育研究者はさらに、自身の教育方法に賛同する同僚に新しいアイデアや新しいカリキュラムを伝達することにより学術的に大きく貢献することができる。
>
> 6．一貫した倫理的行動：研究者は、自らの研究を誠意、品位、および客観性を持って遂行しなければならない。研究者はまた、学生、地域の参加者、同僚、およびその他研究に参加する者や研究の恩恵を受ける者と互いを尊重した関係を育成していかなければならない。学術的規範における教員基準は、倫理的行動規範を意味する。例として、倫理的行動には、調査プロジェクト実施の際の被験者審査過程の遵守、またレポート・論文・書籍の執筆の際に情報源の出典を適切に明示することなどが含まれる。

図表11.3　ポートランド州立大学「昇進およびテニュア取得のためのガイドライン」

1994年（2006年改訂）、pp.6-7。許可を得て再掲。

にはどうしたら良いかわからなかった。彼女は「学術活動の質と重要性（**図表11.3**）」に関連するセクションを何度も読み返すうちに、これをもとに採点指針ルーブリックを作成できると気付いた。まず、P&Tガイドラインで使われている用語を研究、地域貢献、教育に分け、それぞれを枠内に当てはめた。**図表11.4**は彼女が作成したものである。

　ダネルは、ボイヤーの基準を一番左の列に記入した。そして、その基準の内容をP&Tガイドライン（**図表11.3**）に書かれている通り、「学術活動」を「研究」「地域貢献」「教育」の3列に分割した。P&Tガイドラインを再構成する過程で最も重要な部分は、ルーブリックに使われる用語をP&Tガイドラインの用語と統一するという点であり、このことで再構成した用語に信頼性が加わった。これは採点指針ルーブリックなので、達成度の段階はなく、最高レベルの達成度についての記述しかない。

　表にしてみると、それぞれの重要な箇所に自分が出した成果の根拠資料を付けていくのは比較的簡単なことがわかった。またルーブリックから文書への移行も同様であった。このようにして、「ボイヤーの学識概念に基づく評価観点を使用した学術活動の根拠資料」用のルーブリック（**図表11.5**）が生まれ、彼女のテニュア取得のための申請書のなかに含まれることとなった。

学術活動

学識の基準 (Boyer, 1990)	研究	地域貢献	教育
1. 目標の明確性および妥当性 ・目的の明確な定義 ・研究の根拠に関する明確な記述 ・ねらいの明確化	研究は、研究者の専門分野における知的、美的、創造的な分野における実質的な問題、もしくは課題に対処するものでなくてはならない。明確な目的設定が公平な評価に必要とされる。	地域貢献は、研究者の専門分野における知識、美学、創造の分野における実質的な問題、もしくは課題に対処するものでなくてはならない。明確な目的設定が公平な評価に必要とされる。	教育活動は、一般的に学習目標に関連付けられており、学習目標はカリキュラム目標および対象となるテーマにおける既知の知識に対応したものである。
2. 現存する知識への精通 ・準備が周到である ・知識が豊富である ・他者を教育できる能力がある ・調査を実施できる	関連する理論、概念、および蓄積した知識を活かした方法論、対策、および介入法を提案する。	関連する理論、概念、および蓄積した知識を活かした方法論、対策、および介入法を提案する。	リソースの扱い方を示し、対象となるテーマの深さ、広さ、および理解を他に示すことで、学生の学習ニーズに適切に対応し、教育方法やカリキュラム内容の改善を評価する。
3. 方法論とリソースの適切な使用 ・注意深く構築された論理と方法論を用いて目標に取り組む	綿密な研究には、仮説もしくは介入法の有効性を判断することができる十分に練られた方法論が不可欠である。	綿密に適用された問題解決には、仮説もしくは介入法の有効性を判断することができる十分に練られた方法論が不可欠である。	学生の学習を最大限にするための適切な教育方法および指導技術を用い、カリキュラム活動の効果を評価するための適切な方法論を用いる。
4. コミュニケーションの有効性 ・知識を一般の人々が理解できる言葉に置き換える	対象となる人々の専門家としての基準に合致する内容で、公式のプレゼンテーションや印象的な原稿もしくはレポートの作成を行う。	対象となる人々の専門家としての基準に合致する内容で、公式のプレゼンテーションや印象的な原稿もしくはレポートの作成を行う。	学生との間にポジティブな信頼関係を築き、学習意欲を高め、新たな知識を明らかにするような方法でコミュニケーションをとる。同僚の教員と新しいカリキュラムの成果を共有する。
5. 成果の重要度 ・同僚およびその他の複数の信用できる人々による、成果の重要度の評価を受ける	さらに詳しい研究のきっかけとすることや評価の度合いを測るために、自らの研究成果を広く公表する。直接的なユーザー満足度以上のものであること。	関連する社会問題を明らかにし解決する、組織開発を推進する、既存のやり方やプログラムを改善する、地域の文化的生活を豊かにするなどにより、地域およびそれを越えた範囲に変化をもたらす。知識を広く公表し、その重要性をプロジェクトから直接恩恵を得ない人々にも共有する。	学生の学習意欲を向上させる、学生の生涯学習スキルを伸ばす、学生に知識、技術、および能力を与えるなどにより、学生の人生に変化をもたらす。教育方法の新しいアイデアを伝達することにより、学術的に大きく貢献する。
6. 一貫した倫理的行動	誠意、品位、および客観性を持って業務を遂行する。学生、地域の参加者、同僚、およびその他研究に参加する者や研究の恩恵を受ける者と互いに尊重した関係を培う。学術的規範における教員基準は、倫理的行動規範を意味する。被験者審査過程の遵守、レポート、論文、書籍の執筆の際に情報源の出典を適切に明示することなどが含まれる。		

図表11.4 ポートランド州立大学「昇進およびテニュア取得のためのガイドライン」1994年（2006年改訂）、pp. 6-7 より作成したダネルのルーブリック

学術活動の根拠資料

研究活動の基準 （Boyer, 1990）	研究	地域貢献	教育
1．目標の明確性および妥当性 ・目的の明確な定義 ・研究の根拠に関する明確な記述 ・ねらいの明確化	・施設内審査委員会（IRB）に提出した研究計画および論文や出版物に明記した研究目標および目的。	・学区と連携して「ゴールズ2000」プロジェクトを計画した際の学区での会議リスト。 ・ポートランド州立大学が行った専門能力開発に学区に参加してもらうために用意した参加申込書。	・過去5年間に3つのコアクラスの授業を担当。主な授業の目的は、全米教職委員会の基準、博士前期課程プログラムの到達目標と目的、さらに授業評価（課題）に関するものであった。
2．現存する知識への精通 ・準備が周到である ・知識が豊富である ・他者を教育できる能力がある ・調査を実施できる	・文献レビューが含まれた論文の公表。文献レビューの例としてスティーブンスとエバーハートの1997年の学校・大学連携に関する論文を参照。	・文献レビューの妥当性に関する学会発表申込書および論文に対するレビューアーからの肯定的反応。 ・連携関係構築に関する発表のために招かれたワークショップのリスト。	・教育および調査に関する現状把握のために、学会での専門能力開発に関するワークショップに5回参加。
3．方法論とリソースの適切な使用 ・注意深く構築された論理と方法論を用いて目標に取り組む	・論文発表および学術誌論文における、自らの調査のねらいの明確な設定。	・3年間にわたり15学区で行われた「ゴールズ2000」アクション・リサーチの20のワークショップのリスト。	・学生の学習評価のためのルーブリックの使用。 ・学生の授業成績にルーブリックを適応させ有効性を再考。
4．コミュニケーションの有効性 ・知識を一般の人々が理解できる言葉に置き換える	・論文を執筆、3誌の学術誌に受領される。アメリカ教育研究協会のアクション・リサーチ専門家グループの評価者。	・専門能力開発連携関係を構築した学区の4校長からの支持書。 ・3年間に8回発行された「教育学研究科大学院専門能力開発プロジェクトニュースレター」のコピー。	・学生の評価フォームの分析。特に学生が何かを学習したという認識に関する項目に注目。
5．成果の重要度 ・同僚およびその他の複数の信用できる人々による、成果の重要度の評価を受ける	・社会科学引用索引における引用数4 ・論文発表数15 ・ポートランド州立大学在職中の出版数6 ・編書執筆、出版中1	・教育学研究科大学院のための専門能力開発プロジェクト実施校数6。 ・教育実習生の学校への配置：教員による専門能力開発活動の実施。	・学生の評価フォームの分析の振り返り。高得点を得たものと低得点であったものの特定。
6．一貫した倫理的行動	・すべての調査においてポートランド州立大学の被験者および施設内審査委員会からの承認を取得。 ・アメリカ教育研究協会において4年間にわたり、女性の地位と役割に関する委員会の委員長および委員会員。		

図表11.5　ポートランド州立大学、昇進とテニュア取得のためのガイドライン、1994、2006より作成（ダネルの業務が学術活動（研究、地域貢献、教育）の各分野において基準に合致することを示す根拠資料）

ダネルは自分の研究成果から具体例を用いて、自分が各評価観点において学術活動のすべてにわたり基準を満たしていることを示した。それでもさらに自分の仕事を文章にて説明し、それが各領域の学術活動になっているかどうかを示さなければならなかった。しかし、それを書く時には、学術活動の分類に使用されているボイヤーの学識の基準を自分の基準点とすることができた。彼女は最終的な文書を研究、教育、地域貢献という一般的な3つの章立てとし、それ以外に、それぞれの章で、高大連携コーディネーターとしての自分の仕事について、ルーブリックの最も左の列の各基準に沿って上から順に記述した。そして、それが学術活動としてどう組み込まれているかを書いた。

　ダネルはテニュアを取得し、その後、同じ採点指針を用いて自分の研究実績を整理し、教授へと昇進した。

●結論

　ルーブリックを用いることにより、教員は次のようなことが可能になる。自分の業務を振り返る、自分自身や外部の対象者に向けての文章を書く、以前は思い付かなかった見方について考える、自分自身の成長を評価する、すでに自分がやってきたことを確認する。ルーブリックを使って振り返ることにより、自分の研究を外部の対象者に向けて話したり書いたりするために必要な言葉を得ることができる。

　就職の応募書類や年次報告書、テニュア取得や昇進のために文章を書くということは、単に外部からの要望に応えるだけのものではなく、教員が自ら行っていることを注意深く批評的に振り返るよい機会となる。批評的な振り返りによる成人学習に関する著名な研究者であるステファン・ブルックフィールド（1995）は、私たちは教員として自らが行っていることを批評的に振り返らなければならないと述べている。

> 　批評的に振り返る習慣を持つことは、実用性以上のメリットを与えてくれる。そうすることで自らの行動のみならず教員としての自分とは何者かという感覚を、見直された現実に織り込む。振り返ることで、自分が信じるものをなぜ信じているのかを理解することができる。批評的に振り返ることのできる教員は、同僚や学生とだけでなく、自らの実践を基礎付けている自分自身ともうまくコミュニケーションをとることができる。そうした教員は、知識に基づいた責任ある仕事をしていると言える。自分の取る行動の理由を理解して行動し、理由を理解した上で物事を考えている。それがわかることで、その教員は地に足がつき自信を持って学生とコミュニケーションをとることができる。こういった地に足がついた感覚が、自分では制御できない力に流されそうになった時でも安定感を与えてくれる。……実践を支える重要な論拠とは、精神的にも職業上にも市民としても必要なものである。……論拠は、方法面、倫理面での基準となる。

　本章では、ルーブリックを使って、キャリア開発のために作成する文書に注目してきた。

ブルックフィールドが記しているように、こういった文書は、個人および専門家としての自分が何者であるかに関わる強い声明文であることを忘れてはならない。本章で取り上げたルーブリックは、私たちの実践を批評的に振り返り、それについて文書を作成する上で、確かな枠組みとなるであろう。

第12章

ルーブリックとプログラム評価

　教員研究室のある建物全体を2分以内に無人にする方法を教えよう。ガラスを叩き割ったり、非常ベルを鳴らしたり、「火事だ！」と叫んだりするのではない。単に「プログラム評価」とつぶやくといい。研究室や廊下から人がいなくなるのが見えるだろう。その言葉を聞くと多くの教員の脳裏に蘇ってくるのは、何時間もの書類作成や、それ以上に長時間にわたる意味のない結論の出ない会議、そして極めつけには日々やっていること、やりたいこと、それに学生の学習に本当に意味を持つこととはかけ離れた内容の報告書の作成といったストレスだらけの記憶である。プログラム評価とは、本来そういうものではないのに、そうであった時のことが記憶に残っているのだ。

　プログラム評価は、一般的に次の3つの理由により行われる。

- 学部の年度ごとの自己点検：定期的な（年に1度である場合が多い）自己評価の一部として、通常は、学部内での検討資料とする。
- 外部に対する学部の年次報告：より正式な報告であり、学部で検討した基準で実施されるが、その結果が外部にも出るという理解のもとに行われる。
- 認証評価：認証評価の一部として行われ、評価の基準は外部組織により定められる。

　ルーブリックははじめの2つの例のように、その作成と使用が評価を受けるプログラムの日常の一部となっている場合に最も有用である。認証評価の場合やプロセスがより階層的になっている場合にはルーブリックはあまり効果的ではない。特に教員自身がルーブリックを作成していない場合には顕著である。それでも、そのプロセスの明確化、簡略化、さらにはプロセスを制御しやすくするという意味で、いくらかの効果はある。

　ルーブリックには、時間の無駄になりかねない評価経験を、すべての関係者にとって前向きで実りのあるものに変える力がある。評価対象となるプログラムの関係者が作成したルーブリックを使うことによって、評価の実施方法、提示方法、対処の仕方などを変えていき、もっとニーズに見合ったプロセスで始めることができる。ルーブリックは大学にお

ける評価文化を大きく変えることができる。教員自身が大切だと考えて作成した目標やプログラムの目的に対応する形で、プログラムが確実に評価されるようになるからである。

本章では、ルーブリックを使って行われたプログラム評価の3つの形式を見ていく。ウォルワードの「シンプルなプログラム評価」、ポートランド州立大学ユニバーシティ・スタディーズの課題評価を用いた「やや作り込まれたプログラム評価」、そして全米大学協会のVALUEルーブリックを使った「完全に作り込まれたプログラム評価」である。

●「シンプルなプログラム評価」ルーブリック（ウォルワードの学部内自己評価法）

ウォルワード（Walvoord, 2010）は、学部の到達目標とその目標達成までの進捗状況に関する年次報告書を、4時間で書くシンプルな方法で作成することを提案している。ウォルワードの方法は、学部が実施しているすべての学位・資格プログラムにおいて、学習目標を設定し（学習目標および学生の学習成果の書き方については資料Bを参照）、その上で2つの評価法を用いて、学部が定めるすべての目標またはある特定の目標に学生が到達しているかどうかを評価するものである。ウォルワードは、以下の2つの評価法を提案してい

ケース・スタディ：学生の課題に関するルーブリックに基づいた評価

生物学部に設けられた「生物学研究」という最終学年用の授業科目において、学生が大規模な科学的研究プロジェクトを完了し、科学論文の様式に基づきレポートを作成した。学生の研究レポートを評価するため、教員がルーブリックを作成。学部では定例の年次会議が行われ、担当教員がルーブリックの得点を用いて、学生の強い部分と苦手とする部分について報告を行った。

科学レポートでのクラスの平均ルーブリック得点

特性	1年目のクラス平均得点	2年目のクラス平均得点
表題	2.95	3.22
序論	3.18	3.64
科学的様式	3.09	3.32
方法と材料	3.00	3.55
非実験的情報	3.18	3.50
実験計画	2.68	3.32
実験手順の説明	2.68	3.50
変数制御	2.73	3.18
データ収集	2.86	3.36
データ解釈	2.90	3.59
総括	2.93	3.42

図表12.1　「シンプルなプログラム評価」のケース・スタディに用いられたウォルワードによる表

Walvoord & Anderson, 2010, p. 167, John Wiley publisher より。許可を得て転載。

る。1つは直接評価法で、教員が学生の課題を分析するものである。もう1つは間接評価法で、調査もしくは学生のフォーカスグループ・インタビュー（定性的調査法の一種。情報を収集するために複数の対象者を集めて、グループ面接を行う）が必要となる。こうした評価から得られた結果は、4時間以内の教授会の会議のなかで議論され、学生の全体的な学習結果を評価するだけでなく、学生の学習を向上させるためにとる対策を1つ決定する。会議の結果は議事録に記録される。

　ウォルワードは、自らのシンプルな方法について、生物学部での最終学年用の授業科目でのケース・スタディを用いて説明している。この授業では、学部生が1つの研究プロジェクトを終え、その結果を科学論文としてまとめていた。教員はそのレポートをルーブリックを用いて採点した。一方、学部はそのルーブリックを用いて、各評価観点（特性）の2年間の得点を比較することにより、シンプルな方法でこの授業の評価、ひいてはその専攻全体の学習経験の評価を行った（**図表12.1**参照）。学部では年度の始まりに4時間の会議を行い、どのような直接・間接データを収集するかを計画し、翌年に、収集したデータの分析を行った。

　そのシンプルな比較だけで、学部は得点下位の2項目が「実験計画」と「変数制御」であることに気付き、危機感を持った。学部では、「実験計画」に力を入れることにし、特別委員会を結成してカリキュラムの分析およびフォーカスグループの学生との面談を行った。委員会では、学生は実験計画の一般的な理論は理解しているが、実習というのはある決まった方法に従って行う訓練であり、教員が作成した質問に正しい答えを導き出すものであると考えているために、その理論を実践できていないと結論付けた。学部では、繰り返しランチミーティングを行って、実習での教育方法をいかに変えていくかを議論することを提案した。

　さらにウォルワードは、シンプルな方法を使っている各学部に対して、その学部の評価の仕組みについて2、3ページにまとめた説明をウェブサイトに掲載し、他の外部評価や認証評価に使えるようにすることを提案している。その説明は、会議の議事録を編集したものと課題への対処法を説明したもので構わない。確かに、学部がプログラムや組織を評価する際は、ルーブリックのデータだけを検討するわけではない。しかし、ルーブリックの基準とプログラムの成果との間に一貫性が構築されることにより、ルーブリックに基づいた学生の課題の出来具合が、学部にとってはプログラムの成果に関する貴重な情報源となる。

● 「やや作り込まれたプログラム評価」ルーブリック（ポートランド州立大学ユニバーシティ・スタディーズの年次評価）

　ポートランド州立大学のユニバーシティ・スタディーズ・プログラムでは、ウォルワードのシンプルな評価にいくつか追加して、プロセス全体にまで評価を拡大した年次報告を毎年実施している。ユニバーシティ・スタディーズ・プログラムでは、新入生向けに必修

科目「初年次探究」を開講している。このプログラムでは「禁断の知」や「持続可能性・権力・想像力」といった様々なテーマで1年間の学際科目を開講している。このプログラムの授業はポートランド州立大学のキャンパスだけではなく、コミュニティ・カレッジやいくつかの高校のアドヴァンスト・プレイスメント科目の一部として、複数の教員が教えるものである。ポートランド州立大学は都市部にキャンパスを持ち、学生の多様性の高い大学である。「初年次探究」では、新入生全員が大学で成功するために必要なスキルを身に付けさせたり、大学で経験できる多様な可能性について紹介している。これは意欲的な試みであるが、ある意味で形のないことを目指しており、「本当に効果はあるのか」という質問が出ても仕方がないであろう。

　それを明らかにするために、ユニバーシティ・スタディーズの教員は「ユニバーシティ・スタディーズの4つの目標」を作成した。「探究と批判的思考」「コミュニケーション」「人間の営みの多様性」「倫理と社会的責任」（Brown, 2005）である。その上で、教員は6段階のレベルを作成し、プログラムによって目標が達成できているかどうかを評定するために総合的なルーブリックを用いた。当初は、ルーブリックは4つあったが、プログラム評価を数年実施した後、「コミュニケーション」のルーブリックは一般的すぎるため、文書によるコミュニケーションと量的リテラシーにさらに分割する必要が生じた。そこでそのように分割し、異なるルーブリックをそれぞれ作成した（Carpenter, 2010。倫理以外のルーブリックは資料参照。倫理はp.89の**図表7.1**で掲載済み。また、http://pdx.edu/unst/university-studies-goals にてワードおよびPDFでのダウンロード可能）。

　新しいルーブリックは、以前のものと同様に、評価される目標を熟知している「初年次探究」の担当教員を中心に作成された。そのプロセスは、おそらく評価自体と同じくらい重要だと言えるだろう。教員が広範囲に関わっていることにより、ルーブリックと目標の関連付けを確実なものにできるとともに、現実の教室での経験に基づいて時間とともに自然に変化させていくことができる。「コミュニケーション」のルーブリックはそうした変化があった一例だが、他のプログラムでもそうした事例はある。教員会議では、定期的にすべてのユニバーシティ・スタディーズのルーブリックを再分析し修正している。そのプロセスには、教員自身がその授業で達成しようとしている目標を再確認できるという付加価値もある。ルーブリックを作成したり、修正したりする経験は、ルーブリックを用いて学生の最終成果物の得点を分析することと同じぐらい価値のあることだ、という教員もいる。

　毎年度末に行われる評価のプロセスでは学生の最終成果物が用いられる。そのプロセスは、学生のポートフォリオを無作為に集めることから始まる。「初年次探究」の各授業からは3つずつ、平均して200以上のポートフォリオが集められることになる。このポートフォリオは、学生が作成し、「ユニバーシティ・スタディーズの4つの目標」に沿って構成されたものである。そこには、各学生が1年を通じて取り組んだ課題と、各学生がその課題を見て目標をどの程度達成できたのかを自己評価したコメントが書かれている。「初

年次探究」が始まった頃は、「ユニバーシティ・スタディーズの4つの目標」に対する学生の課題のサンプルと学生自身による振り返りが添えられた分厚い資料を見ると、やるべき課題の多さを見せつけられているようで、気が遠くなるようなものだったが、最近ではほとんど電子ポートフォリオになったため、威圧感は減り、重い資料を持ち運ぶ必要もなくなった。

しかしどんな様式であれ、結果として集められたポートフォリオは、ユニバーシティ・スタディーズの教員だけではとても評価しきれないものになる。その評価は、できるだけ多くの学部や専門分野から集められた40～50名の評価者で2、3日かかる仕事量である。確かにこの処理にあたれるユニバーシティ・スタディーズの教員が不足しているのは事実であるが、この作業は単に実際に必要というだけではなく、意図的に選択された結果でもある。学部の教員にユニバーシティ・スタディーズの目標をより深く認識してもらうとともに、プログラムの透明性を高めることも狙いとしているのだ（Carpenter, 2010）。

評価者はルーブリックの使用についての事前研修を受けてから、大学から用意された5つのルーブリックに従って、各学生のポートフォリオの評価を始めることになる。各学生のポートフォリオごとに2人の評価者が評価する。2人の評価者による評価が大きく食い違う場合は、さらにもう1人の評価者が入り、最終評価が下される（Carpenter, 2010）。

その後、評価をひとまとめにし、結果を秋の合宿研修で議論し、それぞれのチームが別々に結果を再検討する。チームではデータを用いて、実際の達成度においてどの目標に弱点が見られるかを判断し、翌年の学生の学習成果を向上させるための計画を立てる。計画を立てるに当たっての約束事は特に設けていないものの、大抵の場合、共通の課題、練習問題、特定の目標に対応する文献講読を課すというものが多い（「初年次探究」のチーム・ティーチングでは共通テーマを設けているが、文献講読および課題に関しては各教員にかなりの裁量がある）。

毎年の評価および集中的な教員の関与によって、学生の学習結果の非常に詳細な記録が少しずつ作られていき、教員が即時にタイミング良くフィードバックができるようになった。評価に関わるルーブリックを教員が作成し使用していること、そして同じルーブリックを使用することによって、「初年次探究」担当の多様な教員に統一感をもたらし、教員自身が日々達成させようとしていることが実際に評価されるようになる。こうした評価のプロセスは、教員の、教員による、教員のための評価の仕組みを作成するという優れたケース・スタディである（Levi & Stevens, 2010; Rhodes, 2010）。

● 「完全に作り込まれたプログラム評価」ルーブリック（VALUEルーブリック）

しかしながら、「初年次探究」が使っているような大規模なルーブリックに基づく、継続的評価の仕組みを構築し、それを維持できる学部やプログラムは多くない。かなり熱心な学部ですら、どんな様式であれ学部のすべての授業を包括するルーブリックを管理するのは困難と感じるだろう。ウォルワードのシンプルなルーブリックのケース・スタディは、

教員のうちの1人が作成した1教室で使うルーブリックに関するものであり、学部全体で作成したルーブリックを使って、プログラム全体にわたる目標を評価するものではないことに留意すべきである。また、どこの学部にもそういったルーブリックを使用し、かつそれを進んで共有するような教員がいるわけではなく、そのルーブリックが必ずしもプログラムの成果に適合するとも限らない。そのような状況を支援するために、全米大学協会が「学部教育のための適正な学習評価（VALUE: Valid Assessment of Learning in Undergraduate Education）」という全国版ルーブリック一式を作成した。ルーブリックを用いて様々な成果を評価することに興味を持っている大学が、どのような様式の評価であれ、共通して使用できるような評価モデルを提供している（Adler-Kassner, Rutz & Harrington, 2010）。

　VALUEルーブリックは、全米の100名以上の教員と専門家がチームとなり協力して、3つのカテゴリーで15のルーブリックを作成したものである（原著では「15」のルーブリックであるが、2013年に「国際的な学習（Global learning）」が追加され、「16」になった）。

知的・実践的スキル
　・探究と分析（Inquiry and analysis）
　・批評的思考（Critical thinking）
　・創造的思考（Creative thinking）
　・文章コミュニケーション（Written communication）
　・口頭コミュニケーション（Oral communication）
　・読解（Reading）
　・数量的リテラシー（Quantitative literacy）
　・情報リテラシー（Information literacy）
　・チームワーク（Teamwork）
　・問題解決（Problem solving）

個人的・社会的責任
　・市民参加（Civic engagement）
　・異文化に関する知識と能力（Intercultural knowledge and competence）
　・倫理的思考（Ethical reasoning）
　・生涯学習の基礎とスキル（Foundations and skills for lifelong learning）

学習の統合と応用
　・学習の統合と応用（Integrative and applied learning）
　　　　　　　（Morgaine, 2010; Rhodes, 2010; www.aacu.org/value/rubrics/index_p.cfm）

　これらのルーブリックはhttp://www.aacu.org/value/rubrics/index_p.cfmからダウン

ロードが可能である。無料であるが、アクセスには登録が必要である。ワードおよびPDFの様式でダウンロードできる。

　VALUEルーブリックは教員により生み出されたものなので、学術的な共通言語を用いており、場合によってはそのままで利用できるが、本来そのために設計されたものではない。教員が自らの評価用ルーブリックを作成するためのモデルとして、基本的な言語および最初の骨子を提供するものである。実際、全米大学協会はルーブリックを「それぞれの大学、専門分野、授業に対応する表現に変換が可能であるし、そうすべきものである」と述べている（Rhodes, 2010）。本書では、第7章の「ルーブリックのカスタマイズ」で概要を述べた方法を使用することを勧めたい。

●ルーブリックを用いた優れたプログラム評価のルール
　プログラム評価のルーブリックを設計するには、そのプログラムに関与している多くの教職員の協力が必要である。見本となるルーブリックの作成に成功するためには、いくつか留意しておくべきルールがある。

1．最善のプログラム評価とは、当該プログラムの目標および価値に精通したプログラムの関係者が中心になって作成されたルーブリックや基準を用いたものである。
2．教員の熱意にばらつきがあることはやむを得ないが、全員がある程度参加すべきである。教員の参加によって共同体や共通の価値観が築かれるだけでなく、プログラム評価でルーブリックを使った教員は、授業での採点にもルーブリックを使うようになることが多いからである。
3．評価のためのルーブリックの作成は継続的なプロセスである。従って、最初の草案も後の修正版も、作業中の未完成品として考えられるべきであり、非常に大幅な変更もあり得る。多くの場合、変更はむしろ望ましいものであるという理解をもって対処されるべきである（Morgaine, 2010）。
4．プログラム評価は個人ではなくあくまでプログラムを評価するものである。従って教員個人の評価とは完全に切り離したものでなければならず、また、教員にはその旨を伝える必要がある。
5．ルーブリックは学生のポートフォリオやレポート課題のような直接的な成果物の評価に最も適している。
6．学生の学業成績のみを使ったプログラム評価は十分ではない。学業成績にはプログラムの長所や短所に関する十分な情報が含まれていないからである。
7．すべてのプログラム評価は、改善のための実行が伴わなければならない。また、同時に参加者にとってその評価プロセスが有意義なものであり続けなければならない。

終章

ルーブリック・マニフェスト

　根本的に、ルーブリックは大学が教育をどのように定義し制御するのかに関わる大きな改革、つまり権限の分配方法改革の一部である。権限の再分配というのは教室から始まる。教室で、教員はルーブリックを使って、学問の世界に近づく力を学生に与え、自分たちに何が期待されているのかをよく理解させ、自らの学習に大きなメリットを与えるやり方で、そうした期待に貢献できるようにしていく。それは教員個人のレベルで言えば、ルーブリックを学生の成長を確かめるために使う教員につながっていく。学部、プログラム、大学全体のレベルで言えば、共有された目標や自分たちの進捗状況を文書化するためにルーブリックを使うことで、それはシステムになる。そのような権限の再分配はすべてのレベルで長い間、先送りにされてきた。

　学生（特に非伝統的な学生）にとって、ルーブリックはアカデミックな世界の文化や言語へのガイドとなる。彼ら／彼女らはそうした文化や言語を修得していないのが現状であり、そして多くがそのことに気付いてもいない。そんな学生たちがルーブリックの作成に参加すれば、「学ぶ」というのは能動態の動詞であること、そして学びが深まっていく様子を具体的に説明する言葉が存在していることを理解し始める。そしてキャンパス内の理想的な学習環境とはどういうものかを定義し、さらに良いものにする役割を果たすことさえできるし、そうすべきなのだ。たとえそれが第4章で見た提示モデルやフィードバックモデルのような最低限の関与のレベルであったとしても、それは可能である。単にそういうことを知ることだけでも、学生はキャンパス生活の主役になれる。また、何を大学に期待できて、何を期待できないのかについて深く理解する。大学の学位というものが職業資格とどのように異なり、なぜ異なるかについて理解するようになる。

　授業でルーブリックを使用し、教育・研究、その他の業務において自らの成長を表現しようとしている教員にとっても同じことが言える。彼ら／彼女らもまたルーブリックが、業績というものを自ら定義し文書化できる力を与えてくれ、キャンパス生活において大きな役割を果たしていることを発見する。自分の昇進やテニュア取得に有利であることは明らかであるが、自らの所属する組織の目標や進捗状況を定義したり、再定義したりするこ

とに関わる教員もわずかながら出てくる。第12章のウォルワードのシンプルなモデルで見たように、教室内で使われるルーブリック、そして個人評価用ルーブリックですら、組織の教育目標や昇進・テニュアガイドラインのような、組織レベルでの議論を形作ることにもなる。

　学部、プログラム、そして全学組織にとってでさえ、すべてのレベルの評価にルーブリックを使うことで、成果を高めるだけではなく、それを記録に残すことができる。そのこと自体、大学教員がいかに高等教育を定義し、組織化（もしくは再組織化）するかを自由に制御することである。これは教員を勇気付ける大きな一歩となる。このように大学が自らを制御する力を持つことが今ほど求められる時はない。大学外の力によって、高等教育が定義され、評価されることが多すぎる。政治的な利害関係、大学ランキングを広めようとする人たち、マスコミ、認証評価団体、大学の二大柱である教育と研究からますますかけ離れつつある大学管理職の最近の風潮。ルーブリックを使うことで、本当の目標は何かを定義することができるし、その達成度を測定するモデルを提供することができる。これによって、教員はかなりの裁量を発揮できるし、自分たちにとって役立つ評価結果を生み出すことができる。

　管理職はそうした活動を促す役割を担うことが可能である。しかし最終的には、ルーブリックの内容は、教員自身から出てくるものでなければならない。大学のミッションを見直す時のように、何がルーブリックの俎上にのり、何がのらないのかというまさに議論そのものが、最終的に生み出される文書と同様に価値を持つのである。

　この議論が教員間に自分たちは大学の利害関係者であるという感覚を増し、異なる学部や専門分野さえも超えて、広く共有できるものは何かを十分に理解することにつながる。それはまたそれぞれの大学の特徴に光を当てることにもなる。小規模で宗教系のリベラルアーツ大学のために作られたルーブリックは、大規模の公立大学用のものとは全く異なるだろうし、そうあるべきなのだ。

　しかし驚くべきことは、大学間で違いがあるということではなく、多くの同じ価値が共有されているということだ。第12章で紹介したVALUEルーブリックではそれが明らかである。特定のスキルを他のものよりも強調する大学もあるだろう。いくつかのスキルを削除してしまう大学もあるだろう。しかし、ほとんどの大学は、探究と分析、批評的思考と創造的思考、文書によるコミュニケーションと口頭によるコミュニケーション、数量的リテラシーと情報リテラシーといった学習目標が、基本的に価値あるものだという点については合意している（Rhodes, 2010）。VALUEルーブリックは、大学がいまだ健在であるし、大規模な変化や学生や大学の急激な多様化にもかかわらず、それでもなお価値を共有していることをこんなにも明確に簡潔に明らかにしたわけだが、それはおそらく誰も行ってこなかったことである。

　それは驚くべきことではない。ルーブリックは大学のまさに礎となるところから生まれた。つまり、教室であり、授業という経験から生み出されたのである。ルーブリックは大

学や教育全般に固有の価値を反映したものである。それは明確に表現されることはあまりなく、公に主張されることもなかった価値である。ルーブリックは、学生と教員がその共有された価値とは何であるかについてもっと理解するための一つの方法である。そしてこの理解こそが、最近、高等教育や教育全般に対して疑いの目を向けることの多くなっている社会と、高等教育の未来の姿を共有する力を与えてくれる。大学教員、大学院生、そして多くの学部生ですら、高等教育の価値を理解しているし、それを外部の力から守ることもできる。しかしまずはじめに、大学関係者は自分たち自身のためにその価値を明確にする必要がある。ルーブリックはそのために重要な役割を果たすことができるし、現にしている。

　ここまでの話は、ささやかなルーブリックの価値を過剰に訴えすぎているだろうか。もしルーブリック単独で考えるのであれば、そうかもしれない。しかし他の取り組みや今湧き起こっている社会現象とあわせて考えれば、ルーブリックは学生、教員、そして広く社会に対して、教育と教育がもたらす素晴らしい機会を、身近でわかりやすいものにしてくれる重要な役割を担っているのである。

参考文献

Adler-Kassner, L., Rutz, C., & Harrington, S. (2010). A guide for how faculty can get started using the VALUE rubrics. In T. L. Rhodes (Ed.), *Assessing outcomes and improving achievement: Tips and tools for using rubrics* (pp. 19-20). Washington, DC: Association of American Colleges and Universities.

American Council of Teachers of Foreign Languages. (1986). *ACTFL Proficiency Guidelines*. Hastings-on-the-Hudson, NY: American Council of Teachers of Foreign Languages.

American Council on Education. (September 10, 2001). Largest, most diverse freshman class enters college this fall. *Higher Education and National Affairs, 50* (16). www. acenet. edu/hena/issues/2001/09-10-01/sat.cfm

Anaya, G., & Cole, D. G. (2001). Latina/o student achievement: Exploring the influence of student-faculty interactions on college grades. *Journal of Student Development, 42* (1), 3-14.

Anderson, R. S. (1998, Summer). Why talk about different ways to grade? The shift from traditional assessment to alternative assessment. *New Directions for Teaching and Learning, 74*, 5-16.

Bernstein, D. J., Addison, W., Altman, C., Hollister, D., Komarraju, M., Prieto, L., Rocheleau, C. A., & Shore, C. (2009). Toward a scientist-educator model of teaching psychology. In D. F. Halpern (Ed.), *Undergraduate education in psychology: A blueprint for the future of the discipline* (pp. 29-45). Washington, DC: American Psychological Association.

Black, P., & Wiliam, D. (1998). Assessment and classroom learning. *Assessment in Education: Principles, Policy & Practice, 5* (1), 46 pages.

Boud, D. (1990). Assessment and the promotion of academic values. *Studies in Higher Education, 15* (1), 1-10.

Boyer, E. L. (1990). *Scholarship reconsidered: Priorities of the professoriate*. New York: The Carnegie Foundation for the Advancement of Teaching. （有本章訳 (1996)『大学教授職の使命―スカラーシップ再考』玉川大学出版部.）

Brinko, K. T. (1993). The practice of giving feedback. *Journal of Higher Education, 64* (5), 575-593.

Brookfield, S. (1990). *The skillful teacher: On technique, trust and skillfulness in the class-

room. San Francisco: Jossey-Bass.

Brookfield, S. D. (1995). *Becoming a critically reflective teacher*. San Francisco: Jossey-Bass.

Brown, C. L. (2005). Varying realities of the human experience: University Studies Program at Portland State University. In E. Lardner (Ed.), *Diversity, educational equity & learning communities* (pp. 93-106). Olympia, WA: The Evergreen College, Washington Center for Improving the Quality of Undergraduate Education.

Caffarella, R. S., & Clark, M. C. (1999, Winter). Development and learning: Themes and conclusions. *New Directions for Adult & Continuing Education, 84*, 97-101.

Capsi, A., & Blau, I. (2008). Social presence in online discussion groups: Testing three conceptions and their relations to perceived learning. *Social Psychological Education, 11* (3), 323-346.

Carpenter, R. (2010). How do I use rubrics to evaluate student work? In T. L. Rhodes (Ed.), *Assessing outcomes and improving achievement: Tips and tools for using rubrics* (pp. 15-17). Washington DC: Association of American Colleges and Universities. Retrieved from

http://www.aacu.org/bringing_theory/newsletter/jan11/faculty.cfm

College of Education, University of Central Florida. (1997). *What is a WebCamp? Guidelines for final project, Final project rubric*.

www.itrc.ucf.edu/webcamp/rubrics.html

Gotcher, L. (1997). *Assessment rubrics*.

http://129.7.160.115/COURSE/INST_5931A/Rubric.html

Huba, M. E., & Freed, J. E. (2000). *Learner-centered assessment on college campuses: Shifting the focus from teaching to learning*. Boston: Allyn & Bacon.

Ilgen, D. R., Peterson, R. B., Martin, B. A., & Boeschen, D. A. (1981). Supervisor and subordinate reactions to performance appraisal sessions. *Organizational Behavior & Human Performance, 28* (3), 311-331.

Kaplan, M., Meizlish, D. S., O'Neal, C., & Wright, M. C. (2008). A research-based rubric for developing statements of teaching philosophy. In D. R. Robertson & L. B. Nilson (Eds.), *To improve the academy: Resources for faculty, instructional and organizational development, 26*, 242-262. San Francisco: Jossey-Bass.

Kearsley, G. (2000). *Teaching and learning in cyberspace*. Toronto: Nelson Thompson Learning.

Kezar, A. (2011). *Engaged students require engaged faculty: Facing the paradox of a largely non-tenure-track faculty*. Washington, DC: American Association of Colleges and Universities. Retrieved January 3, 2011, from http://www.aacu.org/bringing_theory/newsletter/jan11/faculty.cfm

King, P. M., & Kitchener, K. S. (1994). *Developing reflective judgment: Understanding & promoting intellectual growth and critical thinking in adolescents & adults.* San Francisco: Jossey-Bass.

Leamnson, R. N. (2002). It's never too late: Developing cognitive skills for lifelong learning. *Interactive Learning Environments, 10*(2), 93-104.

Lehman, R. M., & Conceicao, S. C. O. (2010). *Creating a sense of presence in online teaching: How to "be there" for distance learners.* San Francisco: Jossey-Bass.

Levi, A. J., & Stevens, D. D. (2010). Assessment of the Academy, for the Academy, by the Academy. In T. L. Rhodes (Ed.), *Assessing outcomes and improving achievement: Tips and tools for using rubrics* (pp. 5-7). Washington, DC: Association of American Colleges and Universities.

Lewis, R., Berghoff, P., & Pheeney, P. (1999). *Focusing students: Three approaches for learning through evaluation.* Innovative Higher Education, 23(3), 181-196.

Light, R. J. (2001). *Making the most of college: Students speak their minds.* Cambridge: Harvard University Press.

Meizlish, D., & Kaplan, M. (2008). Valuing and evaluating teaching in academic hiring: A multidisciplinary, cross-institutional study. *Journal of Higher Education, 79*(5), 489-512.

Mellow, G. O., Van Slyck, P., & Enyon, B. (2002). The face of the future. *Change, 35*(2), 1-13.

Moon, J. M. (1999). *Reflection in Learning and Professional Development.* London: Kogan Page.

Morgaine, W. (2010). Developing rubrics: Lessons learned. In T. L. Rhodes (Ed.), *Assessing outcomes and improving achievement: Tips and tools for using rubrics* (pp. 11-13). Washington, DC: Association of American Colleges and Universities.

National Center for Education Statistics. (2002). Postsecondary persistence and progress: High school academic preparation and postsecondary progress (Indicator No. 23). *The Condition of Education Report.* Washington, DC: U. S. Department of Education.

NSF Synthesis Engineering Education Coalition. (1997). *Assessment tool: Design project report* (F. McMartin, Ed.). Berkeley, CA: College of Engineering, University of California, Berkeley.

Perry, W. G., Jr. (1970). *Forms of intellectual and ethical development in the college years: A scheme.* Troy, MO: Holt, Rinehart & Winston.

Portland State University (1994, 2006). Promotion and Tenure Guidelines. Portland, OR:

Portland State University. Retrieved from

http://www.pdx.edu/oaa/promotion-tenure-guidelines

Redder, J. (2003). *Assessing Critical Thinking in Higher Education: A Study of Rater Reliability*. Paper presented at the annual meeting of the Association for the Study of Higher Education, Portland, Oregon.

Rhodes, T. L. (2010). Introduction. In T. L. Rhodes (Ed.), *Assessing outcomes and improving achievement: Tips and tools for using rubrics* (pp. 1-3). Washington, DC: Association of American Colleges and Universities.

Rodriguez, S. (2003). What helps some first generation students succeed. *About Campus, 8* (4), 17-23.

Rucker, M. L., &Thomson, S., (2003). Assessing student learning outcomes: An investigation of the relationship among feedback measures. *College Student Journal, 37* (3), 400-405.

Schönwetter, D. J., Taylor, L., & Ellis, D. E. (2006). Reading the want ads: How can current job descriptions inform professional development programs for graduate students? *Journal on Excellence in College Teaching, 17* (1 & 2), 159-188.

Stevens, D. D., & Cooper, J. E. (2009). *Journal keeping: How to use reflective writing for learning, teaching, professional insight and positive change*. Sterling, VA: Stylus.

Stevens, D. D., & Everhart, R. E. (2000). Designing and tailoring school-university partnerships: A straight jacket, security blanket or just a loose coat? *The Professional Educator, 22* (2), 39-49.

Taras, M. (2003). To feedback or not to feedback in student self-assessment. *Assessment and Evaluation in Higher Education, 28* (5), 549-566.

Walvoord, B. E. (2010). *Assessment: Clear and simple: A practical guide for institutions, departments and general education* (2nd ed.). San Francisco: Jossey-Bass.（山﨑めぐみ・安野舞子・関田一彦訳（2013）『大学教育アセスメント入門―学習成果を評価するための実践ガイド』ナカニシヤ出版.）

Walvoord, B. E., & Anderson, V. J. (2010). *Effective grading: A tool for learning and assessment in college* (2nd ed.). San Francisco: John Wiley.

Webster's Unabridged Dictionary. (1913).

http://machaut.uchicago.edu/?resource=Webster%27s&word=rubric&use1913=on

WordNet. (1997).

http://wordnetweb.princeton.edu/perl/webwn?s=rubric

Appendices

資料

資料A　課題指示の書き方

「課題の指示文」は、ルーブリックで詳細に説明される内容を集約したものである。これを読むことで、学生はその科目で何が課されるかを知る。初回の授業でシラバスを学生に配布しても、学生は入念に書かれた授業の紹介や、明確な到達目標を読まないで、課題の説明部分を探す。学生はこの段階ですでにこの授業にどの程度の時間と労力が必要かを計算している。そのため、教員側では課題の指示の書き方に注意を払うことが非常に重要となる。詳しく書けば、学生にとって有益であるのは当然である。教員にとっても授業中に時間をかけて説明しなくて済むし、オフィスアワーに学生の質問に答える必要性が減るので、確実にメリットがある。シラバスに課題をよくわかるように書き、冒頭に課題の指示が明記されたルーブリックを配置することで、問題の多くは事前に解消する。

的確に課題を説明するための必要事項

1．具体的な課題のタイトル

「期末レポート」というタイトルではなく、「アクション・リサーチの文献レビュー」「主張のあるエッセイ」「計画の概要」などとする。

2．目的

なぜこの課題を課すのか、この課題は当該科目の到達目標とどう関わるのかについて説明する。次のように自問すると良い。なぜこのレポートを課そうとしているのか。その目的は何か。この課題に取り組むことにより、学生が何を学び、何を実証することを期待するのか。

3．定義

重要な語句なのに、学生があまり理解していないと思われるものは明確な説明を加える。例えば「文献レビューとは……のことである」。

4．支援

学生が課題を完成させる上で教員はどのような支援をするかを述べる。レポートやプロジェクトの進捗をどう支援するのか。草稿段階で提出して構わないのか。完成物の提出締め切り日以前に仕上がった部分を提出したら見てもらえるのか。

5．容認される範囲

詳細を述べる。完成物にはどのようなことが求められるか。長さはどの程度か（学生はいつもこの質問をする）。100点満点で採点されるのか、それともポイントが付くのか。締め切りはいつか。どんな様式に従うのか。提出するときはフォルダーに挟むのか、ホッチ

キスでとめるのか、それともバインダーか。ルーブリック中の「表記のルール」の評価基準で、さらに詳しく説明することができる。例えば、ページ番号、正確な文法、正しい引用、様式など（**図表10.1**（p.128）ホートンの文献レビュールーブリックを参照）。

6．課題指示の悪い例

　課題：「期末レポート」

　受講学生は全員、期末レポートを書かなくてはならない。題材は各回で取り上げるテーマの中から選ぶこと。締め切りは最終の授業時。

7．課題指示の良い例

　課題：「アクション・リサーチの文献レビュー」

　文献レビューを書く経験を通して、アクション・リサーチについて考察し、実際にアクション・リサーチを行う上で有益な文献を深く理解する。文献レビューとは、各学生が「問題の提示」で述べたトピックに関する先行研究のまとめのことである。図書館のデータベースを使って、そのトピックに関連する論文を少なくとも10件選び出すこと。2回分の授業で、論文を要約、分析、批評する方法を取り上げる。レビューは6ページから10ページの分量とする。授業開始後3週間以内に、まず草稿を提出すること。これは担当教員がチェックした後、返却されるので、適宜修正すること。これ以外に、「アクション・リサーチ計画書」で必要な他の項目（「問題の提示」「研究の方法」）を加え、提出期間内（試験期間の直前の1週間）に提出する。この課題に関するさらに詳しい説明は添付したルーブリックを参照すること。このレポートは、本科目の評価において15％を占める。

資料B　到達目標の書き方

　到達目標は、授業を計画する際の中核となるものだが、ルーブリックの作成に当たっても重要である。到達目標とは、学生に知って欲しいこと、理解して欲しいこと、授業終了時にできるようになって欲しいことである。明確でわかりやすい到達目標を書くには、時間と訓練が必要である。

良い到達目標の特徴

1．教員のためではなく、学生のために書かれている

　良い到達目標は、学生が学ぶことを手助けするために、教員が何をするのかではなく、学生が何ができるようになるのかについて書かれている。教育活動ではなく、学生の行動について考えてみる。例えば、「教科書のこの章について議論する」というのは、学生の到達目標というよりは教育活動である。この章について議論するという活動ではなく、そこから学生には何を学んで欲しいのかについて考えてみる。例えば、「授業中の議論から、著者の仮説を見出すことができる」。

2．動詞を使う

　学生の頭のなかで起こっていることではなく、教員が観察可能な学生の行為を示す動詞を見つける。「理解する」「学ぶ」「知る」といった動詞は測定することが困難であるし、こうした成果を達成したかどうかを確定することも困難である。認知的領域で到達目標を設定するのであれば、「書く」「分析する」「評価する」「表現する」「説明する」といった動詞を使うと良い。到達目標を書く際に役立つ動詞リストが掲載されているウェブサイトもある。多くは、認知的領域の到達目標を書くために、ブルームの認知的領域のタキソノミー（目標分類学）で使われている動詞を使っている。これには20世紀の原版と21世紀の改訂版がある。21世紀版は、「創造する」など修正された動詞が追加されている。

3．測定可能である

　到達目標を書いた際、常に自分に問わなければならないのは、学生が本当にその成果を身に付けたかどうかを測定するために、どのような課題や活動を課すべきかということである。その上で、成果がどの程度達成できたのかについて測定するルーブリックを作るのである。

　　良くない到達目標の例：良い先行研究レビューの特徴について学ぶ。
　　良い到達目標の例：題材に結び付いた先行研究を統合・分析・批評した先行研究レビューを書くことができる。

資料C

ポートランド州立大学　ユニバーシティ・スタディーズ・プログラム評価用ルーブリック（総合的な批評的思考力）

学生は能動的で自発的かつ有能な学習者となるために、学際的なカリキュラムを通じて、さまざまな探究の方法（問題提起、調査、概念化）を身に付ける。

評価6（最高）　一貫して以下の全てまたはほとんど全てに該当する。 ●証拠、陳述、図表、疑問等を正しく解釈する。 ●賛否双方の立場から主要な論点（理由、主張）を特定する。 ●他の主要な見解を周到に分析して評価する。 ●現象や事象に関して、別の説明を行う。 ●主な結果や手順を正当化する。仮定や理由を説明する。 ●公正な立場から証拠や理由の帰結に従う。 ●倫理的な判断を下す。
評価5　以下のほとんどに該当する。 ●証拠、陳述、図表、疑問等を正しく解釈する。 ●賛否双方の立場から関連する論点（理由、主張）を特定することにより、問題を十分に検討する。 ●他の明確な見解を分析して評価する。 ●現象や事象に関して、別の説明を行う。 ●いくつかの結果や手順を（用いて）正当化する。理由を説明する。 ●公正な立場から証拠や理由の帰結に従う。
評価4　以下のほとんどに該当する。 ●情報源から得た論点を支持する事項とともに、事象、人物、場所を記述する。 ●情報源を個人的または分析的に関連付ける。 ●分析、解釈および推論を行う基本的能力を実証する。 ●他者の文献、経験または見解を論ずる際には、複数の視点に言及または簡潔に触れる。 ●何か情報源を疑問視したり、解釈や予測を述べたりすることにより、ある程度の危険を冒す。 ●自己の見解の再検討や精緻化を行った形跡がほとんど見当たらない。
評価3　以下のほとんどまたは多くに該当する。 ●事象や事実を言い換えたり、図示したりすることによって対応する。 ●情報源の内部または情報源間で、限定的にせよ、個人的な関連付けを行ったり、関連を見出したりする。 ●意見を補強するため、適切な証拠の援用ができつつある。 ●自己の経験の観点から、他者の文献、経験または見解を論じる。 ●事実関係または文字通りのレベルで情報源に対応する。 ●当初の考えの精緻化や二元論的思考への移行を行おうとした形跡がほとんどまたは全くない。 ●構成力に問題があり、思考にはむらがある。
評価2　以下のほとんどまたは多くに該当する。 ●証拠、陳述、図表、疑問等の解釈に誤りがある。 ●強力で関連性の高い反対意見を述べていない。 ●根拠が不十分なまたは誤った結論を下す。 ●結果や手順をほとんど正当化しない。理由の説明がほとんどない。 ●証拠や理由があるにもかかわらず、自己利益や予想に基づく意見に執着する。
評価1（最低）　一貫して以下のすべてまたはほとんどすべてに該当する。 ●証拠、陳述、図表、疑問、情報または他者の意見の解釈に偏向がある。 ●強力で関連性の高い反対意見を述べていない、あるいは性急に退ける。 ●他の明確な見解を無視、あるいはその評価が表面的でしかない。誤ったあるいは関連の薄い理由および根拠が不十分な主張によって議論する。 ●結果や手順を正当化しない。理由の説明がない。 ●視野の狭さまたは理性への敵意を示す。
X　評価対象外（所在不明または参照不能の場合のみ）

資料 D

ポートランド州立大学　ユニバーシティ・スタディーズ・プログラム評価用ルーブリック（数量的リテラシー）

評価 6 ● ポートフォリオは、自立して研究を行い、他の方法で得た結果を独自の研究で統合する能力があることを実証している。 ● 統計的有意性の意義、演算、因果関係や相関関係の統合的理解、正規曲線や異常値の物理現象および社会現象への応用、線形回帰の統合的理解が総合的に示されている。
評価 5 ● ポートフォリオは、自立して研究を行い、他の方法で得た結果を独自の研究で統合する能力があることを実証しているが、その程度は最高とは言えない。 ● 統計的有意性の意義、因果関係や相関関係の統合的理解、正規曲線や異常値の物理現象および社会現象への応用、線形回帰の統合的理解が示されているが、不完全である。
評価 4 ● ポートフォリオに含まれている課題レポートは、定量的推論がなされた書籍や論文を読み、理解し、批評する能力があることを実証するものであり、記述統計学を利用し、統計的有意性の意義を理解し、適切な図表を用いてデータを提示している。 ● 関係する課題レポートは独立したものとしてポートフォリオに含まれており、他のレポートには定量的推論が取り込まれている。
評価 3 ● ポートフォリオは、定量的推論がなされた書籍や論文を読み、理解し、批評する能力があることを実証するものであり、記述統計学（平均、中央値、最頻値）を利用し、統計的有意性の意義を理解し、適切な図表を用いてデータを提示している。 ● あるいは、構成が優れ、適切に定量的推論を行ったレポートがポートフォリオに含まれているが、それらは独立したものとして扱われている。
評価 2 ● ポートフォリオは、数学的および統計学的要素を定義、模倣、分類、羅列、認識、再現する能力に乏しいことを示している。 ● 数的概念の有意な応用力に関して、ポートフォリオに示されている証拠は限定的または皆無である。
評価 1 ● ポートフォリオには、基礎的な記述統計学の知識を含め、数学および統計学を評価する能力があることを示す証拠がない。

資料 E

ポートランド州立大学　ユニバーシティ・スタディーズ・プログラム評価用ルーブリック（文章作成力）

評価6 ●ポートフォリオは、様々な目的で多様な読者に向けて、内容を明確に伝える能力があることを実証している。 ●ポートフォリオは、書き手の努力、批評的判断、修辞的表現の工夫があることを示している。 ●明快かつ整然とした思考が顕著である。考えは深く掘り下げられ、十分かつ複雑である。 ●書き手のメタ認知が明確にわかる。学習方略の分析、推敲の技術、文章作成力の向上に注意が払われている。 ●用語の選択、文章表現の多様さ、語法に配慮したことがわかる。
評価5 ●ポートフォリオは、様々な目的で多様な読者に向けて、内容を伝える能力があることを示している。 ●ポートフォリオは、書き手の努力、批評的判断、修辞的表現の工夫の点で必要を満たしていることを示している。 ●適度な独創性を持ち、論旨が十分に裏付けられている。 ●構成には明晰な思考が現れている。段落はまとまりのある単位となっている。 ●表記ルール、語法、構文については、概して誤りがない。
評価4 ●ポートフォリオは課題が求める基本的タスクの必要条件を満たしているが、全体として、評価5や評価4のポートフォリオと比較すると課題の完成度や体系性が劣る。 ●構成には重大な欠陥がない。幾分まとまりに欠け、焦点がずれることがあっても、読者は比較的容易に文章を読み進めることができる。 ●概して一般化する際にはその裏付けがあるが、細部については欠落や不適切なものがある。 ●ポートフォリオには、構文や表記ルールの点でいくつかの誤りがあるが、読者が内容を追う妨げになるほどではない。
評価3 ●ポートフォリオは課題が求める基本的タスクを遂行するのが困難であることを示している。 ●分析的思考に欠陥があったり、中心概念の展開ができていないようである。 ●ポートフォリオは辛うじて、様々な目的のために内容を伝える能力があることを示している。 ●構文、語法、表記ルールに誤りがあり、読みやすさに影響を与えている。 ●概してポートフォリオは、書き手のメタ認知を幾分示しているが、推敲や作文の過程で明晰さや奥行きに不足がある。
評価2 ●ポートフォリオは課題の必要条件を満たしていない。 ●概念を展開することがほとんどなく、読者はある箇所から次の箇所へと論旨を追うのが困難である。 ●文章作成課題を無視、あるいは不適切に対応している。 ●論理的思考に重大な誤りがある。 ●構文、語法、表記ルールについて、重大な誤りが頻繁に見られる。 ●概してポートフォリオは内容をうまく伝えることができないことを示している。
評価1 ●ポートフォリオは、概念の取り違えから生じる表現上の問題、文章構成の欠陥、言語を扱う基本的技能の欠如といったものが複合していることを示している。

資料 F

ポートランド州立大学　ユニバーシティ・スタディーズ・プログラム評価用ルーブリック（多様性）

評価6（高） ● 多様性に関連した個人的、制度的、あるいはイデオロギー的問題を理解していることが、学術的な方法で具体例を用いて、独創的かつ総合的に示されている。 ● 多面的な観点で問題を捉え、教えられたことに疑問を抱き、独自に意味づけや解釈を行う能力があることを示したものである。 ● 広範な人間の営みのなかから、いかにして自己が現れ出るかについて幅広い認識があることを示している。また、この認識に照らして、自己の見解の正当性を疑うことができる。個人的および社会的領域における生き方の選択について、その意味を熟慮している。
評価5 ● 多様性に関連する重要な問題について説得力ある議論や見識を提示している。また、個人的および文化的経験が人生、概念、事象にどう影響するかを論じている。 ● 主観的な経験の限界についての高度な認識と、社会および制度のなかで相違が演ずる役割についての見解とを示しつつ、人間の営みという幅広い文脈のなかで個人的経験を熟考している。
評価4 ● 多様性に関連するある種の問題を分析し、現在の概念や理論という文脈において、特定の状況を理解する能力があることを示している。 ● 多様な人間集団、社会、制度の特徴について必要となる知識を備えており、人間の営みという幅広い文脈のなかで個人的経験を論じている。また、これらの特徴を何らかの方法により分析している。
評価3 ● 多様性の研究に関連する重要な理論や概念について基礎的な理解ができていることが示されている。 ● 多様な文化という幅広い文脈のなかに、何らかの目的をもって自己を位置付けようと試みたことが示されている。
評価2 ● 多様性に関連するある種の問題について、基礎的な知識があることが示されているが、現在の理論や概念についての言及は限られたものでしかない。 ● 広範な人間の営みという文脈のなかで個人的経験を関連付けているが、その文脈での自己の位置付けに関してはあまり検討されていない。
評価1（低） ● 多様性に関連するある種の専門用語を用いているが、主要な概念のいくつかを理解していないようである。 ● 個人的経験を述べているが、他人の経験との関連付け、比較、対比は行っていない。

注：この表において「多様（性）」とは、民族的、宗教的あるいは文化的態度、階級、人種、性別、年齢、性的指向、能力における相違を意味する。

監訳者あとがき

　本書は、Dannelle D. Stevens and Antonia J. Levi, *Introduction to Rubrics: An Assessment Tool to Save Grading Time, Convey Effective Feedback, and Promote Student Learning,* Second Edition.（Sterling: Stylus Publishing, 2013）の全訳である。原著の副題にもあるように、採点時間を節約し、効果的なフィードバックを与え、学生の学習を促す評価に関わるツールである、ルーブリックの作成・使用方法について書かれた書物である。

　ルーブリックに関する文献は日本でも発行されているものの、それらの多くは初等・中等教育段階の教員に向けて書かれているもので、大学教員向けに記述されているものは見当たらない。米国においても同様の状況であり、すでに本書の初版は約25,000部を売り上げ、2013年に出版された第二版（改訂版）もすでに約3,000部が販売された（2014年1月現在）。多くの大学のFD教材として使われるベストセラーとなっている。中国では簡約版の翻訳書が出版されている。

　本書は2部、全13章で構成されている。第Ⅰ部は、「ルーブリック入門」という基本編であり、定義、意義、作成方法がわかりやすく説明されている。第Ⅱ部は、「ルーブリックの作成と様々な状況での使い方」という応用編であり、学生やTAと連携した作成方法、実習やオンライン学習といった様々な授業場面での活用方法について紹介されている。また初版では書かれていなかった、授業改善や自らのキャリア開発、カリキュラム評価といった授業以外の場面で、ルーブリックをどのように作成・活用するかについても、第二版では触れられている。

　主たる著者であるスティーブンス博士は、米国オレゴン州にあるポートランド州立大学大学院教育学研究科教授として、教育心理学を中心に教職科目を担当してきた。筆者が1999年から2000年まで同大学の客員研究員として滞在していた際の指導教員の一人である。その後、米国の学会で再会した際に本書の初版が刊行されていることを知り、その場で翻訳を約束した。

　スティーブンス博士の人柄は本文の行間に滲み出ている。ユーモア、誠実さ、社会的正義感、困難を抱える学生への配慮、教員の苦労への理解ならびに勇気づけようとする思い。本書は、先行研究での知見を踏まえながらも、豊富な実例に溢れた学術的実用書である。しかし、こうした著者自身の思いが単なる授業テクニックの教科書を超えて、記憶に残る一つの物語にしている。以下に、スティーブンス博士と筆者の長年にわたる交流からうかがえる、本書の根底に流れている著者の思想を述べる。

社会構成主義の立場

　ルーブリックは社会構成主義の立場で心理学を研究してきた著者の学問的立場が具体化されているツールである。第4章では学生、第5章ではTAや学習支援スタッフなど、これまでは授業に周辺的にしか関与が認められてこなかったアクターを積極的に連携主体として位置付け、ルーブリックを作り上げていく実践が描かれている。また本書に描かれる大学教員はいずれも、授業を振り返りながら、積極的に授業を改善していく者として描かれている。知識の教授者としての大学教員像から、教室内外の他者と共同で知識を構成していくファシリテーターとしての大学教員像が理想とされている。

社会的正義への志向

　社会的正義を求める著者の思想がルーブリックの根底には存在している。ルーブリックは、「低学力・低意欲の学生」という見方そのものに再考を促す。彼ら／彼女らは、高い学力や高い意欲のある学生に求められている具体的な行動を知らないだけかもしれない。「高学力、高意欲の学生」と見なされている学生は、たまたま文化資本の高い家庭に生まれ、アカデミックな文化に親和性の高い教育・学習環境に育つことで、そうした文化を継承し、大学教員が要求する文化を読みとくことができた学生たちかもしれない。こうした教室内での不平等をなくすために大学教員がするべきことは、学生に期待している行動を詳細に記載したルーブリックを作成し、課題を課す前に、それを提示すること、そしてその達成のために努力する学生を支援する体制を整備することである。

大学の自律性に対する信頼

　日本においても、認証評価、法人評価といった外部評価が導入され、産業界や政府が作成した大学教育目標にも提言されるようになっている。こうした大学外からの評価や要望、そしてその評価に対応する大学に対して、批判をする大学関係者は多い。しかしながら著者は、教員そして学部や大学が自律的に評価軸を持つことの重要性を繰り返し主張している。そしてそれは可能であると信じている。徹底した自己規定と自己評価こそが、外部評価に対する最大の抵抗方法なのである。ルーブリックはそれを可能にしてくれるツールである。

＊　　　　＊　　　　＊

　多くの日本の大学教職員ならびに将来大学教員を目指す大学院生・大学生の方々に、本書を読んでいただき、実際にルーブリックを作成し使っていただくことを切に願っているが、ここでは全編を読む時間がない多忙な読者のために、立場ごとに重点的に読んでいただきたい章を推奨したい。

学部教育や一般教育において授業を担当している教員の方々へ

第Ⅰ部ならびに第6・7章を読むことを推奨する。

授業における学生の評価方法を見直しするという点で有益であろう。本書に掲載されている数々のサンプルを参考にして、ルーブリックを作成し、実際に評価をしてみていただきたい。採点時間の短縮のみならず、学生の学習促進、授業改善を実感できるだろう。また就職・テニュア取得・昇進を控えた教員にとっては、第10章と11章も人事関係書類の作成時に有用な内容であろう。

管理職や大学職員の方々へ

第Ⅰ部ならびに第11・12章を読むことを推奨する。

プログラムやカリキュラム評価に役立てることができるだろう。ルーブリックを使うことで、「面倒で形式的な作業」という学部教職員のカリキュラム評価に対するイメージを「学習共同体構築のための意味のある作業」に変えていただきたい。またルーブリックは、教職員のキャリア開発にも有効である。組織レベルで定められている目指すべき人材像を、ルーブリックを使ってより具体的なものにすることで、教職員の日常的活動を変化させることが可能である。そして、それはより公平で厳密な人事評価のツールにもなる。この際に重要なのは、作成のプロセスそのものを大切にすることである。

ファカルティ・ディベロッパーの方々へ

第Ⅰ部ならびに第10・11章を読むことを推奨する。

これらの章では教育・学習支援センターに所属するファカルティ・ディベロッパー（FD担当者）が登場する。ルーブリックを学内で普及させていくためには、ファカルティ・ディベロッパーによる研修プログラムや個別コンサルティングが不可欠である（筆者らは本書を使ったワークショップ、コンサルティングを何度も経験している。学内でのルーブリックの普及に関心のある方は連絡をしていただきたい）。学内においては、大学教員間でルーブリックを共有することでさらに効率の良い作成が可能となる。なお、日本におけるファカルティ・ディベロッパーの専門家団体である、日本高等教育開発協会のウェブサイトにおいて、日本の大学教員が作成したルーブリックを集めた「ルーブリックバンク」を開設予定である（2014年5月以降）。自作のルーブリックを送付することで、他の大学教員のルーブリックを閲覧できるようにする予定なのでご活用いただきたい。

*　　　　　　*　　　　　　*

本書の翻訳作業は、佐藤浩章（第1・2・3章、日本の読者へのメッセージ、序文、終章、資料B）、井上敏憲（第4・5・6・7・8・9章、資料A・C・D・E・F）、俣野秀典（第10・11・12章、参考文献チェック）という分担で行った。訳語全体の調整は監訳者が行った

もので、訳語に不備があるとすれば、その責任はすべて監訳者が負うものである。

　刊行に当たって感謝を述べたいのは、筆者の学生時代の指導教員である小出達夫先生、町井輝久先生、横井敏郎先生である。筆者が所属していた北海道大学教育学部の研究グループがポートランド州立大学教育学研究科との共同研究をしていたことがきっかけで、スティーブンス博士と出会うことができた。当時の友好関係が今も継承されていることを、本書を通じてお伝えしたい。また、第10章から第12章の翻訳に当たっては、愛媛大学教育学研究科大学院生の黒田友貴君に協力してもらった。研究活動の傍らの作業に感謝をしたい。

　最後に、玉川大学出版部の森貴志氏には大変お世話になった。翻訳が初めての筆者らに対して根気強く誠実な対応をしてくださった。心より感謝いたします。

2014年1月

訳者を代表して
佐　藤　浩　章
hiros@celas.osaka-u.ac.jp

■著者

ダネル・スティーブンス（Dannelle D. Stevens）
アメリカ・オレゴン州ポートランド州立大学教育学部教授。ユタ大学で修士号、ミシガン州立大学で教育心理学の博士号を取得。公立中学校・高校で社会科、語学、特別支援教育を担当した後、ワシントン州ウィットマン・カレッジ教員を経て現職。関心のある研究テーマは、ルーブリック、ジャーナル・ライティング、アクション・リサーチ、アカデミック・ライティング。著書に *Tenure in the Sacred Grove: Issues and Strategies for Women and Minorities*, SUNY Press, 2002など。

アントニア・レビ（Antonia J. Levi）
カナダ・ブリティッシュ・コロンビア州サイモン・フレイザー大学非常勤メンターならびにカリキュラム・ディベロッパー。学内のサウス・バンク・ライターズ・プログラムで作家育成に関わる。前職ではポートランド州立大学教授（日本史・日本大衆文化論）として、革新的な初年次教育であるユニヴァーシティ・プログラムを長らく担当した。

■訳者

佐藤浩章（さとう・ひろあき）
北海道大学大学院教育学研究科博士課程単位取得退学。ポートランド州立大学客員研究員、愛媛大学教育・学生支援機構准教授、キングス・カレッジ・ロンドン客員研究フェローを経て、現在大阪大学全学教育推進機構准教授／教育学習支援センター副センター長。専門は高等教育開発。編書に『大学教員のための授業方法とデザイン』（玉川大学出版部）など。

井上敏憲（いのうえ・としのり）
京都大学法学部卒業。愛媛県公立学校教員を経験した後、愛媛大学に勤務。大学教育総合センター及び教育・学生支援機構助教授を経て、現在四国地区国立大学連合アドミッションセンター教授、センター長。

俣野秀典（またの・ひでのり）
北陸先端科学技術大学院大学知識科学研究科博士後期課程退学。地域科学研究会・高等教育情報センター研究員を経て、現在高知大学総合教育センター講師。専門は高等教育開発、ナレッジ・マネジメント（知識経営）。

高等教育シリーズ163
大学教員のためのルーブリック評価入門

2014年3月25日　　初版第1刷発行
2014年7月25日　　初版第2刷発行

著者　――――　ダネル・スティーブンス
　　　　　　　　アントニア・レビ
監訳者　―――　佐藤浩章
訳者　―――――　井上敏憲
　　　　　　　　俣野秀典
発行者　―――　小原芳明
発行所　―――　玉川大学出版部
　　　　　　　〒194-8610 東京都町田市玉川学園6-1-1
　　　　　　　TEL 042-739-8935　FAX 042-739-8940
　　　　　　　http://www.tamagawa.jp/up/
　　　　　　　振替 00180-7-26665
装幀　――――　しまうまデザイン
印刷・製本　――　藤原印刷株式会社

乱丁・落丁本はお取り替えいたします。
©Tamagawa University Press 2014　Printed in Japan
ISBN978-4-472-40477-1 C3037/ NDC377

玉川大学出版部の本

大学教員のための授業方法とデザイン
佐藤浩章 編

大学教員に求められる知識と技術を提供。授業で学習内容をどう構成、配置するか、どう教えるのかを説明。すぐに使える資料や授業実践例を掲載。研修の教科書として最適。
AB判並製・160頁　本体2,300円

*

FDガイドブック　大学教員の能力開発
ケイ・J・ガレスピー、ダグラス・L・ロバートソン 編著　　羽田貴史 監訳

教育開発担当者に求められる役割、知識・スキル、教員を支援するプログラムの具体例、よくある課題とその解決策を詳説。ファカルティ・ディベロップメントの基本図書。
A5判並製・340頁　本体3,800円

*

学習経験をつくる大学授業法
L・ディー・フィンク 著　　土持ゲーリー法一 監訳

学生が能動的に学習できるようにするにはどのような授業をすれば良いのか。意義ある学習経験をつくる統合的なコースデザインや学習目標を効果的に達成するツールを紹介。
A5判並製・344頁　本体3,800円

*

ベストプロフェッサー
ケン・ベイン 著　　髙橋靖直 訳

ベストプロフェッサー63人の授業の進め方や学生への接し方を分析。学生のやる気を起こし、効果的な学習環境を創造する方法を紹介。優れた大学教師のティーチングの基本。
A5判並製・216頁　本体3,000円

*

大学教員準備講座
夏目達也、近田政博、中井俊樹、齋藤芳子 著

学生の教育や研究の推進、社会への貢献などの専門的職務能力を期待されている大学教員が知っておくべき知識や技能を体系的にまとめる。大学教員を志す者、若手教員必携。
A5判並製・224頁　本体2,400円

表示価格は税別です。